Jean Bernard Bossu

Travels Through that Part of North America Formerly Called

Louisiana

Vol. 2

Jean Bernard Bossu

Travels Through that Part of North America Formerly Called Louisiana
Vol. 2

ISBN/EAN: 9783744759175

Printed in Europe, USA, Canada, Australia, Japan

Cover: Foto ©Andreas Hilbeck / pixelio.de

More available books at **www.hansebooks.com**

TRAVELS

THROUGH THAT PART OF

NORTH AMERICA

FORMERLY CALLED

LOUISIANA.

By Mr. BOSSU, Captain in the
French Marines.

Translated from the FRENCH,
By JOHN REINHOLD FORSTER, F.A.S.

Illustrated with NOTES relative chiefly to
NATURAL HISTORY.

TO WHICH IS ADDED BY THE TRANSLATOR

A SYSTEMATIC CATALOGUE of ALL THE
KNOWN PLANTS of English North-America,

OR, A

FLORA AMERICÆ SEPTENTRIONALIS.

TOGETHER WITH

An ABSTRACT of the MOST USEFUL AND
NECESSARY ARTICLES CONTAINED IN
PETER LOEFLING's TRAVELS
THROUGH SPAIN AND CUMANA IN SOUTH AMERICA.
Referred to the Pages of the original Swedish Edition.

VOL. II.

Ornari res ipfa negat, contenta doceri. *Horat.*

LONDON:
Printed for T. DAVIES in Ruffel-Street, Covent-Garden.
M DCC LXXI.

TRAVELS

THROUGH

LOUISIANA.

LETTER XXII.

To the MARQUIS de l'ESTRADE.

The Author returns to France. Dangers he runs at the Cape of Florida. Origin of a pretended Fountain, which has the Quality of making young again. The Ship on which he was on board, escapes from the English: Fight with one of their Privateers; the Ship is in Danger of being burnt; project of making a Descent upon the Coasts of New England; taking of an English Vessel. The Author arrives at Corunna.

SIR,

WHEN I arrived at *Corunna* the first of November 1762, I heard that M. *de Kerlerec* had sent a Spanish vessel to *France*, in order to prejudice the Premier against M. *de Rochemore*, commiffary

general of the marine, and *Ordonnateur* + of
Louifiana, who was recalled to *France* by the
king's *lettre de Cachet*, and againft the officers
who accompanied him, amongft whom I was,
without knowing of it. Already in the preceding month of June, that governor of *Louifiana*, notified to M. *de Belle-Ifle*, whofe hiftory I
have related to you, and to M. *le Chevalier
d'Erneville*, commander of the troops of the
marine in *Louifiana*, the difagreeable news of
their recall in thefe terms:

" I give you this notice, that I have received
" a letter from the *Duc de Choifeul*, dated the
" firft of January laft, which informs me, that
" the king, difpleafed with your fervices, has
" broke you, and deprived you of your places."

You may guefs how great the aftonifhment of
thefe two officers was, who had ferved their
king and country with fo much honour and dig-
nity. This cataftrophe has affected M. *de Belle-
Ifle* more than his unhappy fituation when he
was among the cannibals. This worthy officer,
who has done great fervices to the colony of
Louifiana where he hoped to die in peace, has
not hefitated, notwithftanding his advanceu
age, to expofe himfelf to the dangers of the fea
and

---

* Overfeer of the cuftoms and of the provifions in *Louifiana*.

and of war, and to embark with us, in order to
lay his complaints before the fovereign. He
arrived here very ill, and his misfortunes af-
fliæ him to fuch a degree, that I fear very
much, he will not be able to come to the throne
of the belt of kings, but fink under this un-
expeæted reverfe of fortune, at the latter end of
his life *; you will perceive by the following account, that without the experience of this old
officer, we fhould have perifhed, being one hundred and fitty of us in the fhip *Medea* of twelve
guns, commanded by Captain *Cochon.* The
Englifh fleet which had taken *Martinique*, was
attacking the *Havannah* in *Cuba.* It is known,
that in order to fail from *Louifiana* to F-*....*
the fhip muft get fight of that ifland.

This brings on a very natural refleætion.
it not juft, that the governor of *Louifiana* fhoulu
communicate to Captain *Cochon* thofe advices,
which he had received, that he might not venture imprudently, as he afterwards did, to touch

B 2   . at

* M. *de Beile-Ifle*, being overwhelmed with grief and
fatigue died at *Paris*, the fourth of May 1763, regretted by
many good men. His kindnefs gained him the efteem and
friendfhip of every officer. He never difcontinued the pious
exercifes in his family and gave the beft example to the
whole colony. His wife and daughter foon followed him to
the grave

at the *Havannah?* he ought to have paid a very ferious attention to give fuch advices.

We failed from *Balife* the tenth of Auguft 1762; and as we intended to avoid *Cuba*, we went towards the ifles of *Tortugas* or of *Turtles* *, we had a fair wind which blew very hard; but our pilot being little acquained with thefe fhores, miffed the entrance of the channel of *Bahama*, in the dufk, and failed into the bay which the cape of *Florida* forms, having taken the height, and found tne latitude the fame on this fide the cape as it ovght to be on the other, he believed he had doubled it; and we fhould have been loft, if M. *de Belle-Ifle*, who in forty-five years had acquired a perfe&t knowledge of the coafts of *North America*, and had fome doubts about the pilot's abilities, had not watched to avoid the danger. In reality, this experienced major feeing in the morning that the colour of the water was changed, went to wake the captain, who thought he was in the open fea and flept with fecurity. Having taken the foundings he found his miftake, and was much furprifed to find only about five fathoms

of

---

* They have got this name, b :aufe the turtles hatch their eggs in the fauds thereon; they arc all very low, and not vifible till you come very near them.

of water, we veered about and happily got clear of thefe fhores by the help of frequent foundings.

Before I proceed, I muft be allowed to make a digreffion upon *Florida*, and on that fountain which had the power of making old people young again, which has made fo great a noife in *Europe*, and has occafioned almoft as many voyages in order to obtain it, as the infatiable defire of riches. The Spaniards wifhed to get poffeffion of it, as they had of the rich mines of *Peru*: I hope, that thefe details will not prove difagreeable to you, and that hope alone is fufficient to authorife the abftract I am going to prefent you with.

The Spaniards call the cape of *Florida Cabo de los Corrientes*, becaufe the water has fo ftrong a current there, as to refift the wind, and hinder the fhips from advancing, though they fhould croud all their fails; which occafions their being fometimes thrown againft fome rocks, which we were very near experiencing againft fome little ifles which *Chriftopher Columbus* called *Los Martyres*, becaufe, having perceived the tops of the rocks at a diftance, he imagined he faw a likenefs in them to men that were tortured. Thefe ifles are eleven in number. *Los Tortugas*, or the Turtles, were fo called by the Spaniards, who caught fix thoufand tortoifes upon thefe ifles.

The

The *Bahama* iflands are fo low as to appear
overflowed, by which means a great channel is
formed with a current, which in the narroweft
place is twenty leagues broad from *Albana* to
Los Martyres, and fourteen from *Los Martyres*
to *Florida*. All thefe ifles are fituated in twenty-
five degrees fifteen minutes north latitude. We
have cruized for twenty-feven days together in
thefe parts, from whence we efcaped by a kind
of miracle.

It is known, that Don *Juan Ponce de Leon* difcovered *Florida*, as he was in fearch of *Bimini* :
this is the ifle which has been fo much talked of,
containing the river *Jordan*, and the fountain fo
renowned by the Indians of *Cuba*, who afferted
that its waters had the quality of making men
young again. Don *Juan Ponce de Leon* believed
this fable, and went in fearch of the fountain
without finding it. He fent Captain *Perez de
Ortubia* and the pilot *Antonio de Almios* upon
this difcovery : he touched at the bay of *Puerto
Rico*, where he found *Bimini*, but neither the
river *Jordan* nor the fountain. Don *Juan* died
fome time after, unfuccefsfully fearching for this
famous fountain.

The inhabitants of *Cuba*, who were plagued
by the *Spaniards* to difcover the gold mines, be-

ing

ing defirous of getting rid of thefe importunate guelts, told them, that befides the gold which they would find in the ifle of *Bimini*, there was likewife a river and a fountain which made old men young by bathing in it. This account was immediately tranfmitted to the court of *Madrid*, where it engaged many *Spaniards* to embark at *Cadiz*, in order to go to the *Weft Indies* to fee this wonder, which, if it had really exifted, would have been worth more than all the gold in the world.

When thefe Spaniards returned to *Cadiz*, every one found that they had been deceived; inftead of being young, they were grown older, and the people laughed at their long and troublefome voyage; but in feeking for this imaginary fountain, they difcovered Cape *Corrientes*. At that time all thofe who came to the ifle of *Bimini*, tried all the rivers, fountains, lakes, and even the marfhes in it, bathed in them, and drank their waters, in order to try whether they would make them young again; this wonder has but lately been fought for as the philofopher's ftone was in *Europe*.

We agreed amongft ourfelves, that if we were taken by *Englifh* privateers, and carried to this ifle, we would bathe in all the rivers and foun-

tains

tains of *Bimini*. This ifle now belongs to the
Englijh, and is called the *Ifle of Providence*; it
formerly was a retreat for the pirates who have
infefted the American feas for a confiderable
time.

The firft thing that gave rife to this fable
about the fountain is this: the air of *Florida* is
fo temperate, that it is faid there have been men
of two hundred and fifty years of age. It is likewife afferted, that the handfomeft women in
North America lived at *Bimini*; and all the men
of the continent, even the old ones, retired to
that ifle to foften the miferies of their life; but
all thefe innocent pleafures ended at the arrival
of the *Europeans*, who difpoffeffed thefe poor
people. All the ifles have been fettled by people who came from *Cuba*. The accounts inform
us of the braye refiftance which the *Indians* of
Florida made againft the *Spaniards*; when the
latter arrived in their country, they met them in
eleven *canoes* or *piraguas* armed with bows and arrows; they were bold enough to come and cut
the cables of *Don Juan Ponce de Leon*'s veffel,
who was forced to make peace with them: thefe
people are governed by *Parauftis* or Caciques.

I fhall add here, being upon the article of this
pretended fountain, that the Indians of *Darien*
endea-

endeavouring, as thofe of *Cuba* had, to get rid of
the *Spaniards*, on account of the inquiry they
made after gold, perfuaded them, by way of
joke, that fince they were fo fond of this metal,
they fhould go to the fouthward, where it was
fo common that they fifhed it with nets ; *Vafco*
Nunnez de Balboa inferted this account in a me-
moir which he fent to court; this piece of news
pleafed the Spaniards; about this time *Nun-*
nez difcovered the South Sea and *Peru* ; but the
gold fifhery proved abortive.

You know, that, in the time of the famous
fyftem of *John Law*, who was near overturning
the whole kingdom, there was a reprefentation
at Paris of an Indian upon the river *Miffifippi*,
giving a *Frenchman* an ingot of gold for a knife,
and every one had then the madnefs of bringing
his real money, in order to have a fhare in the
bonds of a pretended *Dorado* ; it is certain that
if fome *Indians* of the neighbourhood of *New*
Orleans had been at *Paris* at that time, they
would have faid with good reafon, that the
French had loft their wits, or rather they would
have taken them for jugglers ; it is faid thofe
pretended mines were the ruin of M. *de la Salle*
in 1684, when he miffed the mouth of the *Mif-*
fifippi. He did not take notice, that the interior parts of this vaft continent had more precious

cious treafures : they were to be found by cultivation, which is the mother and nurfe of all
mankind, and the riches of countries.

We were obliged to keep along the coaft of
Florida, and on the thirty-feventh day of our
voyage we were near *Louifiana.* Unhappily for
us, a violent ftorm expofed us to the danger of
perifhing, and obliged us to go towards *Cuba,*
where, not finding the fquadron, we imagined
the Englifh had raifed the fiege ; but we were
going to deliver ourfelves up into their hands,
as fhall appear from the fequel.

We refolved to touch at the *Havannah* in order to take in provifions, which we were in
want of, and likewife a coafting pilot. We
came to the road on the eighth of September
1762, hoifted a flag, and fired feveral cannons
to call affiftance, but were furprifed to fee nobody come ; however, approaching more and
more, and juft as we were entering into the
port, we faw *Caftle Moro* almoft demolifhed,
which made us take a refolution to launch our
boat with fome officers, to go upon difcovery ;
our canoe luckily met with a Spanifh *balandra,*
or fmall veffel, going out of the harbour, having fome families of that nation on board, with
a paffport from the *Englifh* governor, Lord *Albe-*
marle ;

marle; the mafter of this veffel informed us, that the town and fort furrendered to the *Englijh* on the 12th of Auguft 1762.

We inftantly veered about; an Englifh fri-gate went to chace us; but Providence, atten-tive to our prefervation, fent a very thick fog, by means of which we got off, and entered the channel of *Bahama* at night.

Some days after, we faw a fhip preceded by two boats. We foon faw that fhe was a priva-teer from the ifle of *Providence*, and that the two boats were prizes taken from our country-men; fhe came to attack us, and we received her well, though inferior by four guns *; then, not relying on our mercantile cannoneers and of-ficers, every one of us exerted himfelf to the ut-moft, and employed all his knowledge of artil-lery; our cannon was ferved fo well, that, af-ter a brifk fire during about three hours, the rig-ging of the Englifh fhip being almoft entirely deftroyed, and the fhip itfelf not able to with-
ftand

---

* I muft obferve here, that before we left *New Orleans* M. *de Kerlerec* took away two of our cannon, and this veffel, which had brought the ftaff-officers of the regiment of *An-goumois* to *Louifiana*, had fourteen guns; it is certain, that if we had had the fame number, the privateer and her prizes muft have ftruck to us.

ftand our fire, fhe was obliged to retire, and we were lucky enough to have nobody killed or wounded on board; our fhip was fhot through, and our fails and rigging fo much damaged, that we were obliged to put up new ones in their ftead.

During the fight, we were expofed to a great danger, the wind fending back fome burning oakum into our fhip, it fet fire to a box of cartridges on the quarter-deck; but happily it did not communicate to the powder-room, which would have blown us up.

The wind continued contrary to us, and we were in the open fea, without knowing when we fhould be able to touch any where. Every day the danger of ftarving to death became more and more vifible, being already reduced to the fourth part of our allowance. We held a council, in which we refolved to attack the firft fhip of the enemy which we fhould meet with, or to make a defcent upon the coaft of *New England*, we being juft oppofite that province, in order to get provifions, or die fword in hand. The undertaking was bold, and I may fay defperate, but our proverb fays, Hunger drives the wolf out of the wood *; we were come to that extremity, when,

---

* *La faim chaffe le loup hors du bois.*

when, by an effect of Providence, we got fight
of a great ſhip : we bore down upon her immediately, being determined to grapple, becauſe
ſhe appeared to be ſtronger in the number of
her cannon ; we hoiſted Engliſh colours, but
ſhe crouded her ſails to get off ; however, as we
had gained upon her, ſhe prepared for the fight
ſo boldly, that it would have kept off any but
hungry people ; we hoiſted our colours according to cuſtom, by firing a gun ; and having
brought our ſhip to the proper diſtance, we
gave her a broadſide, upon which ſhe ſtruck to
us immediately. Her cargo was very rich ; we
took away her cannon, and many cheſts full of
muſkets, piſtols, and ſabres, which ſerved to
arm us ; but we found few proviſions in her,
as ſhe was near the place of her deſtination. After having ranſomed her, we left her juſt proviſions ſufficient to reach *Carolina* with, whither
ſhe was bound, and from whence ſhe was not
above ſeventy leagues diſtant.

We now thought we might venture to ſail for
Europe with the proviſions we had got, ho-
ping that, as we were well armed, we might
take another prize, or touch at the *Azores* * ;
but we were diſappointed in theſe expectations,
the

* Iſles between *Europe* and *North America* in the Atlantic
ocean.

the contrary winds always prevented our landing, and having met no veffel on our paffage, we
were during fifty days reduced to extreme mife-
ry, having no more than three ounces of bifcuit,
and half a bottle of water every day *.

This poor fubfiftence would foon have been
confumed, if a violent ftorm had not, after num-
berlefs dangers, happily brought us to *Spain* on
the ninety-fourth day of our paffage, after having efcaped from perifhing by the waves, the
fword, fire, hunger, thirft, &c.

Our firft care on arriving in the port was to
thank the Supreme Being by a *Te Deum*, during
a general difcharge of our artillery.

We found the Chevalier *de Ternay* here, who
commanded the French fquacron, coming from
the glorious *Newfoundland* expedition.   This
brave officer was furprifed to fee fo many foldiers
fent back in our fhip, in time of war, who could
be ufeful in *Louifiana*.   Part of them he took into his own fhips, to ferve there during the reft
of

---

* We had found in the *Englifh* veffel thirty quarts of bar-
ley groats, which were of great ufe to us; we boiled them
in water with mouldy bifcuit; and this mixture made a difh
which we found excellent; fo true it is, that hunger is the
beft fauce.

of the campaign ; the others, who had got their leave, figned *de Kerlerec* and *Foucaut*, difembarked, and took fervice among the Spaniards, in the army which was deftined for *Portugal*.

We went on fhore the firft of November 1762, in a body, to pay a vifit to the Marquis *de Croix*, captain-general in the kingdom *Gallicia*. This nobleman received us very gracioufly ; from thence we went to M. *David*, conful-general of the *French* nation in *Gallicia*, refident at *Corunna*. We begged he would advance us what we were moft in want of, as we were without money to live upon the road in Spain ; he anfwered, that he had no orders to do it, but that when he found an opportunity of obliging a fet of worthy perfons, he took every thing upon himfelf: we thanked him for his goodnefs.

After this, having refted a little, to recover from the fatigue of our voyage, we are preparing to go to *France* by land, and hope to arrive at court in the beginning of January 1763.

I hope I have omitted nothing worthy of obfervation during our correfpondence, in which I have endeavoured to be as exact as poffible, and to imitate at the fame time the bee which works for others. I do not fpeak of my fuccefs

to

to you ; you muſt have obſerved from my letters, what diſagreeable ſituations I have been
in, for diſapproving of the immenſe abuſe of
authority, and for ſtriving to go againſt the current. I aſked leave to return to *Europe* in neu-
tral veſſels, which the governor always refuſed
to grant under various pretences, forcing me afterwards to go in a merchant-ſhip, in which I
have been expoſed to periſh as you have ſeen
above.

As to rewards, is it not enough for a citizen
to have been faithful to his king, and uſeful to
his country ? It is merely from this conſidera-
tion, that I will hope that our equitable and wiſe
prime-miniſter, will have the kindneſs to ac-
quaint the beſt of kings with the zeal of an officer, who has had the honour and ſatisfaction to
ſerve him well both in *Europe* and in *America* ; I
ſhall, with a reſpectful confidence, expect the
honourable rewards due to military merit : and
theſe compenſations from the hand of our mo-
narch, will be a thouſand times more precious
to me than all the riches of the *Indies*. I expect to have the honour of ſeeing you ſoon, and
am, S I R, &c.

At Corunna, the 10th of
  November 1762.

ᴇɴᴅ of the T R A V E L S.

A

CATALOGUE

OF THE

Known PLANTS, SHRUBS, and TREES in NORTH AMERICA.

Collected from the various WRITERS on that Subject.

C L A S S I S I.

M O N A N D R I A.

MONOGYNIA.

Linnæan Names.	English Names.	Places.	Authors &Observations.
CANNA glauca	Indian shot	Carolina	Dill. elth. t. 59. f. 69.
CINNA arundinacea	Canada grass	Canada	
SALICORNIA Virgin.	Kelp, or jointed glass-[wort	Virginia	
CALLITRICHE verna	Star-grass	Ibid.	Gron. Fl. Virg. 143.

C L A S S I S II.

D I A N D R I A.

MONOGYNIA.

OLEA Americana	American olive	Car.Flor.	Catesb. i. 61. purple-berried bay
CHIONANTHUS Virg.	Fringe-tree	N. Amer.	Cat. i. 68.
CIRCÆA Canadensis	Enchanters nightshade	N. Amer.	

VERONICA

VERONICA Virginica	Speedwell Virginian	Virginia	
ferpyllifolia	thymeleav'd	N. Amer.	
beccabunga	brooklime	Ibid.	
arvenfis	field	Ibid.	
Marilandica	Maryland	Ibid.	
DIANTHERA Americ.	Baftard hedge-hyffop	Virg.Flor.	Pluk.amalth.t. 423.f.5
GRATIOLA Virginian.	Hedge-hyffop Virgin.	Virginia	
UTRICULARIA vulg.	Water-milfoil, comm.	Ibid.	
fubulata	fubulated	N. Amer.	
gibba	gibbous	N. Amer.	
VERBENA orubica	Vervain, orubian	Ifle of A- rabua or Cruba	
nodiflora	jointed	Virginia	
haftata	haftated	N. Amer.	
Carolina	Carolina	N. Amer.	
urticifolia	nettle-leav'd	N. Amer.	
fpuria	fpurious	N. Amer.	
LYCOPUS Virginicus	Water-horehound Vir.	Virginia	
CUNILA mariana	Penny-royal, Virgin.	Virginia	
pulegioides	officinal	N. Amer.	Kalm's Travels, vol. i. p.194. affords a good pectoral and fudorific medicine when infu- fed like tea.
MONARDA fiftulofa		Canada	
didyma		N.York & Penfylv.	
clinopodia		Virginia	
punctata		Virginia	
ciliata		Virginia	
SALVIA lyrata	Sage, lyrated	Virginia	
urticifolia	nettle-leav'd	S. of No. Amer.	
verbenaca	finuated	Virginia	
COLLINSONIA Cana- denfis	Horfe-weed	Penfyl. & Virginia	Kalm's Travels, vol.i. p. 197. is ftrong fcent- ed, ufed as a cure for rheumatic diforders; by an Indian againft the bite of the rattle- fnake.

C L A S-

C L A S S I S   III.

T R I A N D R I A.

MONOGYNIA.

VALERIANA locuſta ſ Valerian, corn-ſallad Maryland
MELOTHRIA pendula Small creeping cucum- N. Amer.
         ber
IRIS verſicolor   Flower de luce, mottled Penſ.&Vir
  Virginica   Virginian   Virginia
  verna   vernal   Virginia
COMMELINA commu- Day-flower, common   N. Amer.
  nis
  erecta   upright   Virginia
  Virginica   Virginian   Virginia
XYRIS indica   N. Amer. Raj. hiſt. pl.2. p. 1318.
                              Its juice cures tetters
                              and other cutaneous
                              diſorders.

SCHOENUS coloratus Cyperus ruſh, ſpotted Virginia
  glomeratus   globoſe   Virginia
CYPERUS odoratus   Cyperus, ſweet-ſcented N.Amer.
  compreſſus   compreſſed N.Amer.
  ſtrigoſus   ſtrigoſe   Virginia
  alternifolius   tall   Virginia Linn. Sp. plant. p. 65.
                              n. 4. Schoenus ſpa-
                              thaceus.
SCIRPUS paluſtris   Ruſh-graſs, marſh   Canada   Kalm's Trav. iii. p. 83.
  capitatus   globoſe   Virginia
  capillaris   dwarf   Virginia
  mucronatus   mucronated Virginia
  echinatus   echinated   N. Amer.
  retrofractus   Virginia
  ſpadiceus   brown   Virginia
ERIOPHORUM Virgin. Cotton graſs, Virgin. Virginia
  cyperinum   yellow   N. Amer.

DIGYNIA.

PHALARIS oryzoides Canary graſs, Americ. Virginia
PANICUM glaucum   Panic graſs, rough- N. Amer.
                     ſeeded
  Italicum   hirſute   Virginia
  crus galli   Virginia

                                     PANICUM

PANICUM fanguinale	Panic grafs, purple	N. Amer.	
filiforme	flender	N. Amer. Kalm.	
dichotomum	dichotomous	Virginia	
clandeftin.	fheathed	Penf,lva. Kalm.	
capillare	capillaceous	Virginia	
latifolium	broad leaved	Virginia	Gron. fl. virg. 11.? Panicum panicula-tum, floribus muticis. Pluk. alm. 176. t. 92. f. 7.
virgatum	virgated	Virginia	
AGROSTIS Virginica	Bent grafs, Virginian	Virginia	An eadem cum Uniola ſpicata, Linn.?
MELICA altiſſima	Melic grafs, tall	N. Amer.	
POA anguftifolia	Meadow grafs, narrow leaved	Canada	Kalm'sTravels, vol. iii. p. 156.
compreſſa	compreſſed	N. Amer.	Gron. fl. virg. 13. Poa panicula diffuſa an-gulis rectis, ſpiculis obtuſis culmo obli-quo compreſſo.
capillaris	capillaceous	Canada	Kalm'sTrav. iii. p. 66.
BRIZA eragroſtis	Quaking grafs	Virginia	
UNIOLA paniculata	Spike grafs, panicula-ted	Carolina	Sea-fide oats, Catefb. i. p. 32. t. 32.
ſpicata [des	eared	N. Amer.	Confer. Agroſtis Vir-ginica, Linn.
DACTYLIS cynofuroi-	Cock's foot grafs	N. Amer.	
CYNOSURUS Ægyp-tius	Dog's tail grafs	Virginia	Gron. fl. virg. 14.
BROMUS purgans	Brome grafs, purging	Canada	Kalm.
ciliatus	ciliated	Ibid.	Kalm.
STIPA avenacea	Feather-grafs	Virginia	
AVENA Penfy.vanica	Oats, Penfylvanian	Penfylv.	Kalm.
ſpicata	eared	Ibid.	
ARUNDO phragmitis	Reed, common	Virginia	
arenaria	fand	N. Amer.	Kalm'sTravels, vo..iii. p. 210.
ELYMUS arenarius	Lyme grafs, fea	Canada	Kalm's Trav. vol. iii. p. 210.
Philadelph.	Penfylvanian	Penfylv.	
Canadenſis	Canadian	Canada	Kalm.
Virginicus	Virginian	Virginia	Gron. flor. virg. 15. Gramen ſpicatum fe-calinum.
hyſtrix	bearded	Virginia	
HORDEUM jubatum	Barley, Canada	Canada	Kalm.

TRI-

TRIGYNIA,

ERIOCAULON decangulare		N. Amer. Phil. Tranf. vol.lvii. t.
PROSERPINACA paluftris		Virginia
HOLOSTEUM fucculentum	American chick-weed, fucculent	N. York
MOLLUGO verticillata	Indian chick - weed, verticillated	Virginia
QUERIA Canadenfis		N. Amer.
LECHEA minor		Canada
major		Ibid.

CLASSIS IV.

TETRANDRIA.

MONOGYNIA.

CEPHALANTHUS occidentalis	Button wood	N. Amer.
DIPSACUS fullonum	Teazel, Fuller's	Virginia
SPERMACOCE tenuior	Button weed, annual	Carolina
DIODIA Virginiana		Virginia
HOUSTONIA cœrulea		Ibid.
purpurea		Ibid.
GALIUM bermudenfe	Lady's bedftraw	Ber-Ibid.
	mudian	Virg. Ber.
trifidum	trifid	Canada Kalm
tinctorium	dyers	N. Amer. Kalm'sTrav. III. p. 14.
uliginofum	marfhy	North A- Gron. fl. virg 18 ? A- merica ? parine floribus albis, caule quadrato infirmo, foliis ad fingula genicula quatuor, fructu rotundo glabro lucido ?
CATESBÆA fpinofa	Lilly thorn	Bahama Catefb. II. · 100. Iflands
MITCHELLA repens		N. Amer. Catefb. I. 20
CALLICARPA Americana		S.Provin- Catefb. II. 47 ces of N. America

POLYPRI-

POLYPREMUM pro- Carolina flax   Virg.Car. Gron. fl. virg. p. 19.
   cumbens   *Polypremum*
PLANTAGO major   Plaintain, greater   Virginia   Gron. fl. virg. p. 19.
                                       Plantago foliis ovatis.
   Virginica   Virginian   Virginia
   lanceolata β   lanceolated   Virginia   Gron. fl. virg. p. 19.
                                       Plantago, angustifo-
                                       lia glabra, cauliculis
                                       longis infirmis, spicis
                                       brevibus, staminibus
                                       plurimis extantibus ?

SANGUISORBA media Wild burnet, cylindric Canada
   Canadensis   Canadian   Canada
CORNUS Florida   Dogwood, florid   Virginia   Catesb. I. t. 27.
   sanguinea   swamp   N. Amer. An Gron. fl. virg. 20 ?
                                         Cornus foemina flori-
                                       bus candidissimis um-
                                       bellatim   dispositis,
                                       baccis coeruleo vi-
                                       ridibus, osficulo duro,
                                       compresso biloculari ?

   alba   white   Canada
   Canadensis   herbaceous   Canada
PTELEA trifoliata   Shrub trefoil   Virginia   Gron. fl. virg. 20.
   viscosa   Bermudian broom   Berm. Isle Pluk. alm. 43. t. 141. f. 1
LUDVIGIA alternisolia Bastard loose strife, vir- Virginia
                     ginian
   repens ? N. S.   creeping   Virginia   Gron. fl. virg. 20.
                                         Ludwigia caule re-
                                       pente, foliis obver-
                                       se ovatis petiolatis.
                                       Clayt. n. 775. Lud-
                                       vigia parva aquatica
                                       repens: caule succu-
                                       lento glabrorubente :
                                       floribus ex alis foli-
                                       orum egressis, diluto
                                       luteis,   tetrapetalis,
                                       fugacissimis, vix con-
                                       spicuis ; foliis ruben-
                                       tibus, venosis, glabris
                                       lucidis, ad finem ro-
                                       tundis, exadverso bi-
                                       nis: vasculo folioso
                                       in quatuor locula-
                                       menta divifo.

OLDENLANDIA uni-   Virginia
   flora
AMMANIA ramosior   Virginia
ISNARDIA palustris   Virginia   DOR-

Dorstenia contray- Contrayerva		Louifi...?
erva		N. Spain
Menandra Gronovii		Virginia Gron. fl. virg. 20.
N. S.		Menandra, ramis alternis.
ternata N.S.		Virginia Gron. fl. virg. 21.
		Menandra ramis ternis.

D I G Y N I A.

Aphanes arvenſis	Parſley Piert	Virginia
Hamamelis Virgi-	Witch hazel	Virginia Catefb. app. t. 2.
nica		
Cuscuta Americana	Dodder, American	Virginia

T E T R A G N I A.

Ilex Aquifolium	Holly, common	Virginia
Caffine	Dahoon	Carolina Catefb. I. t. 31. an.
		Gron. fl. virg. p.
		222. Ilex maritima
		ramofa, foliis non fi-
		nuatis.
Potamogeton na-	Pondweed, floating	Virginia
tans, β		
lucens	ſhining	Virginia Gron. fl. virg. 23.
pectinatum ?	pectinated	Gron. fl. virg. 23. Po-
		tamogeton foliis lon-
		giſſimis gramineis.
rotundifoli-	round leaved	Virginia Gron. fl. virg. 23. Po-
um N. S.		tamogeton foliis fub-
		rotundis.
oblongifoli-	fœtid	Virginia Gron fl. virg. 23 Po-
um N. S.		tamogeton foliis ob-
		iongis.
Ruppia maritima		Virginia Gron. fl. virg. 23.
Sagina procumbens	Spring chick - weed,	Virginia Gron. fl. virg. 23.
	creeping	
Virginica	Virginian	Virginia

C L A S.

CLASSIS V.

PENTANDRIA.

MONOGYNIA.

MYOSOTIS Virginica Moufe ear, American Virginia
LITHOSPERMUM Vir-Gromwell, Virginian Ibid.
　ginicum
ANCHUSA Virginica Buglofs, Puccoon　Ibid.
CYNOGLOSUM offici-Navelwort, officinal Ibid.
　nale
　Virginicum　　　Virginian　Ibid.　Gron. fl. virg. 24. Its
　　　　　　　　　　　　　　　　　　　roots heal wounds,
　　　　　　　　　　　　　　　　　　　and ftop the dyfen-
　　　　　　　　　　　　　　　　　　　tery.

PULMONARIA Virgi-Lungwort, American Virginia In America, mountain
　nica　　　　　　　　　　　　　　　　cowflip. Gron. Its
　　　　　　　　　　　　　　　　　　　root has the quality
　　　　　　　　　　　　　　　　　　　of healing wounds.

LYCOPSIS arvenfis　WildBuglofs, common Virginia
　Virginica　　　　Virginian　Virginia
ECHIUM vulgare f. ⎰Vipers Buglofs, com-Virginia
　creticum ⎱　　　mon
DOT CATHEON Me-Meadia　　　　　Carolina Catefb. app. t. 1.
　adia
HYDROPHYLLUM Waterleaf, Virginian Virginia
　Virginicum
　Canadenfe　　　lobated　　　Canada
LYSIMACHIA qua-Loofe ftrife, four-leav-Virginia
　drifolia　　　　ed
　punctata　　　　punctated　　Virginia
　ciliata　　　　ciliated　　N. Amer.
ANAGALLIS arvenfis Red Pimpernel, com. Virginia It is a good medicine
　　　　　　　　　　　　　　　　　　　for ftrengthening the
　　　　　　　　　　　　　　　　　　　lungs, and mitigates
　　　　　　　　　　　　　　　　　　　the delirious fits in
　　　　　　　　　　　　　　　　　　　fevers.

SPIGELIA marilandica Worm Honey-fuckle Maryland Lonicera Marilandica,
　　　　　　　　　　　　　　　　& S.Prov. Linn. Syft. Nat. Ed.
　　　　　　　　　　　　　　　　　　XII. Vol. II. p. 166.
　　　　　　　　　　　　　　　　　　Sp. pl. p. 249.
　　　　　　　　　　　　　　　　　　Catefb. II. t. 78. Indi-
　　　　　　　　　　　　　　　　　　an pink, its decoction
　　　　　　　　　　　　　　　　　　good againft worms.

OPHIORRHIZA mitreola Snake root, Virginian Virginia

　　　　　　　　　　　　　　　　　　　AZALEA

AZALEA nudiflora	Upright honey-fuckle	Virginia	Kalm's Trav. II. p. 169.
vifcofa	vifcid	Virginia	Cateib. I. p. 57. t. 57.
PHLOX paniculata	Baftard Lychnis, pani-culated	N. Amer.	P. Collinfon.
maculata	fpotted	N. Amer. N. York	Kalm's Trav. II. 322.
pilofa	hairy	Virginia	Pluk. alm. 133.
Carolina	Caroline	Carolina	
glaberrima	fmooth	Virg. New York	Kalm's Trav. II. 222.
divaricata	divaricated	Virginia	
ovata	oval leaved	Ibid.	
fubulata	fubulated	Ibid.	
fetacea	fetaceous	Ibid.	
CONVOLVULUS arven-fis	Bindweed, field	Ibid.	Gron. fl. virg. 27.
panduratus	pandurated	Ibid.	
Carolinus	Caroline	Carolina	
purpureus	purple	N. Amer.	
Batatas	potatoe	Carolina	Cateb. II. t. 60.
repens	creeping	N Amer.	
fpithameus	dwarf	N. Amer.	
Jalapa	True jalap	Louifiana	M. Boff Mill. dict. n. 32.
IPOMOEA Carolina	Jafmine bindweed, pur-ple	Carolina	Catefb. II. t. 91.
lecunofa		Virg. Car.	
tamnifolia		Carolina	
POLEMONIUM reptans	Jacob's ladder, creep-ing	Virginia	
rubrum	red	Carolina	Juffieu.
dubium	dubious	Virginia	
CAMPANULA Ameri-cana	Bellflower, American	Penfylv.	
perfoliata	perfoliated	Virginia	
SAMOLUS valerandi	Water Pimpernel, round leaved	N. Amer.	
LONICERA fempervi-rens	Honeyfuckle ever-green	South of N. Amer.	
Symphori-carpos	St. Peter's	Car. Virg.	Its root pounded and taken in a moderate dofe is an infallible remedy againft inter-mittent fevers. Clayt.
Diervilla	Dierville's	N. York Nov. Sco.	
TRIOSTEUM perfolia-tum	Fever-root, Cinque	N. Amer.	In Penfylvania it is called Gentian. Clayt.

TRI-

TRIOSTEUM angufti- folium	narrow leav- ed	Virginia
CONOCARPUS erecta	Button tree	Berm. Ifl. Catefb. II. t. 33.
KUHNIA eupatorioides		Penfylv.
ELLISIA Nyctelea	Ellifia	Virginia Polemonium Nyctelea Sp. l. p. 231.
VERBASCUM Thapfus	Mullein, great yellow	Ibid.
Blattaria	annual	Ibid. Gron. fl. virg. 31. Verbafcum fol. inca- nis maximum odora- tum, floribus luteis & albis a rcte cauli adhærentibus & foliis multis anguftis inter flores emanantibus. Morif. hift. 2. p. 485.
DATURA ftramonium	Thorn apple, common	N. Amer.
varietas flore cœruleo		Virginia Gron. fl. virg. 32.
NICOTIANA Taba- cum	Tobacco, feffile	N. Amer.
ruftica	petiolated	Ibid.
PHYSALIS vifcofa	Winter cherry vifcid	Virginia
Penfylvanica	Penfylvania	Virginia Penfylv.
Pruinofa		Virginia Gron. fl. virg. 32. Phy- falis foliis ovatis am- plis mollibus acute fi- nuatis nonnihil vifco- fis odoratis Clayt. n. 787. Dill. elth. p. 10. t. 9. f. 9.
SOLANUM nigrum	Night fhade, black	Virginia
mammofum		Ibid.
Virginianum	Virginian	N. Amer.
Indicum ?	Indian	New Sp. Pluk. alm. 350. t. 225. f. 6.
Carolinenfe	Caroline	Carolina
Bahamenfe	Bahama	Ifleof Pro- Gron. fl. virg. p. 32. vidence, Clayt. n. 862. one of the Bahamas, and in Virginia
CHIRONIA campanu- lata		Canada Kalm
angularis		Virginia Kalm
CORDIA Sebeftena	Sebefter	Carolina Catefb. II. t. 91.

SIDE-

SIDEROXYLON lyci- Ironwood lanceolated Canada
odes
decandrum elliptic N. Amer.
tenax tough Carolina D. Garden
RHAMNUS volubilis, Buckthorn Sup. Jack. N. Amer. This species has lately
N. S. been described and
found to be a *Rham-*
nus; it is not yet in
Linnæus's works.
The practice of mak-
ing sticks of this tree;
is so well known,
that it is scarce worth
mentioning.

CEANOTHUS Ameri-New Jerfey Tea, com- N. Amer.
canus mon.
CELASTRUS bullatus Staff tree, elegant Virginia
scandens twining Ca. Virg.
myrtifolius myrtle leav- Virginia
ed
EVONYMUS Ameri-Spindle tree, Ameri- Virginia
canus can
CYRILLA racemiflora. Carolina D. Garden.
ITEA Virginica Virginia
GALAX aphylla Virginia
RIBES Groffularia Goofeberry, common Virginia Gron. fl. virg. 34.
nigrum β Currant, black Penfylv.
oxyacantho- Goofeberry, hawthorn Canada
ides like
Cynofbati Canadian Canada Kalm
HEDERA quinquefolia Ivy, American Can. Virg
VITIS vinifera? Vine, Noah's Virginia? Linn.?
labrufca woolly N. Amer. Gron. fl. virg. 34.
vulpina fox-grape Ibid. Gron. fl. virg. 34.
arborea arborefcent Virg.Cau. Gron. fl. virg. 35.
CLAYTONIA virginica Virginia
ACHYRANTHES di Ibid. Linn.Mantiff. pl. p.51.
chotoma
CELOSIA paniculata? Cock's-comb, panicu- Ibid.? Gron. fl. virg. 35.? Ce-
lated lofia foliis lanceolato
ovatis panicula diffu-
fa filiformi?

GLAUX maritima Sea milkwort Canada Kalm's Trav. iii. 201.
THESIUM umbellatum Penf.Virg Kalm.
VINCA lutea Periwinkle, yellow Carolina Catefb. ii. t. 53.
PLUMERIA obtufa Tree-jafmine, obtufe Baha.Ifles Catefb. ii. t. 93.
rubra? red Ibid.? Catefb. ii. t. 92.
ECHITES umbellata Baha.Ifles Catefb. i. t, 58.
TABERNÆMONTANA Virginia
amfonia CYNAN-

DIGYNIA.

Cynanchum fuberp-fum	Baftard dog's-bane	Virginia	
Apocynum androfæ-mifolium	Dog's-bane, oval	Canada, N. York	Kalm's Trav. iii. p. 26.
cannabinum	Indian hemp	Penfylv. & Virginia 131.	Kalm, i. p. 13. & ii. p. Ufed inftead of hemp.
Asclepias variegata	Swallow-wort, fpotted	N. Amer.	Gron. fl. virg. 38. ? Afclepias caule erecto fimplici maculato fol. lanceolato ---oblongis, glabris, fubtus pallidis
fyriaca	fyrian	Vir. Can.	Kalm'sTrav. iii. p. 28.
purpurafcens	purple	Carolina	Gron. fl. virg. 38. ? Afclepias caule erecto ramofo, fol. lanceolatis integerrimis oppofitis, umbella erecta terminali.
amœna	beautiful	N. Amer.	Gron. fl. virg. 37. ? Afclepias erecta non ramofa, fol. oblongis glabris acuminatis.
nivea	white	Virginia	
incarnata	bloody	Ibid.	
tuberofa	orange	N. Amer.	
decumbens	decumbent	Virginia	
verticillata	verticillated	Ibid.	
rubra	red	Ibid.	
Chenopodium Bo-nusHenricus	Goofe-foot, fagittated	Ibid.	Gron. fl. virg. 38.
album	white	Ibid.	Kalm's Trav. i. p.118.
rubrum ?	red	Ibid.	Gron. fl.virg. 39. Chenopodium caule rubente, ftriato foliis amplis triangularibus ferratis.
ambrofioides	fweet-fcented	S. of N. Amer.	Linn.
anthelminti-cum	worm	Penfylva.	Kalm's Trav. i. p :63. & Gron. fl. virg. 39. Botrys præalta frutefcens foliis longis laciniatis. Its feeds kill the worms. Kalm.Clay.
ariftatum	briftly	Virginia	

SAL-

SALSOLA Tragus	Glafs-wort	Virginia	Gron. fl. virg. 38.
rofacea?	rofaceous	Ibid.	Gron. fl. virg. 38. Kali fpinofum, foliis brevioribus caulibus rubris? *Clayt.*
Soda	Soda	E. Florida	Stork's Florida.
ULMUS Americana	Elm, American	N. Amer.	Kalm's Trav. i. 67. & ii. 298.
procerior foliis anguftioribus			Clayt. Gron. fl. virg. 39. varietas praecedentis?
HEUCHERA american.		Virginia	
SWERTIA difformis	Nectar-gentian, virg.	Ibid.	A fpecific againft the bite of a mad dog.
corniculata	horned	Canada	Kalm.
GENTIANA faponaria	Gentian, foapwort	Virginia	Catefb. i. t. 70.
villofa	hoary	Ibid.	
centaurium	leff. centaury	Ibid.	Gron. fl. virg. 40.
quinquefolia	penfylvanian	Penfylv.	Kalm.
lutea	yellow	Virginia	Kalm's Trav. i. p. 138.
ciliata	ciliated	Canada	
ERYNGIUM foetidum	Sea-holly, foetid	Virginia	
aquaticum	aquatic	Ibid.	
HYDROCOTYLE vulg.	Water-navelwort, com.	Ibid.	Gron. fl. virg. 41.
umbellata	umbelliferous	Ibid.	
americana	American	N. Amer.	
SANICULA, europaea?	Sanicle, common	Ibid.?	Linn. Sp. pl. p. 339.
Canadenfis	Canada	Canada	
Marilandica	Black fnake-root	Virgin. & Maryland	
TORDYLIUM anthrifcus	Hedge-parfley	Virginia?	Gron. fl. virg. 42.?
DAUCUS carota	Carrot, common	Ibid.	Gron. fl. virg. 42.
FERULA Canadenfis	Belly-ach root?	Virginia, Canada	Gron. fl. virg. 43. Angelica foliis aequalibus ovatis incifo-ferratis.
LIGUSTICUM Scoti-Lovage cum		Ibid.	
ANGELICA atropurp.	Angelica, purple	Canada	
fylveftris	common	Virginia	
lucida	Belly-ach root	Canada	Gron. fl. virg. 43. Angelica foli... aequalibus ovatis ...cifo-ferratis. This feems to be entirely the fame with the *Ferula Canadenfis*, Linn.

SIUM

Sium rigidius Water-parfnep, Amer. Virginia
Sison Canadenfe   Canada   Kalm's Trav. lii. 27.
Cicuta bulbifera Water-hemlock,.bulb. Canada, Gron. fl. virg. 42. Am-
                                       Virginia mi.
    maculata   fpotted   Virginia
Scandix procumbens Wild chervil, Virgin. Ibid.
Chærophyllum ar- Chervil, ' fhrubby   Ibid.
    borefcens
Thapsia trifoliata   Ibid.   Gron. fl. virg. 43.
                                                 . Sium folio infimo cor-
                                                 dato, caulinis terna-
Smyrnium aureum Alexanders, golden   N. Amer. tis omnibus crenatis.
    integerrimum   columbine- Virginia
                       leaved

TRIGYNIA

Rhus glabra   Sumach, fmooth   N. Amer. Catefb. app. t. 4.
    vernix   poifon-wood Ibid.   Kalm's Trav. i. p. 77.
    copallinum   copal tree   Virg. Flo.
    radicans   poifon-oak N. Amer. Kalm's Trav. i. p. 177.
    toxicodendron   ivy-leaved   Ibid.
    typhina   virginian   Virginia
Viburnum nudum Viburnum, naked   Ibid.
    prunifolium   prune-leaved Ib. & Can.
    dentatum   denticulated Vir. Can. Kalm's Trav. iii. p. 162.
    acerifolium   maple leaved Ibid.   Gron. fl. virg. 47. fo-
                                           liis trilobis dentatis.
    lentago   marginated   Canada   Kalm.
    caffinoides   baftard caf- N. Amer. Gron. fl. virg. 46..Caf-
                     fine   fine.
    lantana ?   mealy   Virginia Gron. fl.virg. 46.? Vi-
                                           burnum fol. cordato-
                                           orbiculatis, glabris
                                           ferrato plicatis ?
Sambucus canadenfis Elder, american N. Amer. Kalm's Trav. i. p. 66.
                                          & ii. p. 283.
    nigra   black   N. Amer. Gron. fl. virg. 47.
Staphylea trifolia Bladder-wort, americ. Virginia
Sarothra gentian- Baftard gentian   Virgin. & Kalm's Trav. i. 126.
    oides   Penfylv Ground-pine. Ciayt.
                                     Is a good traumatic.

PENTAGYNIA.

Aralia fpinofa   Baftard angelica, Virginia Prickly afh---in Ame-
                     prickly   rica. Clayt.
    racemofa   racemofe   Canada
    nudicaulis   naked   Virginia
                                         Statice

Sᴛᴀᴛɪᴄᴇ armeria   Sea-pink, capitated   N. Amer.
     limonium   ſmooth leaved Virginia
Lɪɴᴜᴍ virginianum   Flax,   ʋirginian   N. Amer.
Dʀᴏsᴇʀᴀ rotundifolia Sundew, common   Ibid.

C L A S S I S VI.

H E X A N D R I A.

MONOGYNIA.

Tɪʟʟᴀɴᴅsɪᴀ uſneoi-   Virginia   Of the inner fibres of
     des   this plant the Balti-
                                  more-birds (orioli)
                                  make their neſts.
Bᴜʀᴍᴀɴɴɪᴀ biflora   Ibid.
Tʀᴀᴅᴇsᴄᴀɴᴛɪᴀ vir- Spider-wort, virginian Ibid.
     ginica
Pᴏɴᴛᴇᴅᴇʀɪᴀ cordata   Virginia
Pᴀɴᴄʀᴀᴛɪᴜᴍ caro- Sea-daffodil, american Carolina   Cateſb. app. t. 5.
     linianum
Aᴍᴀʀʏʟʟɪsatamaſco Attamuſco lilly   Virginia   Cateſb. app. t. 12.
Aʟʟɪᴜᴍ canadenſc   Garlic, canadian   Canada,   Kalm's Trav.ii.p.133.
                              Penſylv.   Gron. fl. virg. 50.?
                                     Allium radice laterá-
                                     li, cordata ſolida, ca-
                                     pite bulbifero ?
     urſinum   wild   Ib. Virg.   Gron. fl. virg. 50.
Lɪʟɪᴜᴍ ſuperbum   Lily, golden martagon N. Amer.   Cateſb. i. 50. Lilium.
                                     f. Martagon floribus
                                     aureis.
     canadenſe   canada   Canada   Cateſb. app. t. 11.
     philadelphicum   penſylvania   Penſ.Can. Cateſb. ii. t. 58.
     camſchatenſe   northern
Uᴠᴜʟᴀʀɪᴀ perfoliata   Vir. Can.
     ſeſſilifolia   Canada   Kalm.
Eʀʏᴛʜʀᴏɴɪᴜᴍ dens Dog-tooth-violet   Virginia
     canis γ
Hʏᴘᴏxɪs erecta   Baſtard ſtar-flower, up- Ibid.
                right
     ſeſſilis   ſeſſile   Carolina
Aɴᴛʜᴇʀɪᴄᴜᴍ caly- Spiderwort, trigynous Virginia
     culatum
Lᴇᴏɴᴛɪᴄᴇ thalictroi- Lion's leaf, virginian   Ibid.
     des
Cᴏɴᴠᴀʟʟᴀʀɪᴀ po - Convallary, Solomon's Ibid.
     lygonatum   ſeal

CONVALLARIA race- Convallary, racemose Can. Vir.
moia
ſtellata ſtellated Canada
ALETRIS farinoſa N. Amer.
YUCCA filamentoſa Silkgraſs - plant, fila- Virginia
mentoſe
AGAVE virginica Baſtard aloe, virginian Virginia
ACORUS calamus Sweet flag, common Ibid.
ORONTIUM aquati - Tawkee arum, floating Can. Vir. Kalm'sTrav. ii. p.101.
cum
JUNCUS effuſus Ruſh, ſmooth Virginia
filiformis filiform Ibid.
nodoſus jointed N. Amer. Gron. fl. virg. 54. Juncus foliis articuloſis,
floribus umbellatis ca-
pſulistriangulis.Clay.
bulboſus bulbous Virginia Gron. fl. virg. p. 53.
ACHRAS ſapota Sapadillo tree Baha.Iſles Cateſb. ii. t. 87.
PRINOS verticillatus Winterberry, verticil. Virginia
glaber caſſine Canada, Cateſby, ii. 57. Kalm.
Carolina A decoction of it is
Florida, drank by the Indians
in Weſt Florida, and
called the liquor of
valour : it is a ſtrong
diuretic. Boſſu.

BURSERA gummifera Gum elemy-tree Baha.Iſles Cateſb. i. t. 30.

TRIGYNIA.

RUMEX ſanguineus Dock, red Virginia
verticillatus verticillated Ibid.
Britannica paniculated Ibid.
perſicarioides Ibid.
acetoſella ſorrel Ibid.
TRIGLOCHIN mariti- Arrow-headed graſs Canad.N. Kalm's Trav. i. p.138.
mum York
MELANTHIUM virgi- Virginia
nicum
MEDEOLA virginica Ibid.
TRILLIUM cernuum Three-leaved night-Carol. N.Cateſb. i. t. 45.
ſhade, hanging York?
erectum upright Can. Vir.
ſeſſile ſeſſile Ibid. Cateſb. i. t. 50.
Trillium foliis ternis
ſubovatis obtuſis, flo-
re ſeſſili erecto unico ;
Gron. fl. virg. 56.
ſeems to be a variety
of this.
HELO-

HELONIAS bullata   Penfylva.
    afphodeloides   Ibid.

POLYGYNIA.

ALISMA cordifolia   Water-plaintain, cor- Virginia
                      dated
    fubulata   fubulated   Ibid.

C L A S S I S   VII.

H E P T A N D R I A.

M O N O G Y N I A.

TRIENTALIS Euro-   Virginia Kalm's Trav. i. p. 138.
      pæa   Cat's hills
AESCULUS pavia   Buck's eye.   Carolina

T R I G Y N I A.

SAURURUS cernuus   Lizards-tail.   Virginia

C L A S S I S   VIII.

O C T A N D R I A.

M O N O G Y N I A.

RHEXIA virginica   Soap-wood, ferrated   Virginia
    mariana   ciliated   Maryland
OENOTHERA biennis Night-willowherb, bi-   Kalm's Trav. iii. p. 294.
                       ennial Can. Vir.
    parviflora   fmall flowering N. Amer.
    octovalvis   great   Ibid.
    molliffima   foft   Virginia
    fruticofa   frutefcent   Ibid.
    pumila   dwarf   N. Amer.
GAURA biennis   Yellow loofestrife, vir-
                      ginian Virginia,
EPILOBIUM hirfutum Podded   loofe - ftrife, Penfylv.
                     rough   Virginia

AMYRIS elemifera   Balfam-tree, gum-ele- Crolina   Catefb. ii. t. 33.
               my
   toxifera   poifonous   Ibid.   Catefb. i. t. 40.
CHLORA dodecandra   Virginia   Chironia dodecandra,
                                         Linn. Sp. pl. p. 273.
VACCINIUM ftami - Whortleberry   N. Amer. Called goofeberry in
   neum   North America.
   album   white   Penfylva. Kalm.
   mucronatum   mucronated   N. Amer. Kalm.
   corymbofum   corymbofe   Ibid.   Kalm.
   frondofum   fhady   Virginia
   liguftrinum   privet   Penfylva.
   Oxyococcos   mofs   N. Amer.
   hifpidulum   prickly   Ibid.   Kalm's Trav. ii. p. 79.
                                         80. American cran-
                                         berries.
DIRCA paluftris   Leather-bark, marfh   Virginia   Kalm's Trav. ii. p. 148.
                                         Moufe-wood.

T R I G Y N I A.

POLYGONUM virgini- Knotweed, virginian   Virginia
   anum
   perficaria   arfe-fmart   Ibid.
   penfylvan.   penfylvanian Penfylv.
   maritimum   maritime   Virginia
   aviculare   bird's   Ibid.
   crectum   upright   Penfylv.
   articulatum   jointed   Canada
   fagitta'um   fagittated   Vir.Mary *Cow tongue.* Clayt.
   arifolium   haftated   Flor.Virg Gron. fl. virg. 62.
   convolvulus   brank   Virginia
COCCOLOBA uvifera   Mangrove grape-tree, Baha. Ifles Catefb. ii. 96.
                 fmooth
SAPINDUS faponaria? Soap-berry   Ibid.   Catefb. i. 98 ?

T E T R A G Y N I A.

ELATINE hydropiper Water-pepper   Virginia

C L A S S I S   IX.

E N N E A N D R I A.

M O N O G Y N I A.

LAURUS indica   Bay, virginian   Virginia

                                                LAU

Lauaus borbonia   Bay,   red   Flor. Car. Catefb. i. t. 63. Its wood is equal in goodnefs to the beft mahogany. Bartram. Flor.

Perfea   avogato   N. Spain, Louifiana

æftivalis   fpice-wood   Virginia Catefb. ii. 28. Kalm's Trav. i. 68.

benzoin   wild pimento Ibid.
faffafras   faffafras   all N. Am. Catefb. i. 55. Kalm's Trav. i. 68.146. 340.

C L A S S I S X.

D E C A N D R I A.

M O N O G Y N I A.

Sophora tinctoria   Wild indigo, dyers   Virginia
alba   white   Carolina Linn. Sp. pl. p. 1006. Crotalaria alba.

Cercis canadenfis   Sallad-tree.   Virginia Kalm's Trav. i. 69.
Hymenæa courbaril   Locuft-tree   Mofk.fho. Ellis'sDirections,p. 29.
Cassia liguftrina   Caffia,   privet-like   Virginia
marilandica   maryland   Maryl. Vir
chamæcrifta   fenfitive   Penfylv.   Kalm's Trav. i. p. 121. Its leaves fhrink at the touch, like thofe of the mimofa, or fenfitive plant.

nictitans   triflorous   Virginia
procumbens   procumbent   Ibid.
Guilandina dioica Nickar nut   Flor. Can. Bartram's Journ.
Swietenia mahogo- Mahogany-tree   Florida
ni
Cæsalpinia brafili- Brafilleto, Carolina   Carolina Catefb. ii. t. 51.
enfis
Monotropa hypopi-   Canada
thys
uniflora   Virginia
Jussiæa erecta   Ibid. ?
Kalmia latifolia   Dwarf-laurel, broad- Maryland Kalm's Trav. i. 336.
leaved Penfylv.   Spoon-tree, Catefb. ii.
Virgin. N.   t. 98. Its leaves lethal to cattle, but
York.   eaten without inconvenience by the deer.

D 2   KAL-

KALMIA anguſtifolia Dwarf-laurel, narrow-Penſylv., Kalmia Trav. ii. 215.
leaved N.York Cateſb. app. t. 17.
f. 1. Its leaves have
the ſame quality with
thoſe of the preceding
ſpecies.

RHODODENDRON ma- Roſe-bay Virginia Cateſb. app. t. 17. f. 2.
ximum

DIONÆA Muſcipula NS Venus's fly-trap Carolina Ellis's Diſſertation.

ANDROMEDA mariana Wild roſemary, Maryl. Vir.Mary
paniculata paniculated Ibid. Cateſb. ii. t. 43.
racemoſa racemoſe Penſylv.
arborea ſorrel-tree Virg.Car. Cateſb. i. t. 71.
calyculata calyculated, Can. Vir.

EPIGÆA repens Creeping ground-lau- N. Amer. Kalm's Trav. ii. p.130.
rel

GAULTHERIA pro- Canada Kalm.
cumbens

ARBUTUS uva urſi Bear-berry Canada,
N.York

CLETHRA alnifolia Car.Virg. Cateſb. i. t. 66.
& Penſyl.

PYROLA rotundifolia Winter-green, round- Virginia
leaved
umbellata umbellated N. Amer.
maculata ſpotted Virginia

DIGYNIA.

HYDRANGEA arboreſ- Virginia
cens

CHRYSOSPLENIUM Golden ſaxifrage Canada
oppoſitifolium

SAXIFRAGA penſylva- Saxifrage, capitated Can. Vir.
nica
nivalis ſnow Ibid.

TIARELLA cordifolia Mitre-wort, cordated N. Amer.

MITELLA diphylla Baſtard American ſa- Ibid.
nicle

SAPONARIA officinalis Soap-wort, officinal Virginia

DIANTHUS plumarius Pink, feather Canada

TRIGYNIA.

CUCUBALUS ſtellatus Lychnis campion Vir. Can.

SILENE noćturna Viſcous campion, night Penſylv.
flowering

SILENE

SILENE virginica   Vifcous campion, vir- Virginia
                     ginian
   antirrhina   trifid   Vir. Car.
ARENARIA ferpylli- Sandwort, thyme-lea- Virginia   Gron. fl. virg. 70.
   folia   ved
   rubra β   red   Ibid.

PENTAGYNIA.

SEDUM rubens?   Houfe-leck, red   Virginia   Gron. fl. virg. 71. Se-
                                           dum.
PENTHORUM fedoides   Ibid.
OXALIS acetofella   Wood forrel, common Canada   Kalm's Trav. iii. 161.
   longiflora   long-flowered Virginia
   violacea   violet   Vir. Can.
   corniculata   yellow   Penfylva. Kalm's Trav. i. p. 201.
   ftricta   branched   Virginia
CERASTIUM femide- Moufe-ear chick-weed, Ibid.
   candrum   emarginated
   arvenfe   rough   Ibid.   Gron. fl. virg. 71.

DECAGYNIA.

PHYTOLACCA decan- Poke, virginian   N. Amer. Kalm's Trav. i. 196.
   dra

CLASSIS XI.

DODECANDRIA.

MONOGYNIA.

ASARUM canadenfe   Afarabacca, canadian   Canada
   virginicum   virginian   Virg. Car.
RHIZOPHORA mangle Mangrove-tree   Baha. Ifles Catefb. ii. t. 63.
HALESIA tetraptera   Carolina   Catefb. i. t. 64.
   diptera   Ibid.   Ellis. Philof. Tranf.
                                       vol. li.
WINTERANIA canel- White cinnamom   Baha. Ifles Catefb. ii. t. 50. Win-
   la   Florida,   ter's bark.
HUDSONIA ericoides   Virginia
PORTULACA oleracea Purflain, common   N. York   Kalm's Trav. ii. p. 284.
LYTHRUM verticilla- Willow-herb, verticil- Virginia
   tum   lated

Lythrum petiolatum Willow-herb, petiola- Virginia
                                      ted
         lineare   linear   Ibid.

D I G Y N I A.

Agrimonia eupatoria Agrimony, common Virginia

T R I G Y N I A.

Euphordia maculata Spurge, spotted   N. Amer.
    polygonifolia   procumbent Vir. Can.
    Ipecacuanhæ   vomitive   Ibid.   Is used internally by
                                               some of the northern
                                               planters as a vomit.
    portulacoides   purslain-like Penfylv.
    corollata   corollated   Vir. Can.
    hypericifolia   divaricated Ibid.
    characias   perfoliated Ibid.   Gron. fl. virg. 74.

O C T O G Y N I A.

Illicium anisatum Badian or Star-anise Floridas William Clifton, Esq;
    f. floridanum   chief-justice of West
                                                   Florida found it near
                                                   Penfacola. John Bar-
                                                   tram found it in East
                                                   Florida. It grows in
                                                   Japan, and there is
                                                   called *Skimmi* or *So-*
                                                   mo. Vide Kæmpfer's
                                                   amœn. ex. p. 880.
                                                   Its feed is a good
                                                   spice, known abroad
                                                   by the name of Star-
                                                   anife or Badian. El-
                                                   lis. Phil. Tranf. vol.
                                                   lx.

CLASSIS XII.

ICOSANDRIA.

MONOGYNIA.

CACTUS Opuntia	Prickly pear	Virginia	
PHILADELPHUS ino-dorus	Mock orange, Ameri-can	Carolina	Catefb. ii. t. 84.
PUNICA granatum	Pomegranate-tree	Florida	Bartram's Journ.
PRUNUS virginica	Prune, bird-cherry	Virginia,	Kalm's Trav. i. p. 67.
		Carolina	[Catefb. i. t. 28.
canadenfis	canadian	Canada	
pumila	dwarf	Ibid.	
domeftica	common	Penfylv.	Kalm's Trav. i. p. 67.
fpinofa	fpinofe	Ibid.	Ibid. p. 68.
cerafus ?	wild cherry	Canada	Kalm'sTrav.iii. p.160.

DIGYNIA.

CRATEGUS coccinea	Hawthorn,virginian a-zarole	Vir. Can.	
crus galli	cockfpur	Ibid. .	Kalm's Trav. i. p. 115.
tomentofa	currant	Ibid.	Kalm'sTrav.ii. p. 151.
viridis	green	Ibid.	Gron. fl. virg. edit.
			prior. 163.
SORBUS aucuparia	Mountain-afh	Canada	Kalm's Trav. iii. 151.

PENTAGYNIA.

MESPILUS arbutifolia	Medlar, virginian	Virginia	
canadenfis	canadian	Can. Virg	
PYRUS coronaria	Crab-tree, virginian	N. Amer,	Kalm's Trav. ii. 166.
SPIRÆA tomentofa	Meadow-fwect, woolly	Penfylv.	
hypericifolia	tutfan-leaved	Canada	
opulifolia	lobated	Can. Virg	
aruncus	goat's beard	Virginia	
trifoliata	trifoliated	Vir. Can.	

POLYGYNIA.

ROSA carolina	Rofe, Carolina	N. Amer.	
canina	wild	Virginia	Gron. fl. virg. p. 77.

Left margin notes:

S, &c;

internally by
f the northern
s as a vomit.

. virg. 74.

Clifton, Efq;
ftice of Weft
found it near
la. John Bar-
ınd it in Eaft
It grows in
and there is
timmi or So-
le Kæmpfer's
ex. p. 880.
is a good
nown abroad
ame of Star-
Badian. El-
, Tranf. vol.

Rubus idæus? Rafp-berry, common Virginia Gron. fl. virg. p. 78.
occidentalis american Can.Penf.Kalm'sTrav. i. p. 66.
hifpidus hifpid Ibid.
fruticofus Black-berry, common Virginia
canadenfis çanada Canada
odoratùs odoriferous Ibid.
arcticus northern Ibid.
Dalibarda Dalibard's Ibid.
Fragaria vefca Strawberry, common Can. Vir.
Potentilla fruti- Cinquefoil, frutefcent N. York Kalm's Trav. i. p. 138.
cofa
canadenfis canadian Canada
ptans creeping Virginia
orvegica northern Canada
Geum virginianum Herb-bennet, virgi- Virginia
nian
Comarum paluftre Marfh cinquefoil N. Jerfey Kalm's Trav. i. p. 138.
Calycanthus flo-
ridus Carolina Catefb. i, t, 46.

C L A S S I S   XIII.

P O L Y A N D R I A.

M O N O G Y N I A.

Actæa fpicata, alba Herb Chriftopher, ber- N. Amer.
ry-bearing
racemofa capfular Flor.Can.
Sanguinaria cana- Blood-root, Puccoon N. Amer. Kalm'sTrav. ii. p. 130.
denfis Çatefb. i. t. 24. The
Podophyllum pella- May-apple, pellated Ibid. root is an emetic.
tum
diphyllum cordated Virginia Gron. fl. virg. 81.
Chelidonjum glau- Celandine, fmooth Ibid.
cum
Sarracenia flava Side-faddle flower, vel- Virginia, Trumpet-flower. Clay.
low N. Carol. Catefb. i. 69.
purpurea purple Ibid. Catefb. ii. t. 70.
Nymphæa lutea Water-lilly, yellow Canada
alba white Virginia Gron. fl. virg. 81.
lotus dentated Virginia
Sloanea emarginata Carolina Catefb. ii. t. 87.?
Tilia americana American Lime-tree Vir. Can. Kalm's Trav. i. p. 69,
Cistus canadenfis Rock-rofe, Canada Canada

TRIGYNIA.

DELPHINIUM ſtaphi- Larkſpur, ſtaveſacre Virginia Gron. fl. virg. 82.
     · ſagria
ACONITUM uncina- Wolf's-bane, uncina- Penſylv.
     tum   ted
     napellus   monk's hood Virginia

PENTAGYNIA.

AQUILEGIA canaden- Columbine, canadian] Canada
     ſis

POLYGYNIA.

LIRIODENDRON tuli- Tulip-tree   N. Amer. Cateſb. i. 48. Kalm's
     pifera   Trav. i. 60. 202.
MAGNOLIA grandiflo- Magnolia, great   Flor. Car. Cateſb. ii. t. 61.
     ra
     glauca   ſwamp   Vir. Penſ. Cateſb. i. t. 39.
     acuminata   acuminated Penſylv. Cateſb. app. t. 15.
     tripetala   umbrella   Car. Virg. Cateſb. ii. t. 80.
ANNONA muricata Cuſtard apple, muri- Penſ. Virg Kalm's Trav. i. 69.
                      cated
     reticulata   reticulated Baha. Iſles
     glabra   ſmooth   Carolina Cateſ. ii. 64.
     triloba   trilobated   Ibid.   Ibid. t. 85.
ANEMONE hepatica Anemone, liver-wort Virginia Kalm's Trav. ii. 104.
     canadenſis   canada   Penſylv. Dr. Hope.
     virginica   virginian   Ibid.
     dichotoma   dichotomous Canada
     quinquefolia   five-leaved Can. Vir.
     thalictroides   columbine Canada
CLEMATIS viorna Virgin's bower, violet Virg. Car.
     criſpa   criſpated   Carolina
     virginiana   odoriferous N. Amer.
     vitalba   broad-leaved Virginia
THALICTRUM Cor- Meadow Rue, Canada Canada
     nuti
     dioicum   dwarf   Ibid.   Gron. fl. virg. 85.
     purpuraſcens   purple   Ibid.
RANUNCULUS abor- Crowfoot, triflorous Vir. Can.
     tivus
     ſceleratus   corroſive   Ibid.
     bulboſus   bulbous   Ibid.
     repens   creeping   Ibid.

ANUNCULUS muri-Crow-foot, muricated Vir. Can.
   catus
   aquatilis   aquatic   Ibid.
HELLEBORUS fœtidus Hellebore, fœtid   Virginia
   trifolius   ternated   Canada Kalm's Trav. iii. 160.
CALTHA paluſtris   Marſh Marygold Virginia
HYDRASTIS canaden-   Canada Ellis.
   ſis

CLASSIS XIV.

DIDYNAMIA.

GYMNOSPERMIA.

TEUCRIUM chamæ- Germander, ground- Virginia
   pithys   pine
   canadenſe   canadian   Canada
   virginicum   virginian   Virginia
SATUR.. virginica Savery, virginian Ibid.
HYSSOPUS nepetoides Hyſſop, quadrangular Ib. & Can.
NEPETA Cataria   Cat-mint, common Ibid.
   virginica   viṛ.nian   Ibid.
MENTHA viridis? Mint,   green   Ibid.   Gron. fl. virg. p. 89. ?
   canadenſis   canada   Canada
LAMIUM amplexicaule Dead nettle   Virginia
STACHYS annua   Baſe Horehound, an-Ibid.
              nual
MARRUBIUM vulgare Horehound, common Ibid.
LEONURUS cardiaca Lion's tail, motherwort Ibid. Gron. fl. virg. p. 90.
CLINOPODIUM vulg. Field-Baſil, common Canada
   incanum   tomentoſe N. Amer.
   rugoſum   rugoſe   Carolina
ORIGANUM vulgare Wild marjoram, com-Can. Virg
             mon
MELISSA nepeta Baulm, cat   Virginia
DRACOCEPHALUM Dragon's-head Ibid.
   virginianum   Ibid.
HORMINUM virgini- Virginian Clary
   cum
TRICHOSTEMA di-   Vir. Penſ.
   chotomum
   brachiatum   Ibid.
SCUTELLARIA late- Skull-cap, lateral Can. Vir.
   riflora
   integrifolia   entire   Ibid.

SCUTELLARIA hyffo- hyffopleaved Canada
   pifolia Virginia
PRUNELLA vulgaris Self-heal, common Ibid. A good traumatic
   grandiflora ? great ? Ibid. Gron. fl. virg. p. 9t.
                       Prunella fylveftris au-
                       tumnalis, floribus di-
                       lute purpureis, capi-
                       tulis denfe ftipatis ?

PHRYMA Leptoftachys Ibid.

ANGIOSPERMIA.

BARTSIA coccinea Virg.New Kalm's Trav. II. 222.
                      York
RHINANTHUS Virgi-Elephant's head Virgi-
   nianus nian Ibid.
SCHWALBEA Ameri- Ibid.
   cana
PEDICULARIS Sceptri Ibid. Gron. fl. virg. p. 93 ?
   Carolini varietas P. caule fimplici flor.
                       capitatis, foliis pin-
                       natifidis crenulatis ?

GERARDIA purpurea Virginia
                Canada
   flava Ibid.
   pedicularia Ibid.
CHELONE glabra Humming-bird tree, Ibid.
                fmooth
   hirfuta rough Ibid.
   Pentftemon dichotomous Virginia
ANTIRRHINU Melatine Snapdragon, Fluellin Ibid.
   triornitho - gigantic Ibid.
   phorum
   canadenfe Canada Canada
                     Virginia
SCROPHULARIA Ma-Figwort Maryland Maryland
   rylandica Virginia
DIGITALIS purpurea Foxglove common Canada Kalm's Trav. I. 201.
BIGNONIA Catalpa Trumpet flower Ca-Carolina Catefb. l. t. 49.
                talpa
   fempervirens yellow Virginia Catefb. I. t. 53. Yel-
                      low Jeffamine.
   crucigera croffed Ibid.
   pentaphylla? five leaved Dahamas Catefb. I. t. 37.
   radicans radicant Virginia The juice of this plant
                      is faid to be poifon-
                      ous.
   carulea blue Carolina Catefb. I. +. 42.

                                  CAPRA

CAPRARIA gratioloi-Sweetweed Virginian Virginia
des

ERINUS Africanus   Virginia I place, this plant
     Penfyl. here merely on Dr.
     Gronovius's autho-
     rity, who pofitively
     corrects *Africa* in
     Linnæus's fpecies pl.
     and puts *Virginia* and
     Penfylvania as the na-
     tive country of this
     plant.

Canadenfis   Canada Linn. Mantifs. 88.
LINNÆA borealis   Ibid. Kalm's Trav. I. p. 138.
OBOLARIA Virginica   Virginia
OROBANCHE Virgini- Broom rape Virginian Ibid.
ca
     uniflora   fingle   Ibid.
MIMULUS ringens. Dog's fnout upright Canada
     Virginia
RUELLIA ftrepens   Virginia
biflora   Carolina
VITEX Agnus Caftus Chafte tree   Ibid.

CLASSIS XV.

TETRADYNAMIA.

SILICULOSA.

DRABA verna   Virginia
alpina   Ibid. Gron. fl. virg. 98.
     Draba caule nudo, fo-
     liis hifpidis.
LEPIDIUM Virgini- Dittander Virginian Virginia
cum
THLASPI Burfa pafto- Shepherd's purfe Ibid. Gron. fl. virg. p. 98.
ris
COCHLEARIA Coro- Scurvy grafs pinnatifid Ibid. Gron. fl. virg. p. 98.
nopus

SILIQUOSA.

CARDAMINE hirfuta Lady's fmock, rough Virginia
Virginica   Virginian Ibid.

SISY-

Sisymbrium Nastur- Water Crefs, common Virginia
  um
    Sophia   Surgeons   Ibid.   Gron. fl. virg. p. 100.
Erysimum officinale Hedge muftard officinal Ibid.
Arabis alpina   Baftard Tower muftard
                                    alpine Ibid.
    thaliana   entire   Ibid.
    lyrata   lyrated   Canada
    Canadenfis   fmooth   Ibid.
Bunias Cakile   Mountain Cale   Virginia Kalm's Trav. III. p.
                                               Canada   211.

C L A S S I S   XVI.

M O N A D E L P H I A.

D E C A N D R I A.

Geranium macula- Crane's bill, fpotted Virg.Car.
  tum
    Carolinia-   Carolina   Car.Virg.
        num

P O L Y A N D R I A.

Sida rhombifolia   Indian Mallow rhom- Ibid.
                                    boid
    Abutilon   two horned Ibid.
    crifpa   crifped   Carolina,
                                               the Ba-
                                               hamas
Napæa hermaphro-   Virginia
  ditu
    dioica   Ibid.
Malva Caroliniana Malow, Carolina   Carolina
    rotundifolia   round leaved Virginia
    Abutiloides   abutiloid   Bahamas Omitted in the laft e-
                                                        dition of the Syftema
                                                        Naturæ Linn.
Hibiscus Mofcheu- Hibifcus, petiolated Canada   The root is a paregoric.
  tos   Virginia
    paluftris   marfh   Ibid.
    Virginicus   Virginian Ibid.

                                               GORDONIA

GORDONIA Lafian- Loblolly bay Virg. Car. Ellis Phil. Tranf. vol.
thus LX. Catefb. I. t. 44.
Hypericum Lafianthus
Linn. Syft. ed. XII.
p. 509.

STEWARTI.: Malaco- Virginia Catefb. app. t. 13.
dendron

C L A S S I S XVII.

D I A D E L P H I A.

H E X A N D R I A.

FUMARIA Cucullaria Fumitory, naked Virginia.
fempervirens evergreen Ibid.

O C T A N D R I A.

POLYGALA incarnata Milkwort, flesh co- Virginia
loured Canada
Senega Rattle fnake root Canada This root is an excel-
Penfylv. lent fpecific againft
Virginia the bite of the rattle
fnake, and ufed as
fuch, by the Indians
who call it Senega.
See Linn. Amoen.
Acad. 2. p. 139. t.
2. and Kalm's Trav.
III. p. 5.
lutea yellow Virginia
viridefcens greenifh Ibid. Gron. fl. virg. 104. P.
fol. oblongis ? is per-
haps a variety of this.
fanguinea fanguinea Ibid. Gron. fl. virg. 104. P.
foliis Linearibus, ca-
pitulis fubrotundis
verticillata verticillated Ibid.
cruciata cruciated Ibid.

D E C A N D R I A.

ERYTHRINA herba- Coral tree, herbaceous Carolina Catefb. II. 49.
cea Louifiana

AMORPHA

AMORPHA fruticofa Baſtard Indigo, frutef- Carolina
                       cent

CROTALARIA perfo-
      liata   Ibid.
    fagittalis   Virginia
    alba   Carolina
LUPINUS perennis Lupine, perennial Virginia Kalm's Trav.ii. p.155.
                                  Diſliked by cattle.
PHASEOLUS hel·olus Kidney-bean, carolina Carolina
DOLICHOS regularis   Virginia
    polyſtachios   Ibid.
GLYCINE monoica Kidney-bear ·ree, ape- Ibid.
               talous
    comofa   lateral   Ibid.
    tomentofa   tomentofe.   Ibid.
    apios   tuberous   Ibid.   Its Indian name is Hop-
                                   nis; they ufed to eat
                                   its roots.

    frutefcens   frutefcent   Carolina
CLITORIA virginiana   Virginia
    mariana   Ibid.
PISUM maritimum Pea, fea-fide   Canada Kalm's Trav.iii. p.201.
VICIA fylvatica?   Vetch, wood·   Virginia Gron. Fl.Virg. p.105.
                                     Vicia pedunculis mul-
                                    tifloris, petiolis cir-
                                    rhiferis, ſtipulis qua-
                                    ternis acuminatis, cau-
                                    le fruticofo? is per-
                                    haps a variety.

    fativa   common   Ibid.
ROBINIA pfeudacacia Locuſt-tree, uniflorous N. Amer.
    hifpida   hifpid   Carolina Catefb. app. t. 20.
HEDYSARUM cana- Honeyfuckle vetch, ca- Vir. Can.
    denfe   nada
    canefcens   canefcent   Virginia
    marilandicum   maryland   Car. Mar.
    frutefcens   frutefcent   Virginia
    viridiflorum   green- flowered Ibid.
    violaceum   violet   Ibid.
    paniculatum   paniculated Ibid.
    nudiflorum   naked   Ibid.
    repens   creeping   Virginia
    hirtum   rough   Virginia
    alpinum   alpine   Virginia Gron. fl. virg. p. 109.
GALEGA virginiana Goat's Rue, virginian Virginia Gron. fl. virg. p. 111.
                                    Cracca. Perhaps the
                                    vicia foliis pinnatis
                                    abruptis Gron. fl.virg.
                                    p. 106. is a mere va-
                                    riety of this plant.
                                    ASTRA-

ASTRAGALUS caroli- Milk-vetch, caroiina Carolina
   nianus
   canadenfis   canada   Can. Vir.
TRIFOLIUM M. offi- Trefoil, officinal me-Virginia
   cinalis   lilot
   reflexum   reflected Virginia
   repens   creeping Virginia Kalm'sTrav. ii. 157.
   alpinum ?   alpine   .Virginia An Gron. fl. virg. 110.
                            'Trifolium caule fim-
                            pliciffimo erecto vix
                            ramofo, foliis lance-
                            olato-linearibus hir-
                            futis flofculis fafcicu-
                            latis terminatricibus?

   arvenfe   field   N. Amer.
   biflorum   biflorous   Vir. Can.
MEDICAGO virginica Snail Trefoil, vir-
               -ginian Virginia
   lupulina   fingle-feeded Virginia

C L A S S I S   XVIII.

P O L Y A D E L P H I A.

P O L Y A N D R I A.

HOPEA tinctoria   Carolina Catefb. i. t. 54. Lin-
                          næus fays, this figure
                          is a bad one. Its
                          root is a ftomachic,
                          and a remedy againft
                          colds.

HYPERICUM kalmia- St. John'swort, Kalm's Virginia
   num
   calycinum   calycine   N. Amer. Linn. Mantiff. p. 106.
   afcyron   tutfan   Canada
   prolificum   prolific   N. Amer. Linn. Mantiff. p. 116.
   virginicum   virginian   Penfylv.
   canadenfe   canada   Canada
   mutilum   feffile   Vir. Can.
   fetofum   briftly   Ibid.
ASCYRUM crux An- St. Andrew's wort, di-Ibid.
   dreæ   chotomous
   hypericoides   double-edged Ibid.
   villofum   hairy   Ibid.

CLASSIS XIX.

SYNGENESIA.

POLYGAMIA ÆQUALIS.

TRAGOPOGON dande-lion	Goat's beard, dandelion	Virginia	
virginicum	virginian	Vir. Can.	
SONCHUS canadenfis	Sow-thiftle, Canada	Can. Vir.	
oleraceus	common	Virginia	Gron. fl. virg. 115.
floridanus	haftated	Vir. Can.	
LACTUCA canadenfis	Lettuce, canadian	Canada	
PRENANTHES altiffima	Wild lettuce, tall	Vir. Can.	
alba	white	Car.Virg Penfylv.	
β.		Ibid.	Is called Dr. Witt's fnake-root, and affords an inftantaneous cure for the bite of the rattle-fnake. Clayt.
LEONTODON Taraxacum	Dandelion, common	Virginia	
HIERACIUM venofum	Hawkweed, veiny	Virginia	
Gronovii	obovated	Virginia	
paniculatum	paniculated	Canada	
Kalmii	Kalm's	Penfylv.	
HYOSERIS virginica	Swine fuccory, virginian	Virginia	
ARCTIUM lappa	Burdock, common	Vir. Can.	Kalm's Trav. iii. 27.
SERRATULA noveboracenfis	Saw-wort, pendulous	All N. Amer.	
prælta	tall	N. Amer.	
glauca	corymbofe	N. Amer.	
fquarrofa	fquarrofe	Virginia	
fcarioia	fcarious	Ibid.	
fpicata	fpiked	Ibid.	Its root is a good diffufive remedy, and has thence got its name of *Throat-wort.*
CARDUUS acanthoides?	Thiftle pedunculated	Ibid.	Gron. fl. virg. p. 117. C. foliis finuatis decurrentibus.
altiffimus	null	Carolina	

CARDUUS virginianus Thiſtle, virginian   Virginia
   criſpus   criſped   Canada   Kalm'sTrav.iii.p.294,
CARLINA acaulis?   Carline thiſtle   Ibid.   Gron. fl. virg. p. 117.
                                                      Carlina.

BIDENS tripartita   Spaniſh needle, trifid Ibid.
   frondoſa   ſmooth   N. Amer. Perhaps the Bidens a-
                                                    quatica humilior, &c.
                                                    in Gron. fl. virg. p.
                                                    118. is a variety of
                                                    this ſpecies.
   bipinnata   bipinnated   Penſylv.   Kalm's Trav.i. p. 171.
                                                    They call this ſpecies
                                                    Spaniſh needles like-
                                                    wiſe.

   nivea   white   Carolina
CACALIA ſuaveolens Alpine Colt's - foot, Vir. Can.
                      ſweet-ſcented
   atriplicifolia   orach-leaved Ibid.
EUPATORIUM hyſſo-Hemp-agrimony, hyſ- Virginia
   pifolium   ſop-leaved
   ſcandens   twining   Ibid.
   ſeſſilifolium   ſeſſile   Ibid.
   rotundifolium   round-leaved Ib.&Can.
   altiſſimum   gigantic   Penſylv.
   trifoliatum   ternated   Virginia
   purpureum   purple   N. Amer.
   maculatum   ſpotted   N. Amer.
   perfoliatum   perfoliated   Virginia
   ivæfolium   ſubſerrated   Ibid. ?   The Euparorium foliis
                                                    ovato lanceolatis ſim-
                                                    plicibus obtuſe ſerra-
                                                    tis in Gron. fl. virg.
                                                    p. 120. ſeems to an-
                                                    ſwer to Linnæus's de-
                                                    ſcription of the *Eupa-*
                                                    patorium ivæfolium.

   cœleſtinum   ſky-blue   Virginia
   aromaticum   aromatic   Virginia
AGERATUM altiſſi - Baſtard hemp-agrimo-Can. Vir.
   mum   ny, tall
CHRYSOCOMA grami-Golden locks   Canada
   nifolia

P O L Y G A M I A   S U P E R F L U A.

ARTEMISIA campeſ- Mugwort, field   Virginia
   tris
GNAPHALIUM obtu-Cudweed, obtuſe-leav- Virginia
   ſifolium   ed.   Penſylv.

                                                                     GNA-

GNAPHALIUM mar-Cudweed everlafting N. Amer. Kalm's Trav. i. p.
garitanum 130. A decoction
of this plant is em-
ployed to bathe any
bruifed limbs, or the
plant itfelf is ufed,
to rub the part fo af-
flicted. It is called
life everlafting.

plantagini- Plantain-leaved Virginia White Plantain
folium
purpureum purple Ibid.
uliginofi marfh Ibid. Gron. fl. virg. p. 121.
Gnaphalium cauls
ramofo diffufo.

BACCHARIS halimifo-Plowman's Spikenard, Virginia
lia orach leaved
ivæfolia lanceolated Ibid.
foetida ftinking Ibid.
CONYZA Afteroides Fleabane, radiated N. Amer.
virgata virgated Carolina
bifrons Canada
ERIGERON Carolini- Carolina
anum
Canadenfe Canada
Virginia
Philadelphi- Canada Gron. fl. virg. p. 122?
cum Penfylv. Erigeron caule fimpliciffimo fæpius bi-
floro, folio caulino
amplexi cauli.

camphora- Virginia
tum
SENECIO hieracifolius Ragwort N. Amer.
vulgaris common Virginia
Canadenfis Canada Canada
Jacobæa Jacobæa Virginia
aureus golden Virginia
Canada
faracenicus broad leaved Ibid. I imagine what Gronovius in his fl. virg.
p. 125. defcribes by
the name of Senecio
fol·is ovatis inæqua-
liter dentatis, &c.
muft be only a varie-
ty of this plant.

ASTER divaricatus Starwort divaricated Virginia

E 2 ASTER

ASTER hyffopifolius	hyffop leav-ed	N. Amer. Linn. Mantiff. p. 114.
dumefus	daify flower-ed	Virginia
ericoides	heath	N. Amer.
linarifolius	mucronated	Ibid. — Gron. fl. virg. p. 125. A. ramofis petioli. foliofis &c.
linifolius	flax leaved	N. Amer.
concolor	purple	Virginia
rigidus	ftiff-leaved	Ibid.
undulatus	undulated	Ibid.
Novæ Ang-glæ	New Eng-land	New Eng.
cordifolius	cordated	N. Amer.
puniceus	red ftalked	Ibid.
annuus	annual	Canada
vernus	vernal	Virginia
lævis	fmooth	N. Amer.
mutabilis	variable	Ibid.
tradefcanti	Tradefcant's	Virginia
Novi Belgii	New York	N. York Penfylv. Virginia
tardiflorus	late flower-ing	N. Amer.
grandiflorus	great flower-ed	Ibid.
macrophyl-lus	great leaved	Ibid. — Gron. fl. virg. p. 125? A foliis cordatis, a-cutis ferratis, petio-latis, fummis ovatis, &c.
SOLIDAGO fempervi-rens	Golden rod, ever green	New York Canada
Canadenfis	Canada	Virginia Canada
altiffima	gigantic	N. Amer.
lanceolata	lanceolata	Ibid. — Linn. Mantiff. p. 114.
lateriflora	lateral	Ibid.
bicolor	two coloured	Ibid.
cæfia	blue	Ibid. — Linn. Mantiff. p. 114.
Mexicana	Mexican	Virginia
flexicaulis	twifted	Canada Virginia
latifolia	broadleaved	Canada
rigida	rigid	New Eng. Penfylv.

SOLIDAGO

SOLIDAGO Novebo- Golden rod, New York NewYork
racenfis
INULA Helenium Elecampane, common Virginia
Mariana Maryland N. Amer.
ARNICA maritima Ibid.
DORONICUM planta-Leopard's bane, plain-Virginia Gron. fl. virg. p. 126.
· gineum ? tain leaved D. foliis cordatis cre-
.natis, &c.
HELENIUM autum- Baftard fun-flower N. Amer.
nale
CHRYSANTHEUM leu-Corn Marygold white Ibid.
canthemum
arcticum arctic Ibid.
MATRICARIA afte - Fever few, afteroid Penfylv. Bartram. Linn. Man-
roides tifs. 116.
ANTHEMIS, Cotula Chamomile, common Virginia Gron. fl. virg. p. 127.
ACHILLÆA Millefoli- Milfoil common Ibid.
um
SIGESBECKIA occi - Ibid.
dentalis
VERBESINA Virginica White ftick weed Ibid.
alba Ibid.
BUPTHALMUM frutef- Ox-eye, frutefcent Ibid.
cens
Helianthoi- ovated N. Amer.
des

POLYGAMIA FRUSTRANEA.

HELIANTHUS multi- Sun-flower multiflo - Virginia
florus rous
tuberofus tuberous Ibid.
frondofus frondofe Ibid.
decapetalus ten leaved Canada
ftrumofus long rooted Ibid.
altiffimus tall Penfylv.
giganteus gigantic Virginia
Canada
lævis fmooth Virginia
anguftifolius narrow leav- Ibid.
ed
divaricatus divaricated N. Amer.
atrorubens purple Virginia
Carolina
RUDBECKIA laciniata Rough leaved Sun flow- Virginia
er laci- Canada
niated
trileba trilobated Ibid.
E 3 RUDBECKIA

RUDBECKIA hirta	hairy	Virginia
		Canada
purpurea	purple	Virginia
		Carolina
oppofitifolia	oppofite	Virginia
anguftifolia	narrow-leav-ed	Ibid.
CORBOPSIS verticilla-ta	Tick feeded fun-flower verticillated	Ibid.
coronata	crowned	Ibid.
Bidens	bidentated	Penfylva.
auriculata	auriculated	Virginia
tripteris	ternated	Ibid.
lanceolata	lanceolated	Carolina

Gron. fl. virg. 132. C. foliis linearibus integerrimis?

alternifolia	alternate	Canada
		Virginia
CENTAUREA bene-dicta	Centaury bleffed Thif-tle	Virginia

Gron. fl. virg. p. 117. Cnicus caule diffufo, &c.

| Calcitrapa | Star Thiftle | Virginia |

POLYGAMIA NECESSARIA.

SILPHIUM laciniatum	Steril Sun-flower laci-niated	Louifiana
perfoliatum	perfoliated	Ibid.
Afterifcus	afterifk	Virginia
		Carolina
folidaginoi-des	lanceolated	Ibid.
trifoliatum	three leaved	Ibid.
POLYMNIA Canaden-fis		Canada
Uvedalia		Virginia
Tetragono-theca	Melon apple-flower	Ibid.

Gron. fl. virg. p. 128. Sp. pl. 1273. *Tetra-gonotheca helianthoides.*

| CHRYSOGONUM vir-ginianum | | Ibid. |

POLYGAMIA SEGREGATA.

| ELEPHANTOPUS fca-ber | Elephant's foot, rough | Virginia |
| tomentofus | woolly | Ibid. |

MONOGA-

M O N O G A M I A.

Lobelia plumierii		Bahamas Catefb. i. t. 79.
kalmii		Canada
Cardinalis	‹	Virginia Kalm's Trav. ii. 222.
		Penſylv.
ſiphilitica		Ibid. This is one of the
		ſpecifics againſt the
		venereal diſeaſe.
inflata		Virginia
		Canada
cliffortiana		Ibid.
Viola palmata	Violet palmated	Ibid.
pedata	pedated	Ibid.
lanceolata	lanceolated	Canada
		Nov. Sco.
primulifolia	cowſlip	Virginia
canina	dog's	Ibid.
Canadenſis		Canada
Impatiens Nolitan-		Canada A mere variety of this
gere		Virginia ſeems to be the Im-
	‹	patiens foliis profun-
		de ſerratis, caule lu-
		teſcente in Gron. fl.
		virg. 136.

C L A S S I S   XX.

G Y N A N D R I A.

D I A N D R I A.

Orchis ciliaris	Orch, ciliated	Virginia
		Canada
flava	yellow	Virginia
pſycodes	Canada	Virginia
		Canada
fpectabilis	beautiful	Virginia
bifolia ?	two leaved	Ibid.
Ophrys cernua	Twyblade cernuous	Virginia
		Canada
linifolia	flax leaved	Ibid.
Corallorhiza	Coral root	Ibid.
Limodorum tubero-Baſtard Helleborine		Ibid.
ſum		

E 4   Arethuia

ARETHUSA bulbofa   Virginia
                           Canada
  ophioglof-   Ibid.
    foides
  divaricata   Ibid.   Catefb. i. p. 58. t. 58.
CYPRIPEDIUM Calce-Lady's Slipper Ibid.   Moccafine.
    olus
EPIDENDRUM   Ibid.   Epidendrum caule e-
                               recto fimpliciffimo nu-
                               do, racomo fimplici
                               erecto Gron. fl. virg.
                               140. I know not to
                               what Linnæan fpe-
                               cies of Epidendrum
                               to refer this defcrip-
                               tion.

TRIANDRIA.

SISYRINCHIUM Ber-   Virginia
  mudiana   Bermud.

PENTANDRIA.

PASSIFLORA cuprea? Paffion flower, coppery Bahama Catefb. ii. t. 93.
                                   Iflands
  maliformis?   apple fhaped Tc ugas
                             orTurtle
                             Iflands
                             upon the
                             Coaft of
                             Florida
  lutea   yellow Virginia
  incarnata   flefh colour-Ibid.
                     ed
ARISTOLOCHIA Ser-Birthwort, fnake root Ibid.   Its root is not only a
  pentaria   remedy for the bite
                               of fnakes, but like-
                               wife fafcinates and
                               kills them?
  Anguicida   Louifiana Boffu. Has the fame
                               quality as the pre-
                               ceding one.
PISTIA Stratiotes Waterleek?   Florida Bartram. Journ.

POLYANDRIA.

POLYANDRIA.

ARUM triphyllum	Wake-robin, triphyl-lous	Virginia	
virginicum	virginian	Virginia	Kalm's Trav. i. 125 Taw-ho, Tuckahoo, Taw-him, the Indian names.
auritum?	eared	Ibid.?	Gron. fl. virg. 142. Arum caulescens, foliis ternatis?
DRACONTIUM fœti-dum	Pole-cat weed, Skunk weed,	Virg. Car.	Catesb. ii. 71. Kalm's Trav. i. p. 90.
ZOSTERA marina	Grafswrack. Sea oat?	Atlantic Ocean	Gron. fl. virg. 142.

C L A S S I S   XXI.
M O N O E C I A.

MONANDRIA.

ZANNICHELLIA pa-luftris	Triple-headed Pond-weed	Virginia	
ELATERIUM trifolia-tum	Spring-gourd, virgi-nian	Virginia	Gron. fl. virg. 154. Sicyos foliis ternatis.

DIANDRIA.

LEMNA minor	Duck-meat, leffer	Virginia

TRIANDRIA.

TYPHA latifolia	Reed-mace, or Cat's tail	N. Amer.	In Virginia the poorer people eat it, and are very fond of it, becaufe it has a fweetifh tafte.
SPARGANIUM ere-ctum	Burr-reed	Virginia	
ZEA mays	Maize, or Indian corn		
COIX lacryma Jobi	Job's tear grafs	Ibid.	

TRIP

TRIPSACUM dactyloi- Sefame grafs　　　　　Gron. fl. virg. 144.
　　　des　　　　　　　　　　　　　　　Coix feminibus angu-
　　　　　　　　　　　　　　　　　　　latis.
CAREX panicea　　Sword-grafs, inflated　Ibid.
　pfeudo cyperus　　cyperus-like　Ibid.
　felliculata　　　folliculated　Canada
　　　　　　　　　　　　　Virginia　Gron. fl. virg. 144.
　　　　　　　　　　　　　　　　　Carex caule umbella-
　　　　　　　　　　　　　　　　　to, pedunculis fpicatis.
PHYLLANTHUS epi- Sea-fide Laurel　Baha.Ifles Catefb. ii. t. 26.
　phyllanthus

TETRANDRIA.

BETULA nigra　　Birch, black　　Vir. Can. Its bark has the fame
　　　　　　　　　　　　　　　talte as the rattlefnake
　　　　　　　　　　　　　　　root, or Polygala Se-
　　　　　　　　　　　　　　　negal, Linn.
　lenta　　　　cordated　　Ibid.　Kalm's Trav. i. p. 69.
　pumila　　americandwarf Ibid.　Kalm's Trav. i. p. 138.
　　　　　　　　　　　　　　　Betula nana.
　alnus　　　alder　　　Ibid.　Kalm's Trav. ii. 90.
URTICA pumila　Nettle, fmall　Ibid.
　cylindrica　　cylindrical　Ibid.
　capitata　　capitated　Canada
　divaricata　　divaricated　Vir. Can.
　canadenfis　　canada　　Ibid.
　urens ?　　burning　Ibid.　Gron. fl. virg. p. 146.
MORUS rubra　Mulberry, red　Ibid.　Kalm's Trav. i. p. 68.
　tinctoria　　fuftick wood Florida　Stork's Florida.

PENTANDRIA.

XANTHIUM ftruma- Leffer Burdock　Virginia
　rium
AMBROSIA trifida　　　　　Vir. Can.
　elatior　　　　　　Ibid.
　artemififolia　　　　Ib. Penfyl.
PARTHENIUM inte- Baftard Feverfew　Ibid.
　grifolium
IVA frutefcens　Falfe Jefuits bark　Ibid.
AMARANTHUS lividus Amaranth, livid　Ibid.
　albus　　　white　　Penfylv.
　gracizans　　lanccolated Virginia
　hybridus　　hybrid　Ibid.
　fanguineus　　bloody　Baha.Ifles
　hypochon -　purple　Virginia
　dri.icus
　retroflexus　　recurvated　Penfylv.

H E X.

S, &c.

fl. virg. 144.
feminibus angu-

HEXANDRIA.

| ZIZANIA aquatica | Water-oats, Taregrafs | N. Amer. | Eaten by the Indians as rice; it grows in fwamps. |

fl. virg. 144.
: caule umbella-
lunculis fpicatis.
. ii. t. 26.

POLYANDRIA.

SAGITTARIA fagitti-folia	Water Arrow-head	N. Amer.	Kalm's Trav. ii. p.97. Its roots are eaten by the Indians, who call them *Katnifs*.

ᶜ has the fame
s the rattlefnake
or Polygala Se-
Linn.
Trav. i. p. 69.
Trav. i. p.138.
. nana.
Trav. ii. 90.

QUERCUS phellos	Oak, willow	Virg.Car.	Kalm's Trav. i. p. 66. Catelb. i. t. 16.
prinus	chefnut	Ibid.	Kalm's Trav. i. p. 66. Catefb. i. t. 18.
nigra	black	Ibid.	Catefb. i. t. 19. 20.
rubra	red	Ibid.	Catefb. i. t. 23. & t. 21. f. 2. Kalm's Trav. i. p. 66. 68.
alba	white	Ibid.	Catefb. i. t. 21. f. 1. Kalm's Trav. i. p.65.
JUGLANS alba	Hiccory, white walnut	N. Amer.	Catefb. i. t. 38.
cinerea	cinereous	Ibid.	
nigra	black	Ibid.	Catefb. i. t. 67.
FAGUS caftanea	Chefnut-tree	Ibid.	Kalm's Trav. i. p. 67. Bartram. Journ.
pumila	Chinquapin bufh	Ibid.	Kalm'sTrav.iii.p.296. Catelb. i. t. 9.
fylvatica	Common Beech	Ibid.	Kalm's Trav. i. p. 69. Gron. fl. virg. 150.
CARPINUS betulus	Hornbeam, common	Ibid.	Kalm's Trav. i. p. 68. & Gron. fl. virg. 151.
oftrya	Iron-wood	Ibid.	Kalm's Trav. i. p. 68. & Gron. fl. virg. 151.
CORYLUS avellana ♂	Hazel, filbert	Ibid.	
PLATANUS occidenta-lis	Plane-tree, occidental	Ibid.	Kalm's Trav. i. p. 62. Catelb. i. t. 56.
LIQUIDAMBAR ftyra-ciflua	Sweet gum-tree	Ibid.	Catefb. ii.t.65. Kalm's Trav. i. 67. ii. 61.
perigrina		Ibid.	

l. virg. p. 146.
Trav. i. p. 68.
Florida.

ADELPHIA.

| PINUS fylveftris | Fir | N. Amer. | Kalm's Trav. i. 360. |
| taeda | black pine | N. Amer. | |

Place.

PINUS ftrobus   Fir,   white pine, N. Amer.
                            weymouth pine
        balfamea   hemlock fpruce
                                  ár
        larix?   larch   N. Amer. Gron. fl. virg. ? 153.
                                         Abies.
        canadenfis   canada   N. Amer.
        abies   fcotch fir   N. Amer. Kalm's Trav. i. 360.
THUJA occidentalis Arbor vitæ   Can. Vir.
Cupreffus difticha Cyprefs, american   Ib. & Car. Catefb. i. t. 11.
        thyoides   white cedar Can.Penf, Kalm's Trav. ii. 174.
ACALYPHA virginica   Virginia
CROTON cafcarilla   Ilathera bark   Bahamas Catefb. ii. t. 46.
                                        Virginia Gron. fl. virg. 153.
                                        Croton fol. cordatis,
                                        ferratis, petiolatis al-
                                        ternis.

JATROPHA urens   Phyfic-nut, burning Virginia
RICINUS   Palma Chrifti?   Virginia Gron.fl. virg.153.Ri-
                                        cinus foliis maximis.
STILLINGIA fylvati-   Carolina L. Garden. Is a fpeci-
        ca   fic againft the Siphi-
                                        litis or venereal dif-
                                        eafe.
HIPPOMANE manci- Manchineel-tree   Baha.Ifles Catefb. ii. t. 95.
        nella

SYNGENESIA.

SICYOS angulata   Single-feeded Cucum- Canada
                    ber

CLASSIS XXII.
DIŒCIA.
MONANDRIA.

SALIX   Willow   Virginia Salix vulgaris. Clayt.
                                        Gron. fl. virg. 154.

TETRANDRIA.

VISCUM rubrum   Mifletoe, red   Carolina Catefb. ii. t. 81.
        purpureum   purple   Ibid.   Ibid. t. 95.

V

Viscum terreftre Mifletoe, ground Penfylv.
Hippophae canaden-Sea-Buckthorn Canada
   fis
Myrica Gale   Gale, common   Ibid.   Kalm's Trav. i. 138.
   cerifera   Candleberry Myrtle   N. Amer. Catefb. i. t. 13. 't. 69.
                 The berries of this
                 fhrub are ufed to ex-
                 tract from them tal-
                 low for candles.

PENTANDRIA.

Zanthoxylum cla-Tooth-ch-tree   Virg.Car. Catefb. i. t. 26. Gron.
  va Herculis   virg. p. 47.
Iresine celofioides   Virginia
Acnida cannabina   Indian Hemp   Virginia
Humulus lupulus   Hop   Virginia
Smilax farfaparilla   Rough Bindweed, far-Virginia
          faparilla
  rotundifolia   round-leaved   Canada   Catefb. i. t. 15.
  laurifolia   laurel-leaved   Virg.Car
  tamnoides   briony-leaved   Ibid.   Ibid. t. 52.
  caduca   ovated   Canada
  bona nox   fpine-leaved   Carolina
  herbacea   herbaceous   Vir.Mary
  lanceolata   nceolated   Virginia
  pfeudo china   falfe china root Virginia
Dioscorea villofa   Virg.Flor.

OCTANDRIA.

Populus nigra   Poplar, black   Virginia Kalm's Trav. ii. 251.
  balfamifera   tacamahaca N. Amer. Catefb. i. t. 34.
  heterophylla   cordated   Virginia
  tremula   afpen   Ibid.   Gron. fl. virg. 157.

DODECANDRIA.

Datisca hirta   Baftard hemp   Penfylv.
Menispermum ca-Moonfeed, Canadian Vir. Can.
  nadenfe
  virginicum   virginian   Ibid.
  carolinum   carolina   Carolina

MONO-

MONADELPHIA.

Juniperus virginia- Juniper, red cedar   N. Amer. Kalm's Trav. ii. p. 180.
na

Taxus baccata   Yew-tree, berry-bear-
ing

Cissampelos smila- Baftard fmilax   Carolina Catefb. i. 51.
cina

CLASSIS XXIII.

POLYGAMIA.

MONŒCIA.

Celtis canadenfis Nettle-tree   Virginia, Kalm's Trav. i. 69.
Flor. Can.

Veratrum album White hellebore
luteum.   Unicorn's horn. Rat- Virginia
tle-fnake root

Andropogon divari- Beard grafs, divarica- Virginia
catum   ted

nutans   bent   Virginia
alopecuroides   N. Amer.
virginicum   virginian   Virginia
bicorne   two-horned Virginia
hirtum   hirfute   Virginia

Holcus laxus Soft grafs, filiform Vir. Can.
ftriatus   ftriated   Virginia

Cenchrus tribuloides Hedge-hog grafs   Virginia

Atriplex halimus Orach, common   Virginia
laciniata   laciniated Virginia

Clusia rofea   Balfam-tree,   Carolina Catefb. ii. t. 99.

Acer rubrum   Maple, red   Vir. Penf. Catefb. i. t. 62.
faccharinum   fugar   Penf. Can.
penfylvanicum   penfylvanian Penfylv.
negundo   afh-leaved Vir. Penf

Mimosa circinalis Senfitive plant, fpiral Bahamas Catefb. ii. t. 97.
glauca   blueifh   Ibid.   Ibid. t. 42.

DIŒCIA.

Gleditsia triacan- Three-thorned Acacia N. Amer. Catefb. i. t. 43.
thos

Fra-

FRAXINUS americana Afh, american	Car. Virg. Catefb. i. t. 08.
excelfior common	Ibid. Kalm's Trav. i. p.68.
DIOSPYROS virginiana Perfimon-tree	N. Amer. Catefb. ii. t. 76.
NYSSA aquatica Tupelo-tree	N. Amer. Catefb. i. t. 41. & t. 60.
PANAX quinquefolium Ginfeng root	Virginia, This is the root fo
	Penfylv. much in requeft with
	Louifiana, the Chinefe. See Of-
	Canada beck's voy. i. p. 222.
	From fome imagina-
	ry refemblance of its
	root with the human
	body, the Indians call
	it *Garent-Oguen*, i. e.
	human thighs.

trifolium	Virginia

T R I Œ C I A.

FICUS indica	Baha. Ifles Catefb. app. t. 18.

C L A S S I S   XXIV.

C R Y P T O G A M I A.

F I L I C E S.

EQUISETUM ar enfe Horfe-tail, field	Virginia
hyemale winter	Ibid.
ONOCLEA fenfibilis	Ibid.
OSMUNDA virginiana Flowering Fern, vir-	Ibid.
ginian	
claytoniana pinnatifid	Ibid.
regalis royal	Ibid.
cinnamomea cinnamon	Maryl
ACROSTICHUM poly-	Virgin.
podioides	
areolatum	Ibid.
platyneuron	Ibid.
PTERIS caudata Urakes, tailed	Ibid.
atropurpurea purple	Ibid.
LONCHITIS	Ibid. Gron. fl. Virg. p. 166.
	Lonchitis parva, fo-
	liis ad bafin auricula-
	tis, alternatim coftæ
	nigræ fplendenti af-
	fixis.

AIPLE-

ASPLENIUM rhizo- Spleen-wort, radicant Vir. Can.
　　phyllum
POLYPODIUM virgi- Polypody, virginian Ibid.
　　nianum
　　aureum ? 　　　　golden　　　Ibid.　　Gron. fl. virg. p. 164.
　　　　　　　　　　　　　　　　　　　　　Ofmunda frondibus
　　　　　　　　　　　　　　　　　　　　　pinnatis, foliolis o-
　　　　　　　　　　　　　　　　　　　　　mnibus connatis, &c.?
　　lonchitis　　　　fpleenwort　　Virginia
　　cicutarium　　　laciniated　　Virginia
　　noveboracenfe　　New York　　Canada,
　　　　　　　　　　　　　　　　　　& N.York
　　marginale　　　marginal　　　Canada
　　bulbiferum　　　bulbous　　　Ibid.
　　decuffatum　　　ftriated　　　Ibid.　　Gron. fl. virg. p. 167.
ADIANTUM pedatum Maiden-hair, american Can. Vir. Kalm'sTrav.iii. p.118.
　　　　　　　　　　　　　　　　　　　Is good againft colds
　　　　　　　　　　　　　　　　　　　and coughs.
　　　　　　　　　　　　　Virginia Adiantum foliis fub-
　　　　　　　　　　　　　　　　　　tus lanatis. Gron. fl.
　　　　　　　　　　　　　　　　　　virg. 167.

M U S C I.

LYCOPODIUM rupe- Club-mofs, rock　Virg.Can.
　　ftre
　　alopecuroides　　fox-tail　　　Ibid.
　　obfcurum　　　　obfcure　　　Penfylv. Gron. fl. virg. 168.
　　　　　　　　　　　　　　　　　Bl. Mount
　　carolinianum　　carolina　　　Carolina
　　felago　　　　dichotomous Virginia
　　apodum　　　　creeping　　　Car. Vir.
　　　　　　　　　　　　　　　　　Penfylv.
　　　　　　　　　　　　　　　　　Virginia Gron. fl. virg. 108. L.
　　　　　　　　　　　　　　　　　　trichotomum, clava
　　　　　　　　　　　　　　　　　　depreffa.

PORELLA pinnata　　　　　　　Penfylv.
SPHAGNUM paluftre Bog-mofs, common Virginia
　　　　　　　　　　　　　　　　Ibid.　Gron. flor. virg. 168.
　　　　　　　　　　　　　　　　　　Sphagnum caulibus
　　　　　　　　　　　　　　　　　　ramofis, &c.

PHASCUM caulefcens　　　　　Penfylv.
POLYTRICHUM com- Golden Maiden-hair Virginia
　　mune
MNIUM fontanum　　　　　　　Virginia
　　polytrichoides　　　　　　Virginia Gron. fl. virg. p. 169.
　　　　　　　　　　　　　　　　Polytrichum.

BRYUM pomiforme　　　　　　Virginia

　　　　　　　　　　　　　　　　　　　　　BRYUM

Y UM heteromallum		Virginia
scoparium		Ibid.
tortuofum		Ibid.
viridulum		Ibid.
		Ibid. See Gron. fl. virg. 170. where feveral fpecies of Bryum are obfcurely defcribed.

PNUM taxifolium		Virginia
filicinum		Ibid.
proliferum		Ibid.
delicatulum		N. Amer.
crifta cancnfia		Penfylv.
abietinum		Virginia
purum		Ibid.
curtipendulum		N. Amer.
illecebrum		Ibid.
ferpens		Virginia
julaceum		Ibid.
		Ibid. In Gron. fl. virg. 171. 172. are fome more fpecies and varieties of this genus.

A L G Æ.

NOERMANNIA dilatata		N. Amer.
platyphylla		N. Amer.
furcata		N. Amer.
ARCHANTIA cruciata		N. Amer.
tenella		Virginia
ITHOCEROS lævis		N. Amer.
CHEN caninus	Liverwort, canine	Virginia
proboscideus	roftrated	Penfylv.
cocciferus	cocciferous	Virginia
cornucopioides	cornucopiæ	Ibid.
pyxidatus	orenulated	Ibid.
rangiferinus	rein-deer	Ibid.
pafchalis	cruftaceous	Penfylv.
plicatus	folded	Virginia
barbatus	bearded	Ibid.
floridus	florid	Ibid.
		Ibid. Gron. flor. virg. 173. Lichen purpurafcens lufitanicus, &c.

	Virginia	Gron. flor. virg. 173. Lichen olivaceus scutellis lævibus.
.	Ibid.	Gron. flor. virg. 174. Lichenoides foliis glaucis crinitis, &c.
ULVA inteſtinalis	Ibid.	
	Ibid.	Gron. flor. virg. 174. Ulva; filiformis ſubramoſa æqualis.
	Ibid.	Gron. flor. virg. 174. Ulva ſubrotunda, tubuloſa, conglomerata.
CONFERVA	Ibid.	Gron. flor. virg. 174. Conferva recta ramoſa, ſetacea, lævis. Greedily eaten by the deer in ſummer.
	Ibid.	Gron. flor. virg. 174. Conferva recta, ramoſiſſima, ramulis hinc inde coadunatis.

CH
AR

F U N G I.

BOLETUS igniarius	Punk	Virginia	Is uſed in America, as in Europe, as tinder for lighting fire; and grows chiefly on the Hiccory-tree.
PHALLUS eſculentus	Moril	Virginia	
PEZIZA lentifera	Cup Muſhroom	Virginia	
CLAVARIA militaris	Club Muſhroom	Virginia	
ophiogloſſoides		Carolina	Cateſb. l. t. 36.
varietas?			
LYCOPERDON tuber	Truffles	Virginia	Kalm. The Indians in Virginia call it Tuckahoo. Clayt.

N. B. There are many other ſpecies of Fungi in *North America*, as appears from Gronovius's Flora Virginica, p. 175. 176.; but they are all ſo ſuperficially deſcribed, that it is impoſſible to claſs them according to the Linnæan genera.

APPEN·

A P P E N D I X.

P A L M Æ.

CHAMÆROPS humilis Palmetto	Florida	Bartram. Journ.
ARECA oleracea Cabbage-tree	Ibid.	Bartram. Journ. Its pith ferves for making *Sagu* in America; at the top of the tree are fome leaves which tafte as well or rather better than cabbage.

F I N I S.

AN

A B S T R A C T

Of the moſt uſeful and neceſſary

A R T I C L E S

MENTIONED BY

PETER LOEFLING,

Botaniſt to his Catholic Majeſty,

IN HIS

TRAVELS THROUGH SPAIN,

And that Part of

SOUTH AMERICA

CALLED

C U M A N A,

CONSISTING

In his Life, and in Syſtematical Deſcriptions of the Plants of both Countries, referred to the Pages of the original Swediſh Edition.

Ornari res ipſa negat, contenta doceri. HORAT.

L I F E

PETER LOEFLING.

ETER LOEFLING was a son of *Eric Loefling*, Book-keeper, and of *Barbara Strandman*, born 1729, January 20-31. in the Province of *Geftrikeland*, at *Tolforfbrook*, in the parifh of *Walbo*.

His parents took care to have him prepared for his univerfity education by private tutors. In 1743, he entered the univerfity of *Upfala*, and after having regularly affifted the lectures of feveral profeffors and efpecially thofe of Dr. *Linnæus*, he refolved to ftudy phyfic in 1745. He was very diligent and applicated in the pur-fuit of all the fciences neceffary in the branch of literature he had fixed upon, and for that purpofe never failed to be pre-fent at Dr. *Linnæus*'s botanical excurfions. The Doctor could not yet difcern him among the great number of pupils who attended his demonftrations. But having at the end of the term, given leave to his pupils, to confult him

either

either by word of mouth, or by letter upon such points as were not sufficiently clear to them : Loefling made a good use of this leave, and never failed to propose to his tutor by every return of post, some queries on botanical subjects, which were delivered by his intimate friend *John Otto Hagstroem*, who is now physician to the province of *Ostgothland*. The great *Linnæus* soon discovered in the course of this correspondence, his botanical genius, and in order to encourage him, he was never deficient in answering regularly his queries.

Dr. *Linnæus* desired him to return soon to the university, where he had the best opportunity of improving himself in a science for which he had a peculiar turn. The pupil was ready to comply with this invitation ; but found himself under the most critical dilemma, on account of the poverty of his parents, who could not afford to keep him any longer at the university at their expence : he therefore begged the doctor to procure him a place as private tutor. The professor thought it his duty to encourage so fine a genius, and as there was no other opportunity to place him, he resolved to take him into his house, and to make him the companion of his own son. He foresaw that the tutor would not only kindle a desire for improvement in botany,

in

in his tender pupil ; but that even his enthufiafm
would be communicated to his young friend,
and fo it really happened. In this ftation *Loefling* made the beft of his time, and of the opportunity of improving by the Doctor's lectures,
at which he was affifting very regularly ; the reft
of the time left to him, he fpent in feeing the moft
ingenious and diligent ftudents, whofe friendship
he acquired, and in vifiting the botanical garden
feveral times a day, and at dinner he propofed
queries and dubia to his tutor, by whom he now
was efteemed worthy of the greateft intimacy
and friendship ; for the doctor obferved in his
pupil, according to his own expreffion, " a
" mind as pure as gold, and without the leaft
" duplicity of manners or words, which were
" exactly correfponding with his moft fecret
" thoughts." He was not effeminate, and re-
lifhed neither the pleafures of the table, nor
vanity in dreffing ; he flept as comfortably on
the hardeft bench, as in the fofteft bed ; and the
finding of a fmall plant or mofs, repaid him
amply the fatigue of a long excurfion.

In the fummer term of 1748, the Doctor gave
to each of his fcholars a branch of botany for
its illuftration, as a tafk. *Loefling* got the buds
of trees for his allotted fhare, as this fubject had
never been well inquired into, and he was the

only

only one who executed his tafk. The benefit of vifiting the botanical garden at every hour of the day, gave him an opportunity to make the moft accurate obfervations on the buds of trees, from whence he drew the moft curious infe-rences, which he publifhed in 1749, in a differ-tation *de Gemmis arborum.* In the year 1750, Dr. *Linnæus* began to draw up his *Philofophia Botanica,* but he was attacked by fo violent a fit of the gout, that he was almoft paft all hopes of recovery; the difeafe however relenting a little, he dictated the work to *Loefling,* who went on with it as faft as the prefs could go. This bufinefs, was not only amufing to *Loefling,* but proved very ufeful to him; for he never failed to apply to his tutor for the elucidation of fuch articles as he did not underftand, which was readily granted, and thus the pupil became a perfect mafter of the Doctor's fyftem and its fpirit.

Linnæus purfu'd his grand plan in botany with an undaunted courage and perfeverance in fpite of all the fatigues, obloquy, and ingrati-tude he met with. His difciples were gone to the moft diftant parts of the globe, and returned loaden with the moft curious difcoveries. *Kalm* from *Canada, Ofbeck* from *China, Haffelquift* from *Egypt, Toreen* from *Suratte* and *Montin* from *Lapland.*

Lapland. The fouthern parts of Europe, however were lefs fearched, than thofe in the re-
moteft parts of India. For this purpofe the
great botanift endeavoured to get acquainted
with the *Marquis de Grimaldi*, the Spanifh ambaffador at the *Swedifh* court; in order to obtain
leave for one of his pupils to travel through
Spain. The firft fteps for this purpofe were
fcarcely taken by the Doctor's friends, when the
ambaffador fent him word by Lieutenant *Rad-
baud*, that his Catholic Majefty had already defired to have a botanift from Dr. *Linnæus*, which
occafioned him great aftonifhment: but it is
worthy to be remarked, that fome Englifhmen
had been the firft who occaf led the court of
Spain to fend for a botanift to *Sweden*, at a time
when *Linnæus* had been moft anxious about the
method of introducing one of his pupils into
Spain. Some Englifh gentlemen, and among
them, *Robert More*, Efq; F. R. S. obferving
with what indolence and carelefsnefs the greater
part of travellers paffed through thofe parts of
our globe, which when diligently fearched,
might afford a vaft field for difcoveries and new
obfervations in Natural Hiftory, refolved to travel in company, through *France, Spain, Italy,
Switzerland, Germany, Denmark* and *Sweden*, with
a view to fulfill in part the plan to enquire more
accurately

accurately into the various curiofities peculiar to each country. Thefe gentlemen being in *Spain*, were invited to dine with Don *Carvajal*, who accidentally afked them their opinion about *Spain*; they anfwered, that its curiofities had by far furpaffed their expectation, and that for all this, the remark of *Linnæus* in his *Bibliotheca Botanica* were ftill true, that the *Flora Hifpanica* would turn out as new as it was rich. *Don Carvajal* wifhed to fee the Doctor's performance, and having read the paffage, he declared, that *Spain* fhould in a little time be free from fuch a reproach. Mr. *More*, in his tour through *Sweden*, communicated to the Doctor this anecdote, when he vifited the univerfity of *Upfala*, and thus it became a key to the meffage of the *Marquis de Grimaldi*, which had caufed *Linnæus* fo great an aftonifhment.

Dr. *Linnæus* was very happy, as he heard he had leave to felect out of his pupils, one whom he thought moft deferving of occupying a place that would be both honourable and profitable: he fixed upon *Loefling* his favourite; and though this young man had gone through the ufual exercifes, and was to obtain the degree of Doctor of Phfic in three months time, he refolved to neglect this honour, and to go on his tour to *Spain*. In a month's time he was ready, having

taken

taken leave of his relations, friends, and country.. The Royal Academy of Sciences made him a prefent of a fine Englifh microfcope, a thermometer, a moft exact geometrical fcale, and many other inftruments. Count *Piper*, Mr. *Peter Wargentin*, the one prefident, the other fecretary to the Royal Academy, and many of its members, vied with each other in contributing to the equipment of the young botanift. The director of the *Swedifh Eaft India* company, *Clas Grill*, generoufly offered him a free paffage and board, in one of his fhips bound for *Porto* in *Portugal*: and the *Marquis Grimaldi* granted him a handfome allowance towards the expences of the Tour to *Madrid*. *Loefling* was well made, tall, ftrong, and of a healthy conftitution, unimpaired by debauches and luxury, all which promifed him good fuccefs in his labourious undertaking in a foreign climate. The leave he took of his tutor at *Upfala*, was very affecting and moving. The nineteenth of March, 1751, he left for ever his native country, went round the *Baltic*, paffed the *Sound*, croffed the *German* ocean, the bay of *Bifcay*, and at laft arrived May the eighteenth, at *Oporto*. Some *Fuci* and marine productions of the *Vermes* Clafs, amufed our natural hiftorian during his paffage; but the *Portugueze Flora* was an ample field for his inquiries,

quiries, he collected every plant, dried specimens, collected seeds, and sent them to *Linnæus*. For want of another ship, and not venturing to go to *Lisbon* in a *Portugueze Caravela*; he staid a. *Oporto* till the beginning of August, when he took his passage in a *Swedish* ship. They were becalmed, and therefore spent eight days on a passage of a few hours. Here he found a very remarkable difference in the climate, which produced the finest *American* plants, as the *Agave Americana*, *Cactus opuntia*, *Phœnix dactylifera*, and the *Dracæna Draco*. Mr. *Godin*, a *French* astronomer, who had been fifteen years in *America*, and who was appointed Director of the Academy of Marines at *Cadiz*, took *Loefling* in his company, and left *Lisbon* with him the latter end of September. During the journey, the attention of the young botanist was employed in examining those wild growing plants, which in this country were the ornaments of the best gardens, and required a careful cultivation. He found the Narcissuses, the Leucoya, Ornithogala, Squills, and Asphodels in full flower: Lavender, Sage, Rosemary, Fenil, Thyme and Stoechas *Arabica*, spread their odoriferous effluvia; and the groves consisted of Olives. Myrtles, Coluteas, Jessamines, Rosebays, Pistl-lyreas, Mastictrees and Chio Turpentine Tr ,

All

All thefe contributed to make his journey both
ufeful and agreeable. At *Madrid* where he arrived, after having been feventeen days on the
road *Loefling* began to fear he fhould find neither
botanifts, nor friends, nor patrons: but the gloom
which this thought had fpread over his counte-
nance, was foon changed into joy and content-
ment, by the recommendation of Mr. *Gouin,*
who introduced him into the beft companies,
and prefented him to Don *Carvajal,* who fa-
voured him with a kind and gracious recep-
tion.

The moft unexpected thing to him was the
great number of lovers of botany, which he
found at *Madrid.* Four of them deferve chiefly
to be mentioned: viz. Don *Jofeph Ortega,* chief
apothecary to the army, and fecretary of the
phyfical academy at *Madrid*; Don *Minuart* chief
apothecary to the hofpitals; Don *Quer,* firft
furgeon to the king, who had a fplendid botanical garden, and a moft elegant collection of
plants; and Don *Chriftoval Velez,* apothecary
and examinator of the College of Phyficians,
who was poffeffed of a choice collection of
botanical books, of a grand *Ho   Siccus,* and
had drawn up a *Flora Madritenfis.* Thefe gentlemen found our young botanift much to their
liking; he was carreffed by every one, and their
houfes,

houses, gardens and libraries were *:* his service.
He got from the king a penfion of eight thoufand Reals per annum, without becoming the
object of their envy.

Loefling gained more and more the favour of
these phyfical gentlemen, and paid to each of
them a handfome compliment, by calling four
new plants found in *Spain* after their names,
which will be a lafting monument of the
gratitude of the *Swedifh* botanift, as *Linnæus*
has taken thefe names into all the fubfe-
quent editions of his *Genera* and *Species plantarum* and into the laft editions of his *Syftema Na-
turæ*. *Loefling* ftaid about two years at *Madrid*,
and made during that time fome little botanical
expeditions in its neighbourhood: and collected above 1300 diftinct fpecies of *Spanifh*
plants   he miniftry then began to think of
fendir   *:fling* to Spanifh *South America*. The
plan for this expedition was great, and worthy
of Don *Carvajal's* genius and love for the
fciences. According to this plan the whole expedition fhould be under the direction of Don
Jofeph de Itturiaga, Crpitan de Altobordo in the
fleet, and director of the *Caracas*, and the trad-
ing company there: under him was the next in
command, Don *Eugenio Albaradi* Colonel in t. *:*
land fervice, a native of *Lima* in *Peru*. Four
profeffors

profeffors were at the head, each of one fcience, viz. 1. a geographer; 2. a natural philofopher: 3. a botanift; and 4. one acquainted with commercial affairs. Each profeffor had four af-, fiftants, and befides them were four furgeons, and many other people intended for this expedition. Don *Juan Ignatio Mádariagá* and Don *Jofeph Solano* both Capitans de Fregatta, with Don *Jofeph Santos Cabrera* were for the geographical department. *Loefling* was the head botanift, and had Don *Benito Paltor*, from the Pyrenees, and Don *Antonio Condal*, from Barcellona, two young phyfieians, for his affiftants: and two other youths, born at *Madrid*, of wealthy parents, called Don *Bruno Salvador*, and Don *San Juan de Dios Caftel*, were intended for draughtfmen and pupils in natural hiftory. The other departments were filled up in proportion, fo that this might have turned out one of the grandeft and moft ufeful undertakings if properly conducted and executed. *Loefling* got twenty thoufand *reales de Vellon* towards his equipment in linen, cloaths and other necefsaries. His falary was increafed to ten thoufand reales per annum, and that of each of the phyficians under him, was fixed at five thoufand reales. The regulation of the limits between the Spaniards and the Portugueze in North A-

merica, was the chief object of this expedition ;
Don *Carvajal* reprefented to the king that this
would be the beft opportunity to get acquainted
with the products of the interior parts of this
extenfive continent: that France and England
were great only by the knowledge and ufe of
the fine products of their fettleme. ts in America; that South America, no doubt, was richer
in them than any other part of the world, and that
nothing was wanting to reap the fame benefit
from the Spanifh colonies, than a nearer infpec-
tion into, and examination of, the American
plants, animals, and natural productions, which
could now be procured by the addition of a
good natural hiftorian. This being at laft agreed
to by the king, the expedition was put into ex-
ecution, and *Loefling* ordered to go with his affiftants to *Cadiz.* From whence they fet fail
February the fifteenth, 1754. The paffage was
happy and fhort; they paffed February the
twenty-fourth, the *Canary Iflands*; April the
third, the ifle of *Tabago*, the fourth, the ifles of
Granada and *Margarita,* and arrived April the
eleventh at *Cumana,* the capital of the province
of *New Andalufia* or *Cumana.*

This town is under the tenth degree north latitude. Their fummer begins at Chriftmas, and
ends at Midfummer-day, from which time to
Chriftmas,

Chriftmas, they reckon their winter. During this winter, the Swedifh thermometer of Profeffor *Celfius*, was within doors conftantly, between twenty-fix and thirty degrees, and in fummer betwee: thirty and thirty-three. Out of doors the heat is, between nine and five o'clock, exceffive, fo that it would be intolerable for the whole animal and vegetable creation, did not at the fame time a conftant eaft wind and rain, contribute towards abating the heat while the fun is in the zenith.

Here *Loefling* found a new world, every plant he beheld was new, and their great number gave him employment from morning to night. This expedition was intended to go up the great *Orenoco* river, then by *Rio Negro*, into the *Marannon*, or river of *Amazons*, and afterwards along the limits of *Brazil*, till to thofe pretended lakes which are fituated at the fource of *Rio de la Plata*, which river they intended to follow to *Buenos Ayres*, and from thence the tour fhould go back through *Chili*, *Peru*, *Lima*, and *Quito*, all countries which never had been vifited by any botanift of note, if we except that Mr. *Juffieu* had feen part of *Peru*.

G 2 During

The here-mentioned degrees of *Celfius*'s thermometer, correfpond thus with the degrees in *Farenheit*'s rule, 26=79; 30=86; and 33=91.

During the whole paffage he gave lectures on botany, to his pupils, and made them acquainted with the ufe of the Linnæan fyftem; the *Philofophia botanica* was his *Syllabus*, and the young phyficians feemed to apply very clofely to the ftudy of botany. At his landing the collection of plants and feeds, the examination and defcription of every new object, and the drawings of fuch things, as were either new or not well drawn before, gave fufficient occupation to *Loefling* and his affiftants.

During fix months refidence at *Cumana*, he made an excurfion through *New Barcelona*, and the miffions of *Piritu*, towards the river *Guayana*, where he continued his obfervations during two or three months; from thence he travelled to the miffion of *Curoni*, and then returned to *Cumana*; but he and the whole company fell fick at their return, of a fever or ague, of which he had every day an accefs. This being removed, he fell ill again with a tertian, having got wet feet in a marfh. Some time after this was cured, he got again a quotidian fever, which he could not get rid of for a long while. His chief fhewed great care and tendernefs for his health, and defired him abfolutely not to write, till afternoon or in the evening, the only proper time for this bufinefs in thofe hot climates : for

Loefling

Loefling had already collected about fix hundred species, and among them were about thirty new *Genera*, and about two hundred and fifty species not mentioned before by Dr. *Linnæus* in his works, the descriptions of which he drew up. The fever had emaciated poor *Loefling*, he got a double tertian with fainting fits, but conquered this. In the beginning of 1755, he went to the miffion of *Merercuri*, here he got new paroxysms of intermittent fevers, and soon after the *Leucophlegmatia* (perlefia) and at laft that kind of dropfy called *anufarca*, of which he died February the twenty-fecond, 1756. His tutor *Linnæus* publifhed *Loefling's* letters containing abfolutely nothing but defcriptions, queries and *Dubia* about plants, with fome repeated acknowledgments to his tutor, fome defcriptions of rare Spanifh plants, which are given here at full length, at reckoned by Dr. *Linnæus* to be models in their kind; laftly, fome defcriptions and remarks on *American* plants which are likewife here added.

Thus died together with *Peter Loefling*, the hopes of the great advantages to natural hiftory, which were expected from his tour through *Spanifh South America*; which country no doubt is the richeft field for difcoveries of every kind in natural hiftory and whofe treafures are now, as

it

it were, buried, through the indolence and jealoufy of the Spaniards and their miniftry.

The here annexed catalogue of North American places, the advantages which accrue by
their knowledge to trade and commerce, the
daily new acceffions to the Flora of this extenfive continent, procured by the activity of this
great, learned and commercial nation are an in-
conteftible proof of the advantages which might
be reaped, if *South America* were in the hands
of a nation poffeffed of the fame fpirit of induftry, and free inquiry, which are the two great
fupports of national wealth and liberty : they
prove at the fame time the providential care over
this wealthy and free nation, in that fpirit of indolence and jealoufy, with which the Spaniards
are ftill infatuated, and probably will be fo for
fome time, in fpite of the great and expenfive
efforts made from time to time by their govern-
ment, in order to promote induftry and learning,
and to put their commerce on a better bafis.
The premature death of *Loefling*, though very
hurtful to fcience in general, may however be
confidered as a further proof of this affertion :
he died in the prime of his youth, with a ftrong
conftitution, fupported liberally in a fcience in
which he was an enthufiaft, before he could go
on the intended great expedition, before he
could

could inftruct the pupils trufted to his care, and
before Spain could reap the leaft benefit from
the fcience of this promifing and able botanift,
and which no doubt it would have enjoyed, had
he gone through the intended great tour in
South America.

I conclude with a moft ardent wifh, that England may never be without difinterefted and pa-
triotic men, who for the increafe of ufeful learning and the knowledge of nature, will exert
their influence, genius, and wealth, to promote,
encourage, and protect, the inveftigation of natural hiftory in the Weft-Indies and America,
on the Senegal and Gambia rivers in Africa,
and the great and extenfive poffeffions which
the Englifh enjoy in the Eaft-Indies, and where-
ever their navigation extends.

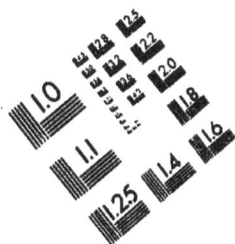

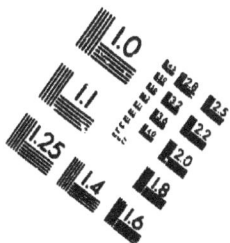

**IMAGE EVALUATION
TEST TARGET (MT-3)**

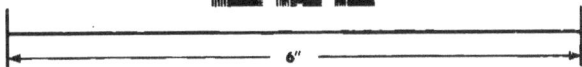

6"

Photographic
Sciences
Corporation

23 WEST MAIN STREET
WEBSTER, N.Y. 14580
(716) 872-4503

PLANTÆ

HISPANICÆ,

RARIORES

DESCRIPTIONES

EPISTOLARES AUTHORIS.

TRIANDRIA.

I. MONOGYNIA.

ORTEGIA.

1. **ORTEGIA** *hispanica*.
    O Juncaria falmanticenfis. *Cluf. Hifp.*
        502. *f.* 503. *hift. p.* 114.
Rubia linifolia afpera. *C. Bauh. pin.* 333. *Raj.*
hift. 1033.
Habitat in vineis Salmanticae, *Clufius.* In Ca-
ftilia veteri, *Minuart.* In *Baetica* ad Pe-
droches de Cordova, *Velez.*
Radix annua Clufio (fed videtur perennis fecundum fpecimina Domini VELEZ), flexu-
ofa, glabra, tenuis.

Caulis

Caulis erectus, fpithamalis ufque pedalis, articulatus, quadrangularis, ftriatus, fcabriufculus.

Rami oppofiti, a bafi caulis ufque ad fummum, erecti, cauli confimiles, ramulofi vel fimplices.

Folia oppofita, linearia vel lanceolata-linearia, acuta, femiuncialia, erecta, feffilia, fcabriufcula.

Flores in corymbis confertis, dichotomis, brevi ramulo fuftentatis, oppofitis; feffiles.

Bracteae minimae, acutae, oppofitae ad fingulam divifionem dichotomiae.

CAL. *Perianthium* pentaphyllum, erectum : *foliolis* oblongis, acutis, fubcarinatis, marginibus intus coloratis.

COR. nulla.

STAM. *Filamenta* tria, fubulata, calyce dimidio breviora.

Antherae oblongae, lineares, compreffae, filamentis paulo breviores.

113. PIST. *Germen* ovatum, medietate fuperiori trigono-pyramidatum : angulis fubacutis. *Stylus* filiformis, rectus, fimplex, calyce paulo minor. *Stigma* capitato-obtufum, fimplex, apice leviffime emarginato.

PER. *Capfula* ovata, medietate fuperiori trigogona, calyce tecta, vnilocularis, ad medium trifariam dehifcens.

SEM.

Sem. plurima, oblonga, utrinque acuta, minutiffima.

Color Calycum incanus, marginibus fubalbis; *Germinis* luteo-viridis, *ftigmatis* & *Antherarum* luteus.

Ab Illecebro fpurio *(Loeflingia)* cui proxime accedit, differt corolla nulla; calyce obtufiore ovali, foliolis integris oblongis; ob ftylum unicum alias proxima.

LOEFLINGIA.

2. LOEFLINGIA *hifpanica* (Illecebrum fpu-
 .. m Loefl.).

Habitat Madriti *in collibus nudis cis* Cafam del Campo, *fupra faltum, vulgo* foto de Migas calientis, *copiofe.*

Radix tortuofa, defcendens, ramofa, glabra, annua.

Caules folitarii vel plures, profufi, procumbentes, furfum paullo adfcendentes articulati, teretes, pilis vifcidis tenuiffime pubefcentes, longitudine femiunciali vel digitali.

Folia oppofita, ad genicula inferiora, lineari-acuta, minime, ad bafin denticulo utrinque acuto, breviffimo erecto notata; fuperiora fubulato-tridentata: denticulis lateralibus erectis in medio latere folii.

Flores

Flores feffiles, axillares in fpicis lateralibus alternis imbricati, conferti.
    Bracteae fubulatae, tridentatae, parvae, imbricatae.

CAL. *Perianthium* pentaphyllum, erectum: *foliolis* diftinctis, lanceolatis, leviter intus inferius concavis, apice tereti fubulato acutiffimo, pilo quafi terminato, lateribus fimiliter ac folio denticulo utrinque fubulato, breviffimo notatis, interioribus tribus intus quafi coloratis, foras omnibus fubvifcofis.

COR. *Petala* quinque (non raro folum quatuor, quantum eft poffibile videre), minutiffima, oblongo-ovato, globofa, conniventia, integerrima.

114. STAM. *Filamenta* femper tria, corollae circiter longitudinis vel leviffime breviora, hinc minutiffima. *Antherae* fubrotundae, didymae.

PIST. *Germen* ovato-trigonum, parvum. *Stylus* fimplex, filiformis, brevis, furfum paulo craffior. *Stigma* fimplex, obtufiufculum, omnino indivifum.

PER. *Capfula* ovata, apice obfolete trigona, trifariam dehifcens, vnilocularis.

SEM. plura, ovato-oblonga, minima, punctis (lente vifa) minutiffimis punctata.

Color Corollae pallidus.

                                            Genus

Genus mihi difficile defignatur; videtur tamen proxime accedere ad Illecebrum, fed ftamina tantum tria et femina plurima, diverfa funt. Facies Plantae et ramificationes Herniariam et Paronichiam referunt, fed differt ab illis praefenti corolla et numero ftaminum, uti a Mollugine ftylo fimplici. Videtur tamen, ni fallor, fimilitudinem habere quandam cum fructif. illecebro cymofo, quam, non nifi exfuccam, vidi in Eftremadura.

II. DIGYNIA.

SCHOENUS.

3. SCHOENUS *aculeatus.*

PHALARIS repens, floribus feffilibus fafciculatis faftigiatis, foliaceo bivalvi compreffo obtectis. *Loefl.*

Habitat in depreffis fubhumidis nudis, fluxu Maris quotidie inundatis, ad St. Ybes Portugalliae.

Gramen minimum et repens eft.

Radix parva, fibrofa, culmos plurimos producens.

Culmi minimi, vix femidigitales, repentes f. arcte terrae incumbentes, profufi, tribus quatuorve geniculis ex fingulo ramulo.

Rami

Rami prodeuntes, confimiles.

Folia breviffima, graminea, ovata f. lanceolata, difticha, complicata.

Vagina in foliis culmaceis geniculorum
fere longitudine, glabra, ftriata, inferius gibbo-ventricofa.

Membranula nulla, fed ejus loco pili tenuiffimi, parvi.

115. *Flores* terminales, culmi ramulis feffiles, aggregati in Capitulum plano-compreffum,
faftigiatum, truncatum.

Involucrum bicorne ex foliis binis, breviffimis, conduplicatis, vagina ampla
compreffa, florum faftigio paullo longiore.

CAL. biglumis, compreffus; glumis fubaequalibus, (altera paullo breviore anguftiore;
dorfo acuto, compreffo), muticis, glabris,
unifloris.

COR. biglumis: glumis calyce latioribus,
dorfo acutis, compreffis, calyce paullo majoribus, muticis.

STAM. - - - -

PIST. - - - -

PER. corollae glumae femen continent, de-
mittunt.

SEM. unicum, oblongum compreffum, fulco

in altero latere, nudum nec corolla adnata obtectum.

DACTYLIS.

4. DACTYLIS *cynofuroides* quae Phalaroides fpicis linearibus terminalibus fecundis adpreffis.

Habitat in locis paluftribus, marinis, argillofis, graminofis trans Fluvium Tagum Ulyffiponi Lufitaniae, autumno florens.

Radix fibrofa, repens.

Culmi erecti, folitarii, pedales circiter, fuperne foliofi, inferne nudi, foliis orbati et quafi fpongiofi ab vaginis perfiftentibus, imbricatis ; frequenter et minute geniculati, glabri.

Folia graminea, erecta, involuta, glabra, fupra fubtiliter ftriata, quafi fubtomentofa.

Vaginae longae ; totum Culmum ubique veftientes, geniculis 5 *plo.* 6 *plo.* 10 *plo.* &c. longiores, glabrae, imbricatae poft folia decidua per inferiorem culmum.

Membranula integra, rigida, breviffima vixque nifi margo vaginae truncatus.

Flores fpicati, unilaterales, duplici ferie alternatim, imbricati, folitarii, feffiles, erecti.

Spicae ternae, rarius binae, l. quaternae, alternae, terminales, lineares, arcte dorfo fuo fingulo nodo fibi invicem approximatae,

proximatae, adpreffae, unicam fpicam
faepe mentientes.

116. *Axis* florifer antice, varie ob Flores ad-
preffos excavatus, poftice nudus ob
fpicas invicem adpreffas faepe oblique
planiufculus.

CAL. biglumis, uniflorus : *glumis* linearibus, acutis, complicato-carinatis : altera
interiore paulo breviore multoque anguftiore : muticis.

COR. biglumis ; glumis lanceolatis, conca-
vo-carinatis, calyce paulo longioribus et
latioribus : altera paulo minori.

STAM. *Filamenta* tria, brevia. *Antherae* lineares.

PIST. *Germen* lineare, oblongum, furfum latius. *Styli* duo, longitudinaliter villofi.

PER. - - - -

SEM. - - -

Qua Genus omnino eadem cum praecedenti, licet facies totaliter diverfa, ut
mihi videtur.

FESTUCA.

5. FESTUCA *calycina* panicula contracta, fpiculis linearibus muticis longitudine calycis
flofculorum.

Radix

Radix fibrofa, alba, tenuiffima : fibrillis longis, fimplicibus, glabris vel pubefcentibus ; fafciculos culmorum et foliorum protrudens.

Culmi fetacei, triarticulati feu duobus geniculis leviter inflexis inftrudti, eredti.

Folia radicalia aggregata, fetacea, femiuncialia vel uncialia, bafi latiufcula, fuperius convoluta, plerumque glabra, interdum per mediam partem pilis longis, raris, albis hirfuta.

Culmorum brevia, fetaceo-convoluta vel glabra, vel faepe in eadem planta hirfuta pilis raris, longis, praefertim bafin verfus.

Vaginae longae, filiformes, fubtiliter ftriatae.

Membranula vix ulla, fed pili longi ftantes, albi, copiofi, ejus loco cir. tes vaginam et intus et foris ad b... foliorum.

Flores in panicula eredta, contradta, femiunciali circiter colliguntur.

Pedunculi breves, eredti, floribus raris : fpiculis linearibus.

117.

CAL. *Gluma* bivalvis : *valvulis* fubaequalibus, dorfo rotundatis, apice, fubacuto, totius fpiculae longitudine.

COR. compofita, quinque-f. fexflora, hermaphrodita: junctim teretiufcula, linearis: flofculis brevibus, alterne axi adpreffis.

Singula biglumis : *gluma* d *a*fali oblonga, obtufa, dorfo convexo, ftriato, apice tenuiter membranaceo, mutico; interiore paulo minore, obtufa, membranacea.

STAM. *Filamenta* tria, brevia. *Antherae.* - - -

PIST. *Germen* ovale, glabrum. *Styli* - - -

PER. nullum, corollae adnafcitur, decidit, non dehifcens.

SEM. ovato-oblongum.

Gramen parvum, uncialis biuncialis vel palmaris altitudinis. Apud Scheuchzerum non invenio.

Feftuca haec affinis valde eft Feftucae decumbenti. Fl. Suec. 92. differt tamen ab illa, quod tenerrima et omnibus fuis partibus minor. Spiculae defcriptae funt lineares et congeries Flofculorum, omnino teretiufculo-linearis, quae in Suecica ovato, acuta, congerie fiofculorum bafi latiore, glumis calycinis magis tumidis, etc.

A I R A.

AIRA.

6. AIRA *minuta* panicula laxa ramofiffima, flofculis muticis.

Gramen phalaroides, fparfa panicula, minimum anguftifolium. *Barr. obf.* 111. *p.*1218.
ic. 144. *n.* 1. (*non fynonym. quod gramen ari-
ftatum*).

Gramen minimum. *Dalech. hift.* 1. *p.* 432. *defc.*
breviff. p. 433. *fig.* 1. *fig. mala.*

Forte *Tournef. inft.* 524. *e^ Vaill. parif.* 87. *n.*
41. *per* Gramen mont. panicula fpadicea
intelligunt hanc. *C. Bauh.* & *Scheuchzeri* eft
Agroftis capillaris. *Fl. fuec.* 62.

Radix fibrofa, annua, multiplex, fibrillis fimplicibus.

Culmi tribus geniculis ad bafin fere, ultimo 118.
longiffimo.

Folia radicalia vix alia quam ad bafin culmi.

Culmorum: ad bafin tria circ. abfque
vagina, acuta, plana, cito marcefcen-
tia.

Genicula ultima folia femiuncialia et
breviora, laxe conduplicata.

Vagina inferius contractior, furfum laxior, paulo ventricofa, ibique angu-
lofa.

H 2 *Mem-*

Membranula alba, ovata, longiufcula (ratione graminis).

Flores in panicula diffufa, ramofiffima, laxa,
ubique patentiffima: ramulis binis fingulo
loco oriundis : fubdivifis in ramulos binos:
omnibus capillaribus, paulo flexuofis floribus omnibus pedicellatis, folitariis.

CAL. *Gluma* bivalvis : valvulis ovatis, compreffis, dorfo convexo, obtufis, muticis.

COR. compofita biflora, hermaphrodita : flofculo altero leviffime pedicellato, non tamen calyce altiore : fingula gluma bivalvi:
valvulis aequalibus, calycis circ. longitudine; exteriore convexa, obtufa; interiore
plana.

STAM. *Filamenta* tria, capillaria, corolla breviora. *Antherae* breves, fubrotundae, bi-
loculares.

PIST. *Germen* oblongum, minimum. *Styli*
duo, fetacei, breves. *Stigmata* plumofa
vel ramofa, pennata, minuta, corolla dimidio breviora.

PER. nullum. *Corolla* oblonga, obtufa, ftriata adhaeret, triturando dimittit.

SEM. oblongum, glabrum hinc convexum,
inde linea longitudinali fulcatum.

Altitudo biuncialis vel digitalis.

Color

Color paniculae fpadiceus, fructu maturo pallididior.

Semina matura funt ad initium menfis A-prilis.

S T I P A.

7. STIPA *tenaciffima* panicula fpicata, ariftis bafi pilofis, foliis filiformibus tenaciffimis.
Gramen fpartum 1. panicula comofa. *C. Bauh. pin.* 5. *n.* 1.
Gramen fpicatum, quod Spartum Plinio. 119.
Tournef. hift. 518. fpartum herba Plinii.
Cluf. hift. 2. *p.* 220.

Habitat in montibus et collibus fabulofis juxta Aranjuez et Cienpozuelos, copiofiffime ad Bugonam quoque et Chinchon.

Radix perennis, aggregata radiculis filiformibus, craffis, magnos acervos foliorum et culmorum promens.

Culmi plures, bi vel tripedales; erecti, rigidi, craffitie culmo frumentaceo paulo tenuiores, fed tenaces, farcti.

Folia radicalia aggregata, copiofa, filiformiter arcte convoluta vel conduplicata, glabra, tenaciffima.

Caulina breviora, fimillima reliquis.

H 3 *Vaginae*

Vaginae longae, glaberrimae, apparenter tamen ftriatae, firmae; terminatae membranula tomentofa, lacera, craf- fiufcula, utrinque bafi faepius feta fti- pulae inftar aucta.

Flores in panicula contracta, erecta, fpicata, fpithama longiori; flofculis ubique et ra- mis erectis, adpreffis.

CAL. *Gluma* bivalvis: valvulis fubaequalibus: exteriore paulo longiore, membranaceis, te- nuiffimis, concavis, apice acutis, muticis, unifloris.

COR. fimplex, uniflora, biglumis : *gluma ex- terior* calyce ferme dimidio brevior, fubula- to-convolata, fericeo-pubefcens, apice ter- minata *arifta* quintupla, bafi angulata, con- torta, latere exteriore pilis fericeis longiuf- culis veftita : reliqua parte fetacea, nudo, medio geniculo reflexa : *Gluma interior* li- nearis, anguftiffima, mutica.

STAM. *Filamenta* tria, capillaria. *Antherae* li- neares.

PIST. *Germen* oblongum. *Styli* duo, hirfuti, acuti, bafi uniti. *Stigmata* fimplicia, pu- befcentia.

PER, nullum. *Corolla* arcte adnafcitur femini, decidit.

SEM.

Sem. oblongo-cylindricum, glabrum, utrinque acutum. •
Hifpanis nominatur *Efparto*. *Ufus* hujus
frequentiffimus per univerfam Hifpaniam ad ftoreas ob pavimenta lateritia,
per hyemen : ad funes craffiores
(*cables*) pro navibus atque corbes et
alia utenfilia pro tranfpor tandis fructibus.

III. TRIGYNIA.

HOLOSTEUM.

8. HOLOSTEUM *umbellatum*.

Alfine verna glabra, floribus umbellatis albis. 12Q.
Tournef. inft. 242. *Vaill. Paris.* 7. *n.* 4. *defcr.*
bona (refert ad fig. 2. tab. 3.) quae proprie
eft Alfines vernae glabrae *Magn.* attamen
praefentem plantam, primos flores expli-
cantem, fat bene repraefentat.
Habitat Madriti, vulgatiffima primo vere.
Radix tenuiffima, annua, fibrofa.
Caulis fubereftus (vel fubprocumbens), femi-
digitalis ufque fpithamalis, glaber vel tenuiffime pubefcens ; prope radicem ramu-
lofus : ramulis erectis cauliformibus.

H 4
Folia

Folia radicalia copiofiora, lanceolata.

Caulina oppofita, lanceolata, bafi coaduna-
ta, glabra; at lateribus faepe pilis raris
tenuiffimis, praefertim inferius ciliata.

. *Flores* terminales 4-8 ex eodem loco orti, fuc-
ceffive excrefcentes. *Pedunculi* ab initio
breviffimi, demum elongantur, filiformes;
poft florefcentiam femiunciales vel unciales,
deflexi.

Bracteae umbellae fubjectae; ovatae, acutae, breviffimae.

CAL. *Perianthium* pentaphyllum : foljolis li-
neari-lanceolatis, longiufculis, acutis, concavis, glabris.

COR. *Petala* quinque, lanceolata, integra, a-
cuta, ad apicem tamen incifura fublaterali,
obtufa, obliqua notata vel inaequaliter faepe tridentata, calyce paulo longiora.

STAM. *Filamenta* tria, fubulata, petalis dimidio breviora, bafi glandula tumida depref-.
fiore impofita. *Antherae* bipartitae, didymae.

PIST. *Germen* oblongum, obtufum. *Styli* tres,
erecti, approximati. *Stigmata* craffiufcula,
divergentia.

PER. *Capfula* ovato-cylindrica, teretiufcula,
recta, calyce, longior, fummo apice dehifcens

fcens denticulis fex, paulo inaequalibus,
acutis, revolutis.

SEM. - - -

Color Corollae albus.

MINUARTIA.

9. MINUARTIA *dichotoma* foliis fetaceis, 121.
caule fimplici erecto, floribus feffilibus confertim dichotomis.

Habitat Madriti in collibus extra pontem To-
letanum fat copiofe.

Planta minima, vix unquam ultra altitudinem
uncialem.

Radix annua, tenuiffima, fimplex vel ramofa,
fibrillis paucis.

Caulis faepe ungue non major, fimpliciffimus,
(rarius adeft ramulus ex radice ferior) erectus, fuperius ad flores dichotome fubdivi-
fus ; dichotomiis brevibus confertis.

Folia oppofita, fubulata-fetacea, bafi latiufcu-
lo ftriata, erecta, adpreffa, totum caulem
tegunt.

Flores feffiles in dichotomiis, folitarii, ab dichotomiis confertis, aequalibus, conftituunt
capitulum turbinatum, caulis ipfius longitudine, fupra aequale, quadratum, rigidum, poft totam florefcentiam contrahitur,
rigefcit

rigescit magis (Anastaticae instar); hinc
fructus ob ramulos dichotomiae adpressos
lateraliter compressi.

Bracteae sunt folia longa, setaceo-subu-
lata, floribus duplo triplove longiora,
rigida.

CAL. *Perianthium* pentaphyllum, erectum,
sub florescentia ipsa vix patulum, sed cylindricum, alias semper clausum: *foliolis*
lanceolatis, acutissimis, lateribus submem-
branaceis, rigidis.

COR. nulla, sed *Nectarii* glandulae aliquot,
obscure (5) intra calycem elevatae, interdum bifidae.

STAM. *Filamenta* tria, brevissima. *Antherae*
didymae, filamentorum duplae magnitudinis.

PIST. *Germen* ovatum, parvum. *Styli* tres,
basi conjuncti, staminum altitudine. *Stigmata* simplicia, crassiuscula.

PER. *Capsula* longo-ovata, lateraliter (h. e.
e regione ramulorum dichotomiae) compressa, calyce tertia parte minor, unilocularis.

SEM. nonnulla, compresso-subrotunda, latere
uno levissime emarginata.

Color Floris herbaceus.

10. MINU-

10. MINUARTIA *montana* floribus confertis lateralibus alternis braĉtea brevioribus.

Habitat in collibus altis Madriti imminentibus 122. faltum vulgo Soto Luzon ad horum latera in arena humofæ.

Radix parva, tenerrima, annua, fibrofa, fimplex, terrae arĉtius adhaerens.

Caulis folitarius, fimplex, uncialis vel minor, articulatus, glaber.

Folia oppofita, ereĉta, fetacea, bafi latiora, ftriata, acuta, rigida.

Flores feffiles ex alternis alis per caulis longitudinem, plures conferti faepius terni, rarius folitarii.

Braĉteae funt folia oppofita, floribus feffilibus fubjeĉta, calyce longiora, fubulata.

CAL. *Perianthium* pentaphyllum, ereĉtum; foliolis fubulatis, duobus vel tribus exterioribus leviter longioribus, apice fetaceis, rigidis, perfiftentibus.

COR. nulia.

STAM. *Filamenta* tria, plano-fubulata. *Antherae.* - - -

PIST. *Germen* trigonum, reĉtum, obtufum. *Styli* tres, parvi. - - - -

PER.

PER. *Capfula* triquetro - columnaris, calyce minor, unilocularis, ad bafin trivalvis.

SEM. nonnulla 3-7, fubrotunda, compreffa,
parva.

Quum primum medio menfis Octobr.
illam vidiffem, floris defcriptio qua-
datenus manca eft.

11. MINUARTIA *campeftris* floribus confertis terminalibus alternis bractea brevioribus.

Habitat in planitie collium praedictorum.

Radix tenuiffima, fimpliciffima, fibrillam re-
ferens, fubtorta.

Caulis fimpliciffimus, breviffimus, medii unguis, (cum floribus vix unquam uncialis
mihi vifus) teres, foliis tectus.

Folia oppofita, plano-fubulata, anguftiffima,
7 ftriata, ftricta, cauli adpreffa, oppofitio-
nibus crebris, copiofa : fuperiora bafi magis
patefcunt.

123. *Flores* terminales, in capitulum compactum,
faftigiatum fed inaequale, feffiles ex alis foliorum fummorum alternis : ex ala infima
(florifera) flores bini una axillari, altera laterali : ex fuperioribus quafi femper terni
uno

uno axillari, reliquis lateralibus: hinc dichotomiae particulares funt, fed capitulum
totum dichotomum non eft.

Bracteae fubulatae, binae unicuique Flori oppofitae, floribus breviores.

CAL. *Perianthium* pentaphyllum, erectum:
foliolis lanceolatis, acutis, planiufculis, tri-
ftriatis, rigidis fubaequalibus.

COR. nulla, quantum videtur. *Glandulas* 3
appreffas habet.

STAM. *Filamenta* tria, (quum duo magis approximata vidi, nefcio an plures flori per-
fecto fint) fetacea, tenera, germinis altitudine. *Antherae* fubrotundae.

PIST. *Germen* trigonum parvum. *Styli* tres,
filiformes. *Stigmata* obfolete craffiufcula,
fubrepanda.

PER. *Capfula* fubtriangularis, oblonga, acuminata, calycis dimidio paulo brevior, unilocularis, ad bafin trivalvis.

SEM. pauca 5-6, fubrotunda, compreffo-reni-
formia.

 Color totius plantae paleaceus vel glu-
maceus.

Haec fpecies propius quam prior accedit ad
Minuartiam floribus feffilibus dichotomis:
florum glomere tamen diftinctiffima. A
praecedente differt:

        (a) Quod

(*a*) Quod minor.

(*b*) Florum glomere terminali, latiore.

(*c*) Floribus multo longioribus ufque lineam longis.

(*d*) Bracteis flore brevioribus.

(*e*) Foliis anguftioribus.

(*f*) Eft minus terrae adhaerens

(*g*) Seminibus majoribus, &c.

CLAS:

CLASSIS IV.

TETRANDRIA.

MONOGYNIA.

PLANTAGO.

12. **P**LANTAGO *Loeflingii* foliis linearibus,
spica ovata oblongaque, bracteis ca-
rinato-concavis, membranaceis.

Habitat Madriti vulgaris in collibus et marginibus agrorum, vere.

Radix simplex, descendens, fibrillosa, annua.

Folia radicalia omnia, linearia, angusta, in
plantis majoribus lanceolata acute, vel integerrima vel denticulis minimis denticulata,
vel glabra vel pubescentia.

Scapi solitarii vel plures pro ratione loci, unciales circ. majoribus plantis, digitales sa-
foliorum longitudine, filiformes.

Flores in spica valde variabili, quo ad figuram
collecti, sessiles. Principio spica ovata,
compressa, brevis, demum longior, interdum oblonga, teres, saepe uno vel altero
flore referta.

Bracteae

Bracteae obtufe carinatae, concavae, glaberrimae; auctae marginibus amplexicculibus, membranaceis latis : apice obtufae, fed magis ibi compreffi.

CAL. *Perianthium* tetraphyllum : foliolis ovatis, acutis, membranaceis, bractea minoribus.

COR. monopetala : *tubo* ovato, fuperius magis contracto. *Limbus* reflexo-patentiffimus, laciniis acutis fufcis.

STAM. *Filamenta* quatuor, tenuiffima, limbum vix excedentia. *Antherae* lutefcentes, minutae.

PIST. *Germen* oblongo-ovatum. *Stylus* erectus, ftaminibus paulo longior. *Stigma* fimpliciffimum.

125. PER. *Capfula* ovata, glabra, elongata, bracteis longior, fupra bafin difcedens, unilocularis.

SEM. duo, oblonga, hinc convexa glabra, inde plana, puncto oblongo notata.

Spica nuper erupta in compendio refert ex acte gemmas floriferas Ulmi.

Variet foliis glabris et pubefcentibus, integerrimis et denticulatis, fpica copiofiore longiore et breviore, floribus paucioribus.

A Cu-

A *Coronopo* differt. *a)* quod minor fit et prae-
cocior.

b) Spica ovata ; ejus vero longiffima filiformis.

c) Floribus, rarius imbricatis.

d) Bracteis glabris, navicularibus ; iis vero
pubefcentibus, fubulatis, anguftis.

e) Color Corollae fufcior, ftaminibus brevioribus et calycinis foliolis acutioribus.

f) Folia nunquam pinnatim incifa.

126. ## CLASSIS V.

PENTANDRIA.

I. MONOGYNIA.

CAMPANULA.

13. CAMPANULA caule angulato panicula
to, foliis ovatis seffilibus subferratis.
Habitat in Lufitania ad Porto in collibus et
muris.

Radix fibrofa, tenuis raro ramofa.

Caulis fuberectus, fuperne ramofus, quinque-
angulatus: angulis inaequalibus, compref-
fiufculis; leviter hifpidus pilis pallidis, breviffimis.

Rami alterni, longi, paniculati, plerumque glabri, alias confimiles.

Folia radicalia jam exficcata evanuere. . . .

Caulina et fubramorum ovato-oblonga
fubglabra, feffilia, fubferrata, alterna:
ramorum fuperiora ovato-lanceolata,
vix ferrata.

Flores terminales ramis, pedunculis tenuibus.

Cal. fupra *Germen*, laciniis quinque, plano-
fetaceis, Corolla paulo minoribus, laxis.

Cor.

Cor. recto-campanulata ; ad dimidium quinquefida : laciniis oblongis, acuminatis ; cae-
ruleis tubulo infimo breviffimo albo.

Stam. quinque fubulata, tubo breviffimo duplo longiora, bafi latiora, valvularia. *Antherae* filamentorum longitudine, lineares,
albae.

Pist. *Germen* trigonum, turbinatum : fingulo
latere triplice fulco, medio profundiore,
fub receptaculo. *Stylus* fuperne craffior,
ftaminum dupla longitudine. *Stigma* triplex, lineare, erectum.

Capfula trigono-turbinata : difco plano, truncato, calyce patente cincta.

Foramina feminalia tria, verfus difcum
propiora.

14. CAMPANULA *hederacea* foliis fubrotundis quinquangularibus bafi emarginatis, glabris, floribus folitariis.

Campanula Cymbalariae foliis vel folio hede-
raceo. *C. Bauh. pin.* 93. *n.* 24.

Campanula minima annuá. *Grift. virid.* 25.

Campanula Cymbalariae folio. *Pluken. phyt.*
t. 23. *f.* 1.

Radix annua, minima, fibrofa.

Caulis plerumque erectus, teres, glaber, vix
ultra digitalis.

Rami alterni, confimiles, pauci.

I 2   *Folia*

Folia alterna, fubrotunda, quinquangulata; angulis acuminatis, finubus obtufis; bafi emarginata. *Petiolus* foliis brevior.

Flores folitarii, terminales et axillares, erecti.

Pedunculi fetacei, longi.

CAL. laciniis quinque fetaceis; corollae dimidium vix attingentibus.

127.   COR. monopetala, campanulata, erecta.

1 5. CAMPANULA (Erinus) caule quadrangulo patulo fcrabro, calycibus feffilibus axillaribus corollae tubulofae aequalibus.

Habitat in collibus petrofis, et muris, ut et ad vias in Portugallia, locis fteriliffirnis. Ad Porto legi copiofum; ad S. Ybes rarius.

Radix annua, fibrofa, fubfimplex.

Caulis ramofifimus, flaccidus, quadrangulus, hifpido-pubefcens.

Rami confimiles, patentes, alterni.

Folia oblonga, acuta, ferrata, ferraturis paucis, magnis; ad ramificationes faepius bina oppofita.

Flores folitarii ex alis; flore erecto parvo, nutante fructu; fubfeffiles. Pedunculus brevifimus.

CAL. fupra Germen, foliolis quinque recte ovatolanceolatis, fcabris, corollae ferme longitudine.

COR. tubulofa, monopetala, tubo ubique aequali : *Limbo* quinquedentato : dentibus acutis erectis.

STAM.

Stam. *Filamenta* quinque, receptaculo infidentia bafi leviffime (vix fere) valvulofa. *Antherae* longae, acutae, Corollae dimidia altitudine.

Pist. *Germen* turbinatum, fub receptaculo hifpidum, trigonum, angulis obtufis. *Stylus* filiformis corolla paulo brevior. *Stigma*
fenfim craffius, obtufum, fimplex.

128.

Per. *Capfula* turbinata, bafi contractior,
hifpida, rugofa : difco plano, cincta calyce ;
trilocularis (Dehifcentiam nefcio, licet plurimas viderim maturas) foramina feminalia obfervare potui nulla.

Sem. numerofo, minutiffima oblonga, nitentia.
Facies fere cujufdam Sherardiae.

An *Trachelium* potius ob Corollam ftigma
et Capfulam.

II. DIGYNIA.

HERNIARIA.

16. HERNIARIA. *fruticofa* caulibus lignofis,
floribus quadrifidis.

Herniaria fruticofa viticulis lignofis. *(C.
Bauh. pin.* 382.) *Tournef. inft.* 408,

Polygonum Herniariae foliis et facie, peram-
pla radice. *Bauh. hift.* 3. *p.* 378.

I 3   Polygonum

·· Polygonum fruticófum erectum hifpanicum.
Bar. ic. 713. bona.

Habitat in montibus vulgo del Efpartal et de
las falinas juxta Cienpozuelos copiofe.

Radix craffa, digiti minoris craffitie, tortuofa,
plerumque fuperficialis, longa, procumbens
hinc inde caules promens, fubmolliter lignofa:

Caules tortuofi, ramofiffimi, erecti vel procumbentes, ufque fpithamam longi, cortice
tranfverfim rugofo, inaequali : ramis fre-
quentiffimis, patentibus, foliis acervatim
onuftis.

Folia oppofita, breviffima, minutiffima, oblonga, obtufa, plana, glabra : fafciculo ex
alis femper prodeunte foliis minimis, con-
fertiffime glomeratis, linearibus, craffis, obtufis referto, adeo ut appareant glomeruli
acerofi, oppofiti, totos ramos et caules occupantes.

Stipulae fimplices, interfoliaceae, oppofitae,
minutiffimae, acutae, lacerae, membranaceae, fubalbae.

129. *Flores* glomerati, confertiffimi, copiofi in fummitate ramorum ; feffiles.

Folia floralia et Bracteas diftinguere nequeo.

CAL.

CAL. *Perianthium* tetraphyllum, erectum vel leviter patulum; foliolis ovatis, craffis, concavis: exterioribus oppofitis, apice gibbofioribus; interioribus oppofitis, planioribus.

COR. nulla.

STAM. *Filamenta* quatuor fertilia, calycis foliolis oppofita, calycis altitudine, fubulata. Praeter haec Filamenta quatuor alia fterilia, calycis foliolis interpofita, abfque Antheris.

Antherae quatuor, fubrotundo-didymae.

PIST. *Germen* minutiffimum, ellirtico-fubrctundum, compreffum. *Stylus* nullus. *Stigmata* duo, craffiufcula.

PER. . . .

SEM. . . .

Color Staminum luteus, calycis viridis vel albopallidus.

Differt a reliquis 1. floribus quadrifidis. 2. calycinis foliolis quatuor ad bafin diftinctis. 3. Staminibus quatuor. Attamen fummam affinitatem arguunt Bracteae, Stamina alterna fterilia, nec non facies; forte tamen ob affine Genus Illecebri, neceffarium erit diftinguere hanc plantam ab Herniariis.

F 4 SAL-

SALSOLA

17. SALSOLA *vermiculata* fruticosa, floribus
fpicatis alternis folitariis.

Kali fruticofum hifpanicum, tamarifci folio.
Tournef. inst. 247.

Kali geniculatum phyllanthes, gibvis puleaceis
flofculis, hifpanicum. *Barrel. obf.* 501. *ic.*
255. *f.* 6. *fub statu fructifero.*

Habitat per colles omnes copiofe circa Madri-
tum atque Setubal Lufitaniae.

130. *Radix* lignofa, craffa, craffitie faepe duorum
pollicum, profundiffime ultra pedem unum
vel alterum defcendens, valde inaequalis,
perennis, fupra terram adfcendens, tortuo-
fiffima, varie divifa.

Caules lignofi, varie bafi divifi, tortuofi, copiofi, depreffi, breves, perennes. *Rami*
steriles confimiles, ab initio pubefcentes,
perennes.

Fructiferantes adfcendentes, interdum e-
recti, digitales ufque pedales, recti,
fimplices; interdum ramulis alternis
patentibus obfiti, annui.

Folia inferioribus caulibus et ramis sterilibus
linearia, fubacuta, inermia, fupra linea
fulcata, brevia fparfa, çum fafciculo foliorum

rum ex alis, interdum glabra faepius leviſ-
fime pubeſcentia.

Flores ſpicati, alterni, ſparſi, ſolitarii, totos
ramos occupantes, ſeſſiles.

Bracteae ſingulo flori tres, dorſali reliquas includente, ovatae, acuminatae, concavae,
flore paulo breviores : lateralibus magis
carinatis, aequalibus.

CAL. *Perianthium* pentaphyllum : foliolis ovatis, baſi membranaceis, concavis, erectis,
apice tempore floreſcentiae acutis abſque
membrana.

COR. nulla.

STAM. *Filamenta* quinque, calyce paulo altiora, ſetacea, planiuſcula. *Antherae* oblongae ad medium ex baſi bifurcatae.

PIST. *Germen* ovatum, paulo compreſſum, definens in ſtylum craſſiuſculum ſuperius leviter bifidum. *Stigmata* acuta.

PER. *Capſula* ovata, acuminata, unilocularis,
tecta calyce h. t. aucto foliolis quinque,
membranaceis, ſubrotundis, latiſſimis, integerrimis, tenuiſſimis, cornei coloris, ſupra medium Calycis affixis.

SEM. unicum, ſubrotundum, depreſſum, con-
vexun ſpirale.

Color. Plantae et florum herbaceo-cinere-
us, demum albo incanus. *Floret* ad
medium

medium menfis Augufti, fructificat in
Octobri.

131.

18. SALSOLA *proftrata* lignofa, ramis filiformibus adfcendentibus, floribus conglomera-
to-fpicatis.

An Kali fruticofum hifpanicum, capillaceo folio villofo? *Tournef. inft.* 247,

Habitat Madriti ad latera collium, citra fon-
tem regium vulgo la fuente del Verro.

Radix perennis, lignofa, digiti et interdum
pollicis craffitie, profunde defcendens.

Caules plures ex radice, bafi tortuofi, fed teretes, lignofi, plerumque glabri.

Rami procumbentes, adfcendentes, viminei,
filiformes, teretes, glaberrimi, pedales
ufque bi et tripedales, fimpliciffimi.

Folia lanceolato-linearia, plana, fericeo-inca-
na, inermia, acuminata, alterna, inferius
confertiora, fupra remotiora cum fafciculis
parvis, foliofis, ex alis inferioribus.

Flores fummos ramos totos occupantes, fpicati: glomerulis alternis inferius remotis, alternis fupcrius verfus fummitates confertim
fpicatis.

Glomerulus fingulus fubrotundus ex ala
folii f. Bracteae 3. 4. 6 floribus feffilibus, compofitus, abfque bracteis aliis
inter-

interftinguentibus : receptaculo communi pilofo.

Braftea f. folium glomerulis dorfale, ob-
longo-lanceolatum, floribus paulo majus.

CAL. *Perianthium* pentaphyllum, depreffum,
obtufe pentagonum, fupra planiufculum
cum acumine : foliolis ovàto-acutis, concavis, medio dorfo horizontaliter angulato,
h. t. abfque alis membranaceis.

COR. nulla.

STAM. *Filamenta* quinque, calyce paulo minora. *Antherae* oblongae.

PIST. *Germen* orbiculato - fubrotundum, f.
paulo depreffum. *Styli* duo, erecti, calyce
longiores. *Stigmata* fimplicia.

PER. *Capfula* depreffo-globofa, unilocularis,
tecta h. t. Calyce pentagono, ex angulis calycis horizontalibus, alis membranaceis, patentibus, quadrato-linearibus, integerrimis
vel fuberofis, nunquam fibi mutuo incumbentibus, fed finu interftitiali, lineari remotis.

SEM. unicum, depreffum, fpirale.

132.

Color Foliorum incano-fericeus; Ramorum lutefcens, faepius eleganter Sali-
cum more rubens; Calycis herbaceo-
pallidus. Floret autumno.

Sub-

Sub florefcentia non tantum qua calycem
et florem, fed et qua totam faciem
Chenopodio valde eft fimilis. Calyx
depreffus, alae fructus non incumbentes et flores glomerati abfque bracteis
interftinctivis huic fpeciei fingularia
funt; hinc a priori vulgari fpecie notabiliter differt.

19. SALSOLA *Souda* diffufa herbacea, foliis
teretibus, floribus conglomeratis.
Salfola fativa. *Caefalp.*
Kali hifpanicum fupinum annuum, fedi foliis
brevioribus. *Juffieu. act.* 1717. *p.* 74. *d. b.*
Kali minus alterum C. *Bauh. pin.* 283. 3. ?
Habitat per Regna Valentiae, Murciae, Grana-
tae circa Almeriam et Alicante copiofe, ubi
pro Souda feritur in agris marinis.
Radix annua fibrofa.
Caules ramofiffimi, undique diffufi, fubangulati, glabri fublignofo-herbacei, ramis et ramulis alternis, fimplicibus, fucculentis.
Folia alterna, fucculenta; obtufa vel acumine fetaceo obfcuro minimo terminata,
undique teretia, aequalia, fuperius linea
longitudinali fufca picta (non tamen fulcata), patentia, vix ungue longiora: infima
bafi latefcunt, interius bafi plano-concava.

Flores

Flores fessiles, axilla s, conglomerati: glomeribus craffis, brevibus, faftigiato-truncatis, multifloris, compofitis ex glomerulis binis, oppofitis, lateralibus cum flore intermedio in meaia ala folii; glomerulus fingulus lateralis fubtriqueter: primis ad primam bracteam, etc. ficque faepe 9. 11. 13. flores fingulo glomerulo adfunt.

Bracteae floribus longiores, craffae, fucculentae, apice obtufiffimo, interdum acumine fetaceo breviffimo terminatae, bafi-lato-concavae ob flores et bracteas interiores.

CAL. *Perianthium* pentaphyllum, compreffum 133. (ob bracteas craffas comprimentes), foliolis ovato-acutis, erectis, apice h. t. fub florcicentia membranula minutiffima, recta, laxiufcula, terminali.

COR. nulla.

STAM. *Filamenta* quinque, calycis altitudine, fetacea.

Antherae oblongiufculae.

PIST. *Germen* a latere bractearum vel glomerulorum, compreffum, fubrotundum, verfus apicem latere anteriore gibbere notatum. *Stylus* fetaceus, bifidus. *Stigmata* acuta.

PER. - - -

SEM. - - -

Color

Color plantae cinerafcens, fucculentus.
Flores albefcenti-flavidi.
Cum haec fativa fit, crederem effe *fativam*
Caefalpini : licet forte Cl., Sauvages
meth. 7. 90 intelligat Kali maius femine cochleato C. Bauh. quod Guettard
obf. 2. p. 426. 63. vocat Salfolam foliis inermibus. Hifpanis Barilla audit.

G E N T I A N A.

20. GENTIANA *perfoliata.*
Habitat in Portugallia ad Porto, ubi paucifli-
mas legi plantas in latere collis cujufdam
arenofi, ruderati.
Radix parva, fibrofa, fimplex, annua.
Caulis erectus (femipedalis), herbaceus, teres,
glaberrimus ramis paucis, oppofitis, erectis.
Folia oppofita, connato-perfoliata, utrinque
ovata, integerrima, acuta, glabra, glauca
ut et caulis.
Flores pauci, dichotomi, terminales, Corolla lutea.
CAL. *Perianthium* 8 vel 9-phyllum; foliolis linearibus, acutis, concavis, longis, levitet
fub florefcentia patentibus, perfiftentibus.

COR.

Cor. monopetala, infundibuliformis: *tubo*
cylindrico-ovato. Germini arcte adnato, id-
que totum, excepto summo apice, obtegente: *Limbo* tubo longiore, fere ad basin
octo vel novem-fido, concavo, patulo: laciniis oblongis, inferius et superius angu-
statis ; marcescens.

Stam. *Filamenta* octo vel novem, limbo ad
basin laciniarum corollae inserta, subulata,
limbo dimidio breviora. *Antherae* lineares,
erectae.

Pist. *Germen* in fundo calycis, oblongum,
crassum, Corollae tubo adnato fere totum
obtectum, apice haemisphaerico solum con-
spicuum. *Stylus* erectus, staminum longitudine, filiformis, apice bifidus. *Stigmata*
duo, crassa, lunulata, conniventia: cornu-
bus obtusis.

Per. *Capsula* oblonga, crassa, calycis jam
conniventis longitudine, sulco duplice pro-
fundiori opposito sulcata: receptaculo se-
minali ad valvulas prope sulcos (ni fallor,
nam Capsula adhuc subiucculenta, non matura erat).

Sem. plurima, oblonga, minutissima.

Ad ordinem naturalem 52. ROTACEORUM,
certe pertinet.

134

In

In partibus floris, nescio an numerus nonarius vel octonarius sit magis naturalis, plures flores vidi numero nonario in eadem planta, sed in tanta paucitate plantarum definire non audeo.

Transmitto in epistola, binas, quas habeo, plantas. Laciniae limbi dum claudatur, externe latere dextro imbricantur, hinc intorsio dextrorsum h. e. contra solem, ut Gentiana ante explicationem floris *Philof. bot. p.* 104.

BUPLEURUM.

21. BUPLEURUM *fruticescens* caule fruticoso, foliis linearibus, involucro duplici penta-phyllo.

Bupleurum arborescens hispanicum, gramineo folio. *Tournef. inst.* 310.

Bupleurum fruticans angustifolium hispani-cum. *Barr. ic.*

Habitat in montibus et collibus altis ad Aran-juez copiose, inter Quercum humilem Ili-cem et Lycium angustifolium.

Radix fruticosa.

Caulis fruticosus, 1-2-vel 3 pedalis, varie et copiose ramosus, lignosus, teres, glabriuscu-lus. *Rami* erecti, alterni, superius annui, spi-

fpithamali-pedales, teretes, glabri, leviter
flexuofi,' juncei.

Folia alterna, linearia, apice valde acuta (Lini), 135.
bafi amplexicaulia, feffilia, uncialia vel biuncialia, glaberrima.

Flores in umbellas terminales et laterales, ex
alis foliorum, pedunculatas. *Pedunculus* femiuncialis.

> *Umbella univerfalis*, radiis in ambitu 5,
> in centro vero uno alterove vel nullo,
> adeoque quinque-f. octofida. *Partiales*
> umbellulae (h. t. confertae, cum flores '
> nondum explicaverint), fimiliter in
> ambitu radiis quinque, in centro plu-
> ribus, ut videtur.

CAL. *Involucrum univerfale* pentaphyllum : foliolis brevibus, acutis, fingulis fingulo radio fubjectis.

Involucrum *partiale* pentaphyllum, con-
fimile.

COR. lutea, etc.

Fine menfis Junii nondum flores expli-
cavit.

Differt ab alia fpecie Bupleuro fruticofo,
quam circa Sintram in Lufitania legi,
foliis, fed praefertim involucris dupli-
cibus, quae omnino defuerunt in illa.

136.   CLASSIS VI.

HEXANDRIA.

MONOGYNIA.

LEUCOIUM.

22. **L** EUCOIUM *autumnale* fpatha multiflo-
ra, corollis, tubulofis, ftylo filiformi.

Leucoium minus bulbofum autumnale. *Cluf.*
hifp. 271. f. 272.

Leucoium bulbofum tenuifolium minus autumnale. *Grif. virid.* 89.

Habitat in montanis, ad Porto legi unicum
exemplar in latere montano, loco elevato
fterili ad littus auftrale fluvii Durii, nuper
infloratum.

Radix bulbofa, fub terra longius fita (adhuc
non vidi). *Folia* (nulla vidi).

Scapus palmaris, erectus, teretiufculo-fuban-
gulatus, glaber.

CAL. *Spatha* monophylla, lineari-lanceolata,
dehifcens, terminalis, biflora (in fubjecto),
floribus pedunculatis, nutantibus.

COR. hexapetala, tubulata (non campanulata):

ta) : *petalis* lanceolata-oblongis, teneris, vix fucculentis, tribus exterioribus apice fubtridentatis, medio productiore, crafliore; tribus interioribus apice acuminato, fimplice.

STAM. *Filamenta* fex fubulata, breviffima. *Antherae* lineares, compreffae, acutae, latere utrinque longitudinaliter dehifcentes; dehifcentia verfus apicem patula.

PIST. *Germen* fub receptaculo, turbinato-trigonum, breve. *Stylus* filiformis, ftaminibus longior. *Stigma* fimplex, fubcapitatum, vix ftylo crafflus.

PIST. - - -

SEM. - - -

137. CLASSIS VIII.

OCTANDRIA,

MONOGYNIA.

ERICA.

23 ERICA *cinerea* foliis acerofis glabris ternis, corollis oblongo-ovatis ftaminibus longioribus verticillato-racemofis.

Habitat in collibus nudis copiofiffime per Portugalliam.

Radix - - -

Caules ramofi, vagi, teretes, lignofi, nudi, fruticofi.

Rami confimiles, foliofi.

Folia acerofa f. linearia, anguftiffima, glabra, compreffo-cylindracea, fufco-viridia, fubtus linea pallida longitudinali notata, terna, rarius fparfa : (verticillis confertis *Pedicellis* breviffimis, leviffime decurrentibus, pallidifculis) patentia. Ex alis foliorum faepe fafciculus foliofus, novi ramuli initium ordiens.

Flores in racemo verticillato terminali ramorum difpofiti, nutantes.

Pedun-

Pedunculi corollae longitudine, terni in
verticillis confertis, recurvi:
Bracteae foliis exacte fimiles.

CAL. tetraphyllus, dimidio corolla brevior :
foliolis linearibus, anguftis, acutis:

COR. monopetala, oblongo-ovata, apice contracta : *Limbo* quadridentato dentibus reflexis, acutis.

STAM. *Filamenta* octo, fubulata, corollae dimidio paulo breviora. *Antherae* erectae, a-
cutae, nigrae, furfum parum bicornes: cor-
niculis acutis : inter cornua longitudinaliter
dehifcentes ; utroque apice cohaerentes:

PIST. *Germen* oblongum, truncato-obtufum.
Stylus filiformis, corolla paulo longior,
Stigma obtufum,

PER. - - -

SEM,

24. ERICA *umbellata*, foliis acerofis glabris ter-   138.
nis ; corollis ovatis, ftaminibus brevioribus,
terminalibus.

Habitat in Portugallia in collibus Ericae prioris fp, et Ulice obfitis. Legi etiam Porti
ad colles fylvaticos extra urbem auftrum
verfus fat copiofe:

Radix. - - -

Caulis fruticofus, varie ramofus, plerumque inclinatus, glaber.

Rami confimiles, tenues : ramulis ternis patulis.

Folia acerofa, brevia, terna, glabra viridia, fubtus linea albida notata.

Flores in umbella fimplici, terminali ex apice ramorum et ramulorum.

Pedunculi tenuiffimi, ex uno loco oriundi, 4, 5, 7 numero.

Bracteae omnino nullae, nec alia folia umbellae fubjecta adfunt.

Cal. tetraphyllus, cum aliquot aliis foliis arcte incumbentibus : foliolis linearibus; Corollae tertiam partem attingentibus.

Cor. monopetala, ovato-fubrotunda, verfus apicem contracta, angulata : ore quadridentato, aequali : pallide caerulea, marcefcens.

Stam. *Filamenta* fubulata, corollae aequalia. *Antherae* oblongae, apice bicornes, nigrae, extra corollam prominentes.

Pist. *Germen* fubrotundo-oblongum. *Stylus* filiformis, ftaminibus longior. *Stigma* obtufum fimplex.

Per. *Capfula* oblonga, parva, obfolete-angulatata, intra corollam marcidam, aridam.

Sem. minuta, plurima.

Priori

Priori multo minor, corollis magis pallidis, foliis longe brevioribus.

25. ERICA *ciliaris* foliis ovatis ciliatis ternis, corollis ovatis apice tubulosis irregularibus vertic llato-racemosis.

Habitat in Portugallia in Ulicetis, vepretis, fub rofis, rarius ad Porto.

Radix lignosa.

Caulis fuffrutefcens, erectus, debilis, bi-vel tripedalis, fuperne pubefcens, ramulos fae- 139. pius ternos emittens.

Folia oblongo-ovata, feffilia, acuta, parva, terna, patentia ; fupra plana, viridia, glabra ; verfus marginem pilis raris ciliata ; fubtus margine reflexa, albida.

Flores in racemo longo terminali difpofiti, terni, verticillati, interdum ad unum latus flexi, nutantes, purpureo-caerulei.

    Pedunculi breves, teretes, pubefcentes, fub calyce uno alterove foliolo notati.

    Bracteae fub fingulo pedunculo ex affe foliis fimiles.

CAL. tetraphyllus : foliolis ovato-lanceolatis, acutis, corollae quartam partem attin- gentibus. verfus apicem fupra ciliatis, fub- tus margine inflexo, uti in foliis.

COR. monopetala, magna bafi ovato-inflata,
verfus apicem contracta, tubulofa, ore quadridentato, obliquo; denticulis breviffimis : inferiori minimo ; marcefcens.

STAM. *Filamenta* octo, fubulata, coroila paulo
minora. *Antherae* oblongae.

PIST. *Germen* oblongum, obtufum, fubangu-
latum. *Stylus* filiformis, corolla paulo longior. *Stigma* obtufum, fimplex.

PER. *Capfula* oblonga, angulato-rugofa, octo-
fulcata, quadrivalvis, quadrilocularis.

SEM. minima plurima.

Folia faepius in verticillos obliquos dif-
tributa, h. e. ad unum et alterum latus magis flexa. Margo eorum craffus et angulatus eft, fuperiori angulo
ciliato.

CLAS-

CLASSIS X. 140]

DECANDRIA.

MONOGYNIA.

RUTA.

26. **R**UTA *montana* foliis bipinnatis, linearibus: floribus spicatis secundis, spicis
divaricato-corymbosis.

Habitat prope Ulyssiponem, legi in sepulcreto
Protestantium ibidem; jam dum exaridam.

Radix. - - -

Caulis erectus, teres, glaber, punctatus, superne ramulosis ex alis.

Folia alterna, bipinnata, sessilia : laciniis linearibus, acutis, pinnatim remotis.

Flores sessiles, secundi, approximati, erecti,
in *Spicis* adscendentibus, divaricatis, dichotomis, corymbosis, linearibus.

Axis spicae linearis, flexuosus, alterne
denticulatus ob flores.

Bracteae lineares, acutae, uno alterove lobo acuto auctae, postice axin tegentes.

CAL. *Perianthium* pentaphyllum : laciniis lanceolato-acutis, capsulae longitudine.

COR.

COR. tetra five pentapetala : *petalis* lanceolatis, acutis, (ni fallor, ex unico enim exari-
do flore judico).

STAM. *Filamenta* decem f. octo, fubulata, bafi plana. *Antherae* parvae.

PIST. *Germen* quinque l. quadrilobum. *Stylus*
filiformis. *Stigma* fimplex, acutum.

PER. *Capfula* quinque l. quadriloba, femi-
quinque vel quadrifida, fulcata : angulis
fubcarinatis, punctis plurimis notata : lobis
apice rotundatis : quinque l. quadrilocularis.

SEM. quinque f. quatuor, folitaria fingulo loculo, reniformia, curva, nigra, rugofa.

Flores plerique quadrifidi, primus cen-
tralis quinquefidus.

141. Facies fructificationis Sedi vel apprime
Penthori.

Differt a Ruta vulgari latifolia, quae
etiam in montibus Ulyffip. crefcit.

e Ruta noftra habet flores feffiles, fpica-
tos, approximatos.

vulgaris ‑ ‑ pedunculatos, raros vix
corymʔ ʔ.

β ‑ ‑ noftra ‑ ‑ ‑ capfulam magis quadri-
lobam lobis apice obtufe rotundatis.

Ruta

Ruta vulgaris - - - capſulam apice ſo-
lum quadrifido, acutô.

γ - - - noſtra, punĉta cápſulae magis con-
ſpicua.

T R I G Y N I A.

A R E N A R I A.

27. ARENARIA foliis ſetaceis, floribus pentandris, calycum foliolis ſubulatis.
An? Alſine tenuifolia *J. Bauh. Tournef. inſt.*
243. *Vaill. 7. 3. vel?* Alſine annua ſ. minor
anguſtifolia, flore albo *Juſſ. Barr. n. 483.*
(Barrel. ic. 580.) licet illic valde ramoſa et
noſtra quaſi ſemper ſimplex.
Habitat in collibus extra portam Toletanam.
Radix annua, ſimpliciſſima, deſcendens, reĉta,
fibrillis paucis lateralibus.
Caulis ſolitarius, ſimplex vel ramis 1. 2. ex
radice prodeuntibus, teres, ereĉtus, uncialis, tenuiſſimus.
Folia ſetaceo-ſubulata, ereĉta, adpreſſa, oppoſita, caulem totum obtegentia; folia ſum-
ma baſi latiuſcula, ſubulata.
Flores dichotomi, terminales, pauci.
　　Pedunculus ſub et poſt floreſcentiam ere-
　ĉtus, capillaris.

CAL.

CAL. *Perianthium* pentaphyllum : foliolis fubulatis, ftriatis, paucis pilis obfitis (non tamen hirfutis) acutiffimis, membranula nulla auctis.

COR. *Petala* quinque, oblerga, calyce paulo minora vel aequalia, integra, acuta.

STAM. *Filamenta* quinque inter petala, fetacea, bafi glandulae infidentia, erecta. *Antherae* fubrotundae.

142. PIST. *Germen* fubtriangulari ovatum parvum. *Styli* tres, flexi, fubpubefcentes. *Stigmata* fimplicia.

PER. *Capfula.* - - -

SEM. - - -

Color floris abus.

PENTAGYNIA.

CERASTIUM.

28. CERASTIUM *pentandrum* floribus pentandris, petalis minimis acutis.

Ceraftium floribus pentandris, petalis emarginatis. *Hort. Cliff. Fl. Sv.* 381.

Ceraftium hirfutum minus, parvo flore *Dill. giff. Raj. fyn.* 3. *p.* 348 *t.* 15. *f.* 1. *bona (plantam adultiorem fructiferam, fed petala vix unquam vidi emarginata).*

Habitat

PLANTAE · HISPANICAE. 141

Habitat Madriti primo vere vulgatiſſima.

Radix tenuiſſima, fibroſa, annua. - .

Caulis · ſub floréſcentia vix ˙ quartam unciae
partem aequat, demum fructiger pollicaris
altitudinis : ex baſi interdum ramoſus : ramis ſubprocumbentibus.

Folia ovalia, oppoſita, ˌ lana, ſeſſilia, patentia, · obtuſo-acuta, linea in media ſulcata,
pubeſcentii

Flores quatuo. · irc. vel plures, in principio
· · ſubieſſiles florentes, poſtea, planta ipſa fru-
ctifera elongata, etiam elongantur pedicelli.
Bracteae duae ad baſin pedunculi.

Cal. *Perianthium* pentaphyllum : foliolis erectis, ovatis, acutis : tribus exterioribus lateribus ſubciliatis, apice membranaceo auctis ; duobus interioribus undique membrana tenuiſſima auctis, integris.

Cor. *Petala* quinque, lanceolato-acuta, tertiam
partem longitudinis circ. calycis, erectiuſcula.

Stam. *Filamenta* quinque, ſubulata, petalis
leviter longiora, inſerta glandulae vel baſi
cincta glandula parva, tumente.

Antherae breviſſimae, didymae.

Pist. *Germen* ovatum, glabrum, petalis brevius. *Styli* quinque, ſtaminum altitudine,
cum ſole paulo ſpiralite. flexi. *Stigmata*
craſſiuſcula.

Per.

143. PER. *Capfula* Ceraftii.

SEM. - - .~

Color floris intus quafi luteus ob ftamina
et Piftilla occupantia totum florem ;
petalorum vero fubalbidus. Planta
pulcre viridis, nec ad incanam faciem
ita vergit, ut aliae Ceraftii fpecies , in
initio nunquam vidi vifcofam, fed leviter tantum in antiquis.

29. CERASTIUM *vulgatum* floribus decandris,
petalis fubtridentatis, calyce majoribus.
Myofotis hirfuta altera vifcofa. *Tournef. inft.*
245 ?

Habitat in campis elevatis nudis circa Madri-
tium, imprimis fupra monafterium St. Bernhardi, vere.

Radix fimplex, defcendens, annua, demum
fibrofa, arcte adhaerens.

Caulis folitarius, erectus, villofus villis gluten
fecernentibus : ex alis rarius ramofus.

Folia radicalia elliptico-oblonga, pilofa, faepe
fufca : *caulina* fubovata, fimpliciter vifcido-
pilofa.

Flores terminales cauli ramifque, in panicula
dichotoma, fenfim florente foliofa: foliis
five bracteis reliquis confimilibus.

CAL.

CAL. *Perianthium* pentaphyllum : foliolis lanceolatis, acutis, latere, pro fitu, membranaceis.

COR. *Petala* quinque, lanceolata, acutiufcula, apice oblique emarginata, calyce faepius duplo majora, patentia.

STAM. *Filamenta* decem, calycis medio breviora, fubulata, alterna bafi infidentia glindulae elongatae, difco tumido ; alterna intra petala bafi nuda.
Antherae didymae fubrotundae.

PIST. *Germen* ovato - oblongum, ftaminun altitudine. *Styli* quinque, breves, ftellatim patentes. *Stigmata* fimplicia, craffiufcula.

PER. *Capfula* cylindrica, furfum paullo attenuata, obtufa, leviter curva.

SEM. fubrotunda, pedicellis minimis receptaculo affixa. *Color* Corollae albus, Plantae vero faepius fufcus.

SPERGULA.

30. SPERGULA *pentandra*, foliis verticillatis, feminibus marginatis.

Alfine Spergulae facie minima, feminibus marginatis. *Tournef. infl.* 244. *Vaill. parif.* 8. *n. 8.*

144.

Habitat

Habitat ad margines agrorum adque latera viarum colliumque Madriti, primo vere.

Radix tenuiſſima, annua, fibroſa, arcte terrae adhaerens.

Caules vel ſolitarii vel plures, procumbentes, adſcendentes, vel erectiuſculi, glaberrimi, primo vere vix unciales, demum interdum uſque digitales et rarius ſpithamales, ſub-fuſci, ſimplices.

Folia radicalia plurima, in orbem ſparſa, aggregata, ſetacea, glaberrima, fuſca.

Caulina faſciculato-diſperſa, verticillato-oppoſita, ſetacea, glabra, fuſca ſaepe (in plantis minoribus) terminalia, interdum in majoribus verticillo uno vel altero in medio.

Stipulae oppoſito-connatae; breviſſimae; obtuſae, faſciculo foliorum verticillatc ſubjectae.

Flores in panicula peduncalata, terminali, dichotoma.

Pedunculus primarius filiformis, rectus; ſecundarii dichotomi, poſt floreſcentiam deflexi.

Bracteae oppoſito connatae, acutae, nigro-fuſcae.

CAL. *Perianthium* pentaphyllum: foliolis ova-tis, patentibus, glabris, foras fuſcis, interioribus

rioribus majori membranula marginali auctis.

COR. *Petala* quinque, oblonga, lanceolata,
calyce paulo longiora, subobtusa, integerrima, patentia.

STAM. *Filamenta* quinque (semel 7 vidi) calycis dimidii longitudinis, subulata. *Antherae* breves.

PIST. *Germen* globofum, staminum altitudine. *Styli* quinque, obfoletissimi vixque evi-
denter obfervabiles. *Stigmata* fimplicia.

PER. *Capfula* fubrotunda-ovata, calycis altitudine, unilocularis, quinquefida, paulo
ultra medium dehifcens : poft dehifcentiam
campanulato-patens.

SEM. nonnulla, fubrotunda, planiufcula, nigra, cincta membrana tenuiffima, alba.

Color corollae albus.

145

CLASSIS XI.

DODECANDRIA.

PENTAGYNIA.

GLINUS.

31. **GLINUS** *lotoides*.
     Alfine lotoides ficula. *Bocc. rar.* 21.
     t. 11. *f.* 2. *Juf. Barr.* 47. *n.* 478.
     (*ic.* 336.) *Tournf. inft.* 242.

Habitat in Eftremadura Hifpaniae. Legi ad
  aggeres fepiales locis argillofo-glareofis prope Talavera del Badajoz et in rivule exfic-
  cato, Sabulofo, verfus Miajada inter Meri-
  dam et Truxillo.

Radix magna, fimplex, longe defcendens, fibrillis lateralibus ; annua tamen videtur.

Caules plures, longi, pedales circiter, undique
  diffufi, procumbentes, fubglabri, ramofi et
  quafi articulati : articulis ad ramificationes
  parte inferiori craffioribus, pubefcentibus.

  Rami alterni, laterales, iterum fimiliter
   ramofi, cauli confimiles, magis pubefcentes.

Folia

Folia obovata, petiolata, bina vel faepius terna, caulem vero non cingentia, femper e-nim ad alterutram latus (fuperius) caulis inferta funt. *Pedioli* folio dimidio paulo longior, fupra planiufculus.

Flores fubfefiles, ad genicula et folia acervatim conferti, ex caulis fupilia parte femper oriundi.

Pedunculi breviffimi, calycis circiter longitudine, pubefcentes.

CAL. *Perianthium* pentaphyllum: foliolis ovatis, acutis concavis, erectis, perfiftentibus, pubefcentibus.

COR. nulla. *Filamenta* plana faepe coalefcunt mentiunturque petala parva, inaequaliter bifida, luteo-viridia, calyce breviora.

STAM. *Filamenta* numero incerta et variantia 146. a 9 ufque ad 14 f. 15. fulculata, plana, calycis dimidio paulo longiora, receptaculo aequaliter inferta. *Antherae* oblongae, compreffae, didymae, erectae.

PIST. *Germen* ovatum, obfolete quinquangulare, magnum. *Stylus* nullus. *Stigmata* quinque, longiufcula, craffiufcula.

PER. *Capfula* ovata, calycis longitudine quinquangularis, quinquelocularis, quinquevalvis: *valvulis* membranaceis, tenuiffimis, in

L 2   media

dio finguli loculamenti perpendiculariter
ufque ad bafin dehifcentibus.

SEM. plurima fimplicis feriei, fub valvulis,
parva, fubrotunda, tuberculata, bafi affixa
membranulae tumidae, (arifli confimilis ?)
ea tamen non obteguntur, fed per ipfam
receptaculo adhaerent.

Receptaculum conico-fubulatum, quinquangulare, angulis compreffis, a diffepimentis dehlfcens, liberum.

C L A S S I S XIV.

D I D Y N A M I A.

I. GYMNOSPERMIA.

T E U C R I U M.

32. **T**EUCRIUM *spinosum* calycis labio superiore ovato, corolla contorta re-
supinata.

Chamaedrys multifida spinosa odorata, *Grisl.
virid.* 28. *Tournef. inst.* 205.

Habitat in agris incultis et collibus cis soto
Luzon Madriti.

Radix descendens, annua, subtortuosa, simplex.

Caulis ramosissimus, brachiatus, decumbens,
ramis et ramulis patentissimis, rigidis, qua-
drangularibus, hirsutis, subviscidis.

Spinae oppositae, rigidae, subulatae: pri-
mores tempore ramulescunt apice spi-
noso; seriores permanent simplices.

Folia inferiora caulina oblonga, petiolata, in-
cisa, interdum pinnatifida, pubescentia,
mollia: *superiora* opposita, sub spinis ovata, acuta vel sub-oblonga, obtusa, inte-

L 3   gerrima,

gerrima, rarius incifura una vel altera parva
inferius notata.

Flores verticillati ad fpinas, pedicellati, horizontales,

. *Pedicelli* erecti, cauli adpreffi, calyce
dimidio breviores ; fingulus utrinque
affixus lateralitèr fpinae ; hinc in fingulo verticillo plerumque quatuor
flores.

Bracteola fub fingulo flore parva, oblonga.

CAL. *Perianthium* monophyllum, bafi inferius
gibbum ventricofum, fuperiori bafi planiufculum cum gibbere parvo ubi pedicellus affi-
gitur, bilabiatum : *Labium fuperius* fubrotun-
do-ovatum, acuminatum, extus concavum
ob margines elevatos ; intus convexum.
Labium inferius quadrifidum, fuperiore dimidio brevius : laciniis fetaceis ; perfiftens,
pilofo-vifcidum.

148. COR. monopetala, ringens, refupinata, Tubus calycis tubi longitudine, cylindricus,
bafi contortus. *Labium fuperius* nullum inferius yergit. *Labium inferius* fuperius vergens, calyce toto longius tripartium ; laciniis lateralibus ad bafin labii, oblongi
terminali lacinia obovata, integra, bafi
denticulis duobus minoribus acutis notata.

STAM.

.STAM. *Filamenta* quatuor, curva, ad labium
nullum inclinata, curva ad labium inferius.
Antherae parvae.

PIST. *Germen* quadrifidum. *Stylus* fetaceus,
ftaminum fitu et longitudine. *Stigma* . . .

PER. nullum. *Calyx* immutatus femina
fovet.

.SEM. quatuor, fubglobofa, nigra glabra.

Color Corollae albefcens. Odor obfolete
gravis, fed odorata nominari non me-
retur. *Calyx* perfecte fimilis eft Oci-
mo, fed corolla Teucrii: eft hinc Genus quafi intermedium, diftinctum ab
aliis Teucris calyce manifefte bi-
libiato.

Floret menfe Julio et Augufto.

P R U N E L L A.

33. PRUNELLA *lufitanica* bracteis pinnatim
dentatis ciliatis.

Prunella odorata lufitanica, flore violaceo.
Barr. ic. 561.

Clinopodium lufitanicum fpicatum et verticilla-
tum. *Tournef. inft.* 195. *Juff. Barr.* 28.
n. 269.

Bugula odorata lufitanica. *Cornut. canad.*
46.

L 4 *Habitat*

Habitat Madriti rariffime ad margines agrorum ad Aranjuez copiofius.

Radix fimplex, defcendens, attenuata fibris lateralibus.

Caulis brachiatus, pedalis circiter et minor, erectus, quadrangulus, pubefcens : lateribus planis : Ramis oppofitis, erectis fimplicibus, per totum caulem, anguftioribus.

Folia lanceolata, fubacuta, feffilia profunde et diftinctiffime ferrata : ferraturis anguftis, obtufis aequalibus ; glabra.

Flores in fpicis terminalibus oblongis, erecti, folitarii ex alis bractearum, oppofiti, fubfeffiles, *pedicello* erecto, breviffimo.

149.   *Bracteae* femi-imbricatae, erectae, oppofitae, lanceolatae, acutae, medietate inferiore pinnatim dentatae : dentibus lanceolatis, apice fetaceo longo terminatis, ubique (excepta feta terminali) ciliatis : ciliis diftinctis, tenuiffimis.

CAL. *Perianthium* monophyllum, tubularo-patens, breve, depreffum, ad mediam partem decem ftriatum, lateraliter angulis acutis angulatum bilabiatum. *Labium fuperius* rectum, totum glabrum, calycis parte integra longius, latum, planiufculum, tridentatum : dentibus acutis, aequalibus, brevibus,

brevibus, apice fetaceis. *Labium inferius* pubefcens, ⅔ anguftius, bidentatum, dentibus fetaceis. *Faux* valde aperta, fed claufa villis undique.

- COR. monopetala, ringens, tubulata, longa, erecta. *Tubus* calyce triplo longior, bafi ad longitudinem fefqui calycis anguftiffimus, filiformis, mox quintuplo incraffatur, laxus fubaequalis, tumens, varie longitadinaliter laxe plicatus. *Lab. fuperius* rectum, breve, planum, bifidum. *Lab. inferius* tripartitum: laciniis lateralibus patulis, fubrotundis, labii fuperioris longitudine; intermedia tranfverfim oblonga, latiffima, apice medio leviter emarginato, deflexa; bafi fauce (palato prominulo) lateraliter paullo compreffa, pubefcenti.

STAM. *Filamenta* quatuor, quorum duo dorfo propiora breviffima, in medio tubo haerentia, fubulata, apice bifurcata denticulis fetaceis: terminali incurvo fterili; laterali antherifero: duo anteriora longitudine totius tubi, fubulata, apice fimiliter bifido: antico denticulo breviore antherifero. *Antherae* medio dorfo affixae quafi inferius et fuperius anthera diftincta, in medio enim contracta, geniculata, reflexa, proximatis geniculis in formam crucis, margine antico farinifero farinifera, excepto in medio geniculo ubi nullum pollen.

PIST. *Germen* quadripartitum, in fundo caly-cis. *Stylus* fetaceus, ftaminibus longioribus paulo brevior. *Stigma* acutum, quadripar-titum, laciniis inaequalibus. *Glandula* fub latere germinis inferiore.

PER. *Calyx* immutatus.

SEM. quaterna, teretiufcula, glabra, erecta.

Color corollae purpureo-caeruleus, labio inferiore macula majori pallide alba.

In variis differt a *Brunella vulgari*, prae-fertim in corolla. *Stigma* quadriparti-tum etjam fingulare quid.

150.

II. ANGIOSPERMIA,

SIBTHORPIA.

34. SIBTHORPIA *europaea*.

Habitat in Portugallia ubi ad Porto legi copi-ofam ad bafin murorum et monticulorum, aqua ftillitante perpetuo madentium; et ad arcem Reginae Lufitaniae Centra, in monte altiffimo proxime adjacente; in antrofis aridis.

Facies

Facies Hydrocotyles vel Chryfofplenii repentis.

Radix fibrofa, annua.

Radiculae tenuiffimae, fibrofae, ex radiculis caulis repentis defcendunt.

Caulis repens, teres, pubefcens, palmaris circiter, fimplex vel ramofus.

Rami fi adfunt, pauci, confimiles.

Folia alterna, fubrotundo-reniformia, petiolata, margine quinque l. feptemlobata : lobis omnibus obtufe rotundatis, pilofa : pilis hyalinis, diftinctis, fparfis.

Petioli teretes, pilofi, folio longiores, adfcendentes ex fingula ala 1, 2, 3, 4.

Flores folitarii ex alis geniculorum, ante florefcentiam erecti, poftea deflexi.

Pedunculus communiter breviffimus, vix calycis longitudine, teres, pilofus, poft florefcentiam deflexus fub caule.

CAL. *Perianthium* monophyllum, turbinatum, hifpidum, quinquefidum perfiftens : laciniis erectis, hifpidis pilis quafi laceratis.

COR. *Petalum* unicum, regulare (quantum adhuc vidi) ad bafin ferme aequaliter quinquefidum : laciniis fubrotundis, concavis, calyce leviter brevioribus.

STAM. *Filamenta* quatuor, tenuiffima, brevia, 151. quorum duo invicem propius approximata.

Antherae

Antherae magnae cordato-oblongae, erectae, corolla paulo breviores.

PIST. *Germen* parvum, fubrotundum, compreffum, apice furfum fericeo-pilofum, pilis longiufculis. *Stylus* ftaminum longitudine, cylindricus, brevis, pilis Germinis totus obtectus. *Stigma* capitatum, depreffum fimplex.

PER. *Capfula* fubrotunda compreffa, biventricofa, lateribus acutis, utrinque medio fulco impreffo (Veronicae omnino) bilocularis: Receptaculo feminum implente fere loculos unde feminum unum fimplex ftratum.

SEM. nonnulla, fubrotundo-oblonga, hinc convexa, inde plana, nigra.

Flos omnium minimus, vix nudo oculo examinandus, hinc numerus Staminum difficulter eruitur.

Mihi tamen conftat ex pluribus examini fubjectis hanc quaternarium effe, ideoque ad Cl. Didynamiae pertinere, licet Stamina duo vix notabiliter longiora, quod etiam videre eft in Limofella.

Petali laciniae fibi externe incumbunt, margine dextro fupra finiftrum f. contra motum folis.

ORO.

OROBANCHE.

35. OROBANCHE *major* caule fimplici, bra-
éteis lanceolatis flore majoribus.
Orobanche flore minore. *Tournef. inft.* 170?
Habitat fupra radices Ulmorum in horto re-
gio ad Aranjuez.
Radix brevis, fibiofa, ex bafi caulium tuberofa, interdum plures jungens caules.
Caulis fimplex, rectus, fpithamali-pedalis, teres, leviter pubefcens.
Folia nulla, nifi fquamae lanceolatae, acutae,
alternae, fparfae.
Flores in fpica rara, terminali, caulis medium
fuperius occupante.
    Bracteae lanceolato-acutae, corollae lon-
    gitudine.
CAL. *Perianthium* diphyllum, laterale : foliolis lanceolatis, acutis, anguftis, apice in
floribus fuperioribus bifidis, corolla paulo
minoribus.
COR. tubulata, ringens, curva, *tub.* inferius
tereti, fuperius dorfo carinato. *Limbus* bilabiatus, fubaequalis.
    Labium fuperius bifidum : laciniis inflexis,
    crenulatis, obtufis, breviffimis. *Lab.*
    inferius trilobum, recto - dependens :
                   laciniis

152

laciniis lateralibus tridentato-acumina-
tis, intermedia fubrotunda paulo majore crenulata.

Nectarii fquama minima ad bafin anteri-
orem germinis.

STAM. *Filamenta* quatuor, tubo antice affixa,
curva, corollae longitudine, in fauce emi-
nentia. *Antherae* fubcordatae, diftinctae.

PIST. *Germen* oblongum, acutum. *Stylus* filiformis. *Stigma* capitatum, fubquadra-
tum, cum fulco in medio, nutans.

PER. - - -

SEM. minutiffima.

Color Corollae flavo-pallidus, dorfo obfcure purpurafcente, limbo flavo-palli-
do. Color Plantae fufcus.
Nullum odorem peculiarem offendi.

36. OROBANCHE *cernua* caule fimplici, corolla incurva bracteis deltoidibus longiore.

An Orobanche lufitanica, flore atro-purpureo.
Tournef. inft. 176?

An Orobanche fubcaerulea flore five 11. *Cluf.*
Tournef. loc. cit. ?

Habitat ad Aranjuez fupra radices Artemifiae
campeftris erectae, odore Carlinae; in
campis fteriliffimis.

Radix e tubere oblongo bafeos caulis.

Caulis

Caulis simpliciffimus, erectus, ceres, fpithamalis, glaber.

Folia nulla, fed Squamae oblongae, vagae.

Flores in fpica, ultra medium Caulis occu-
pant, feffiles, rariufculi.

Bracteae deltoidae, acuminatae, paulo
convexae, corolla breviores.

Cal. Perianthium diphyllum, laterale, bra- 163.
ictea paulo brevius: foliolis ovatis, acuminatis: inferiorum florum fimplicibus, fuperiorum plerumque bifida.

Cor. monopetala, ringens, tubulofa, calyce
duplo longior, arcuatim curva, finu fubtus fubrecto: quafi infracta. Tubus bafi
ventricofus, teres, furfum compreffo-trian-
gularis, dorfo carinato. Limbus breviffimus, quinquefidus, bilabiatus, aequalis
quafi longitudinis. Labium fuperius bifidum,
compreffum: laciniis rectis, obtufis (non
inflexis): Lab. inferius trilobum, planum:
laciniis tranfverfim oblongis, lateralibus
breviffime acuminatis, intermedia fubcre-
nulata; marcefcens.

Nectarium Squama fubglandulofa, ab anteriore parte bafi Germinis, adpreffa,
tranfverfim oblonga, convexa.

Stam. Filamenta quatuor, fubulata, tubo interius affixa, adfcendentia, furfum incurva,
extra

extra corollam non prominentia. *Antherae* oblongae.

PIST. *Germen* oblongo-acutum. *Stylus* filiformis, furfum incurvus. *Stigma* capitatum, tranfverfale, bilobum, obtufum, nutans.

PER. - - -

SEM. minutiffima.

Color corollae albo-pallidus, dorfo tubi ad rofeo-pallidum inclinans: Limbi faturate purpureus f. violaceus.

Differt a priori:

Bráfteis deltoidibus corolla minoribus.

Corollae tubo bafi ventricofiore; fupe-rius infigniter incurvo.

- - laciniis limbi integerrimis.

labii fuperioris ereftis: inferioris aequalibus.

Staminibus et Piftillo non extra florem prominentibus.

Nectarii fquama optime confpicua.

Plantae colore pallido; fuperficie glabra, nec non colore Floris.

CLAS-

CLASSIS XIV.

TETRADYNAMIA.

SILICULOSA.

LEPIDIUM.

37. **L**EPIDIUM *tardamines* foliis radicalibus
pinnatis, caulinis ovatis bafi incifo-
pinnatifidis.

Habitat ad Cienpozuelos ad margines viarum
copiofe, ad Aranjuez rariùs locis argillofis,
aridis.

Radix craffa, perennis, profunde defcendens.

Caules plerumque diffufi, interdum erecti, co-
mofi, a biunciali ufque ad pedalem longitudinem alti, plures ex una radice vel folitarii fecundum locum, teretes, ramofi,
praefertim fuperius, ramis inferioribus brevioribus.

Folia radicalia in orbem fparfa, procumbentia,
primo vere vigent, mox exorto caule exfic-
cantur, pinnata cum impari: pinnis oppofitis, diftinctis, feffilibus, fubrotundo-reni-
formibus: lobo antico juxta infertionem in
petiolo communi incifo-fulcato linea curva

Vol. II.   M   fuperius

superius impreffa ; foliolo terminali duplo majori, fubrotundo-ovato, bafi leviffime e-marginato.

Caulina inferiora plerumque pinnata, fimilia radicalibus, fed minora paucioribus (3. circ.) pinnis, petiolata.

Caulina fuperiora feffilia, bafi divifa in lobos acutos, parvos: terminali majori fubrotundo, in fummis vero ovato-acuto, bafi utrinque incifo vel faepe auriculato.

Flores more familiae in corymbis longe race-mofis, copiofi, diutius perfiftentes, pedicellis patulis,

CAL. *Perianthium* tetraphyllum, patens, breve, foliolis lateris plani lato-linearibus, brevibus quafi fubrotundis, apice convexo gibbis ; lateris compreffi linearibus, longitudinaliter convexis.

155.

COR. tetrapetala, compreffa. *Limbo* patente, albo: *Ungues* erecti, calycis longitudine, fenfim dilatati in Laminam fubrotundam patentem.

STAM. *Filamenta* fex, unguibus corollae paulo altiora, quorum duo quafi longiora.

PIST. *Germen* fubrotundum, compreffum, corolla altius. *Stylus* nullus. *Stigma* fimplex.

PER. *Silicula* ovato-fubrotunda, compreffa, a-
pice

pice acute fed leviffime emarginata : valvulis diffepimento contrariis.

SEM. parva, oblonga, compreffa, folitaria fingulo loculamento.

Color Corollae albus, Staminum et Germinis fufcus. Corollae diutius perfiftunt albae, fed color genitalium, mixturam non injucundam efficit.

38. LEPIDIUM *nudicaule*, caule nudo fimpliciffimo, floribus tetrandris. *Linn. Sp.*

Nafturtium mininum vernum, foliis tantum .ca radicem. *Magn. monfp.* 187. *f.* 186. *(bona, fed rudis).*

Habitat in campo elevato nudo fupra monafterium St. Bernhardi, Madriti, primo vere.

Radix fimplex, annua, defcendens, demum fibrofa, ramofa.

Caulis nudus, fimplex, uncialis faepius vix ultra (feu Scapus radicatus, erectus, teres, glaber).

Folia omnia linearia, dentato-finuata, acuta, procumbentia.

Flores fub florefcentia corymbofi, demum elongantur in racemum laxum.

Pedunculi copiofi, erecti, poft florefcentiam patentiffimi.

CAL. Perianthium tetraphyllum, deciduum :

M 2   foliolis

foliolis fubrotundis, obtufis, concavis, patentibus.

COR. *Petala* quatuor, cruciformia, aequalia, patentia. *Ungues* lineares fenfim aucti in Laminam obtufam, calyce longiorem.

156 STAM. *Filamenta* quatuor (defunt ambo minora), ad latus planum Germinis erecta, ad bafin a parte interiore aucta *Glandula* compreffa, lata, depreffiufcula, alba. *Antherae* ovatae, compreffae a dorfo anticeque.

PIST. *Germen* fubrotundum, planum. *Stylus* nullus. *Stigma* fimplex.

PER. *Silicula* compreffa, planiufcula, fubrotunda, margine undique acuto, apice vix manifefte emarginata, fubtus ventricofior, fupra magis plana, bilocularis, diffepimento angufto.

SEM. - - -

Color plantae viridis, fed faepe fufcus, praefertim fcapi verfus flores ; calycis color fufcus, Petalorum albus ut et glandularum. Antherae lutefcentes. Germen fufcum. Siliculae nigro-fufcae.

C L A S-

CLASSIS XVI. 157.

MONADELPHIA.

POLYANDRIA.

MALVA.

39. **M**ALVA *hispanica* foliis palmato-incifis, caule procumbente; calyce exteriore diphyllo.

Habitat in campis juxta Aranjuez verfus Yepes et Ocaña, juxta viam.

Radix defcendens, recta, lateraliter fibrillofa, fat longa.

Caules plures, procumbentes, adfcendentes (in anguftiis inter fruticulos Artemifiae campeftris et Salfolae vermiculatae), fuberecti, teretes, fubfcabri ex punctulis piliferis, pilis procumbentibus.

Folia radicalia et caulis quinque vel tripartito palmata: lobis linearibus furfum latioribus, faepius iterum fingulis trilobo-incifis.

Caulina ultima et fubfloralia, faepius enim ftipulis conjuncta, tripartita.

Stipulae binae, lineari-acutae. *Petioli* folio paulo longiores.

M 3   *Flores*

Flores folitarii, axillares, pedunculo folia ex-
cedente.

CAL. *Perianthium exterius* diphyllum : foliolis
lineari-fetaceis, fubhirfutis, ab exteriore
parte calycis fitis.

Perianthium interius femiquinquefidum,
pentagono-pyramidatum, laciniis acutis ; margine recto fubpubefcens.

COR. malvacea, calyce interiore fefqui longior, petalis obtufis, late emarginatis.

STAM. *Filamentum* cylindricum, columnare, a-
pice fiffum in plura.

PIST. Malvae. *Germen* depreffo-orbiculatum.
Stylus unicus, apice decempartito in fila.
Stigmata fimplicia.

PER. *Capfulae* decem, in rotam orbicularem
depreffae, more malvae.

Centro parvo, brevi, conico.

SEM. reniformia, folitaria.

Color floris purpureo-pallidus, vel paene
albus.

Alteram varietatem non infrequentem offendi, fimillimam huic defcriptae ; fed
diftinctam foliis quafi profundius par-
titis, calycis laciniis brevioribus et latioribus,

158.

tioribus, corolla 'parva, calyce minore; Capfulis 11 circ. calyceque paulo
pilofiore; fed abfque dubio erit fola
varietas, ut quoque obfervavi in Malva rotundifolia. Fl. Suec. 580. Jam
floribus parvis, uti in Suecia communiter, jam calyce triplo quadruplove
majoribus purpureis, quae varietas hic
Madriti vulgatior obfervatur.

M 4 CLAS-

CLASSIS XIX.

SYNGENESIA.

POLYGAMIA AEQUALIS.

ECHINOPS.

40. ECHINOPS *ſtrigoſus* calycibus capitatis : lateralibus minoribus : ſquamis ciliatis corollae laciniis linearibus laxis.

Carduus tomentoſus, capitulo minore. *Bauh. pin.* 82.

Echinopus tenuifolius violaceus. *Tournef. inſt.* 463. *Juſſ. Barr.* 1028.

Carduus ſphaerocephalus tenuifolius violaceus. *Barr. ic.* 144.

Habitat in collibus apricis cis ſaltum vulgo ſo-to Luzon Madriti cum Atractylide humili.

Radix ſimplex, deſcendens, filiformis, annua ni fallor.

Caulis erectus, ſimplex, rarius bini ex radice, erecti, digitales uſque pedales, tomento ad-preſſo tenui tenaci involuti.

Folia radicalia pinnata : pinnis oppoſitis, den-tato-ſpinoſis.

Caulina inferiora et media pinnatifida : laciniis

ciniis lanceolatis, integris, apice acu-
to-fpinofis; fupra pilis rigidis depreffis, fubtus ex toto tomentofa.

Caulina fumma lanceolata dentata, dentibus fpinulis acutis armatis.

Flores in capitulum fubrotundum, laxiufcu-
lum, folitarium, terminale congefti.

Receptaculo globofo, nudo; hinc inde pilis
referto; *floribus lateralibus* feu inferioribus minoribus, fterilibus.

CAL. *communis* omnium calycum nullus, nifi
pili reflexi ad caulis fummum.

Proprius quinquefariam imbricatus, quinquangularis: fquamis fubulatis, bafi
latioribus: infimis o .to-lanceolatis, 160.
ciliatis; fuperioribus longioribus, apice fubconduplicatis, medio margine
ciliis paucioribus fed longioribus, omnibus apice contra motum folis flexis.
Calyx bafi pilorum fafciculo copiofo
involvitur.

COR. folitaria fingulo calyci; tubulata: *Tubus* filiformis, quinquangularis, calyce dimidio brevior. *Limbus* quinquepartitus,
laxus, tubo fefqui longior, hinc calyce altior: laciniis linearibus, anguftis, flaccidis
f. laxis.

STAM. *Filamenta* quinque, tubi apice inferta,
Limbi

Limbi ¼ longitudinem alta, filiformia. *An-therae* cylindricae, basi pentagonae, apice contractae, quinquedentatae; dentibus linearibus, basi intus exserente setas decem, duas singulo filamento.

Pist. *Germen* oblongum, truncato-pentagonum, corona ciliata. *Stylus* antherae circiter longitudine. *Stigma* acutiusculum, simplex.

Per. *Calyx* immutatus.

Sem. unicum, oblongum, pentagonum, magnum, truncatum, coronatum Corona pilosa, ciliata, brevi, pentagona: nucleo bifido, corculo in basi.

Color corollae Tubo Limboque inferius albescente. Limbus apice et squamae calycinae apice sub florescentia saturate caeruleo-purpurea.

Absque dubio erit distincta species ad Echinope Sphaerocephalo. *Hort. Upf.* 248.: 1. Videor mihi recordari has differentias, quod nempe major gaudeat statura multo proceriore foliisque viscosis, quod capitulum florum sit exacte globosum, calycibus omnibus ejusdem magnitudinis, omnibus fertilibus; quod Corollae limbus aequaliter patens, brevior et sub florescentia

centia Corollae cooperiant totum capitulum, adeo ut calyces non appareant,
nec supra emineant, etc.

Nec erit Echinops Ritro H. Upf. 248. :
2. quia squamae calycinae ciliatae
funt, et cum planta Hort. Upf. sit
ruffica. Vaillantius conjungit species
6 Tournefortii sub tribus speciebus in
Actis gallicis.

A T R A C T Y L I S.

41. ATRACTYLIS *humilis* flore radiato, squa- 161.
mis calycinis truncatis cum spinula setacea.

Habitat in collibus altis cis faltum vulgo foto
Luzon Madriti.

Radix fimplex, filiformis, pennae columbinae
craffitie.

Caulis unicus, digitalis, vel in majoribus bini
vel tres fpithamales et femipedales, fimplices, erecti, teretes fubftriati, tomento albo
tenuiffimo adpreffo involuti, ex toto foliis
copiofis veftiti.

Folia alterna lanceolata, fubconduplicata, ipi-
nofa: fpinulis brevibus, rigidis, ad fingulum dentem extrorfum pro more carduo-
rum varie vergentibus; glabra, viridia,
nervo

nervo medio folummodo tomento depreſſo
veſtito.

Flos unicus, ſeſſilis, cauli terminalis, baſi ob-
volutus. Foliis aliquot patulis, ſimilibus caulinis, ſed inferius anguſtioribus.

CAL. communis craſſo-ovatus, imbricatus:
ſquamis, oblongis, obtuſe truncatis, acumine ſetaceo ſpinoſo, rigido, rect , ſimpli-
ce terminatis.

COR. multiplex, copioſa, radiata: floſculis
Diſci tubulatis; Radii lingulatis; omnibus hermaphroditis. Corollae Diſci tabu-
latae; Tubus cylindricus, ſurſum paulo
craſſior leviſſime curvus. Limbus erectus,
quinquefidus: lacinia una exteriore profundius diſtincta. Corollulae RADII novem
vel decem; Tubus filiformis, anguſtior tubo Corollularum diſci. Lingula patens,
tubi longitudine, extrorſum latior, plica-
tula, profunde quinquepartita: laciniis an-
guſtis, linearibus: lateralibus profundius
diviſis.

STAM. Filamenta quinque glabra, medio tubo
adnata. Anthera cylindrica, corollula brevior, apice obſolete quinquedentata, baſi
utrorſum ſetas decem exſerente (ut in Car
uis reliquis communiter). In radio ſim .
lima,

lima, fed Anthera angustior, apice profunde quinquefida.

Pist. difci et radii fimillima. Germen tomento ferieco adpresso involutum. Stylus filiformis, anthera longior. Stigma fubcapitatum.

Per. Calyx immutatus femina continet.

Sem. oblonga, paulo compressa, tomento fe-   162.
riceo feminibus longiore omnino involuta,
coronata Pappo longo, pennato: penna-
tura ad bafin et apice copiofiore.

Rec. planiufculum, refertum paleis interfiin-
ctivis, fubconnatis, laciniosis: laciniis fetaceis, calycis longitudine.

Color flofculorum amoene caeruleus, ut
et palcae apicibus eodem gaudent colore.

Sero floret.

42. ATRACTYLIS cancellata fore radio
nudo, calyce inermi involucro connivente
obtecto.

Atractylis foliis linearibus dentatis, calycibus
conniventibus. Hort. Cliff. 395.

Cnicus exiguus, capite cancellato femine to-
mentofo. Tournef. infi. 151.

Habitat in collibus apricis Madriti et ad St.
Fernando.

Radix

Radix annua, fat profunde vero descendens, tenuis fibrosa.

Caulis brevis vix ultra unciam unam vel alteram longus, faepe femuncialis vel fimplex, erectus vel ramofus ex radice, *ramis* caule longioribus, procumbentibus, paucis, teretibus, tomento parvo incanis.

Folia alterna, linearia, acuta, lateribus inaequaliter fed molliter fpinulofa, fuperficie tomentofa, faepius conduplicata.

Flores folitarii, feffiles, terminales cauli et ramis (fi adfunt.)

Involucrum polyphyllum, rigidum, in figuram ovato-fubrotundam connivens laxe includit calycem : foliolis rigidis, curvis, linearibus, acutis, interius convexis glabris, exterius planiufculis -gine exftante fpinulofo : fpinis riiufculis non vero pungentibus, bifiais patentiffimis.

CAL. communis ovatus, glaber, imbricatus fquamis lanceolato-acutis vel interioribus linearibus, arctiffime inter fe ope tomentuli cohaerentibus, intimis linearibus, acutis, longioribus, membranaceis, erectis ; omnibus inermibus.

COR. multiplex in totum novem vel decem floficulorum, tota hermaphrodita, calycis longi-

longitudine, fed fub florefcentia quoque
pappo calyce longiore veftita : corollulis
omnibus aequalibus.

Corollulae tubulatae, fub florefcentia pap- 163
po fuo breviores, filiformes, aequales.
Limbus aequalis craffitiei, erectus non
patulus, quinquefidus : laciniis acutis.

STAM. *Filamenta* quinque, tubo fecundum
longitudinem adnata. *Antherae* longa, cy-
lyndrica, fed limbo brevior, apice quinquedentata, bafi foras denticulos decem (unum
utrinque ad fingulum filamentum), acutos,
fetaceos exferens.

PIST. *Germen* oblongum, copiofo tomento vel
lana erecta fericea germine longiore tectum.
Stylus anthera longior, filiformis. *Stigma*
fimplex, obtufum.

PER. *Calyx* immutatus.

SEM. fericeo-lanata, coronata *pappo* erecto,
plumofo, bafi quafi monophyllo, longo.

REC. inaequale, paleaceum; *paleis* ubique bafi
inter fe connatis, varie laciniatis, lacinulis
faepe fetaceis.

Color flofculorum purpureo-caeruleus, fed flos
pappo femper praegnans fructifer videtur.

Floret Julii initio.

Licet radio careat fpecies haec, fummo
tamen jure genus Atractylidis videtur
intrare

intrare poffe ob (a) faciem (b), involucrum (c), Semina (d), pappum
et (e) maxime receptaculum, quibus
notis antecedenti fpeciei bene convenit, folam differentiam agit radius ex-
clufus et pappus flore longior, calyx-
que inermis.

POLYGAMIA SUPERFLUA.

COTULA.

43. COTULA *aurea* foliis pinnatim fetaceis,
caulibus procumbentibus.

Chamaemelum aureum peregrinum, capitulo
fine foliis. *Bauh. hift.* 3. *p.* 119. *fig. bona.*

Chamaemelum luteum, capitulo aphyllo. *C.*
Bauh. pin. 135. *Tournef. inft.* 494.

Radix alba, fimplex, dein fibrillofa, fat profunde defcendens, annua.

Caules plures ex radice, procumbentes, teretiufculi, glaberrimi, digitales et fpithamales
ramulis brevibus.

Folia radicalia in orbem profufa, pinnata : pinnis fetaceis, bi trive ramofis, brevibus, glabris.

Caulina alterna feffilia, fimillima.

Flores fubglobofi, folitarii, terminales cauli et
ramulis.

CAU..

CAL. *communis* hemifphaericus, fubangulatus
folfolis fubaequalibus, duplicis feriei : exterioribus paulo longioribus dorfo craffo convexo, auctis lateribus membranula fufca,
tenui, obtufa ; interioribus brevioribus, latioribus, obtufis, membranula minori.

COR. compofita, uniformis, tubulofa, elevate
hemifphaerica.

> *Corollulae difci* copiofae, hermaphroditae :
> *tubo* brevi, dorfo compreffo, quadrifa-
> riam ventricofo ; *Limbo* erecto, fubtu-
> bulato, longitudine tubi : ore obtufo,
> quadridentato.

> *Corollulae radii* femineae, aequalis cum
> ceteris altitudinis : tubo fimillimo ;
> limbo erecto, interius bifido.

STAM. quatuor fyngenefiae ; in radio nulla.

PIST. *Germen* oblongum, corollulae magnitudine. *Stylus* erectus, corollula brevior *Stigma* fimplex, obtufum, truncatum.

> *Flofculis* femineis *Germen* fumillimum.
> *Stylus* erectus, filiformis, corollulae
> longitudine, fuperne bifidus. *Stigmata*
> obtufa, paulo divaricata.

PER. nullum. *Calyx* immutatus.

SEM. oblongo-linearia, teretia ; dorfo convexo,
ftriato, apice gibbulo ; antice quafi tetragona ; angulis obfoletis. *Corona* nulla.

Rec. conicum nudum.

Vaillantius in act. parif. 1720. *p.* 317. *n.*
1. facit plantam hanc varietatem Cha-
maemeli nobilis f. Leucanthemi odora-
tioris C. Bauh. fed noftra planta eft
revera diftincta et quod radio careat et quod flofculis quadrifidis dona-
ta fit.

165. POLYGAMIA NECESSARIA.

F I L A G O.

44. FILAGO *pygmea.*

Gnaphalium rofeum fylveftre *C. Bauh. pi-.*
263.

Filago maritima, capite foliofo. *Tournef. inft.*
454.

Santolina caule fimpliciffimo, foliis fuperioribus majoribus. *Roy. Lugdb.* 147. 7.

Habitat vulgaris per colles ad St. Ybes, Lifa-
bon, Eftremadura, Madrit.

Radix defcendens, fimplex, tortuofa, lateraliter fibrofa, ferruginea, planta ipfa faepe
longior.

Caulis interdum fere nullus, quafi acaulis, alias
communiter breviffimus, fimpliciffimus, foliis omnibus imbricatis obtectus, fuperius
triplo

triplo. craffior ob flores plures eodem loco
feffiles. Caules locis fertilioribus nati femper funt fuperius - ramofi, ramis patulis in
rofam; foliis imbricatis, fummis majoribus,
extrorfum femper majoribus interioribus
reliquis.

Folia copicfa, arctiffime imbricata, patula in
rofam inferiora, fuperiora fenfim majora,
omnia linearia, obtufe acuta, tomentofo-in-
cana, inferius tomento laxo fibi invicem ad-
haerentia.

Flores terminales, feffiles in centro f. rofae foliorum medio. Variant alii minores, alii
majores fparfi.

CAL. communis proprie nullus, fed *paleae* ag-
gregatae calycem quafi conftituunt.

COR. compofita multiplex, ex floribus femineis per totum receptaculum, in centro paucis flofc. .. hermaphrodito-mafculis.

Hermaphroditae torollulae numero feptem
ad decem circiter, confertae abfque
paleis interftinctivis: tubo filiformi
palearum circumambientium circiter
longitudine : *Limbus* erectus, tubo leviffime amplior, apice quadridentato ;
dentibus linearibus, erectis.

Femineae copiofiffimae, fingulae intra fin-
gulas paleas: corollulae filiformes,

N 2 angufti·

anguftiffimae apice bifidae, vix obfervabiles.

166. STAM. Hermaphr. *Filamenta* quatuor, parva,
capillaria, tubo adnata fupra medium.
Anthera cylindrica, corollula paulo'minor,
apice quadridentata, dentibus linearibus longiufculis, bafi irtus ad fingulum filamentum
denticulis fubulatis, utrinque folitariis parvis
notata.
Femin. nulla omnino.

PIST. *Hermaphr. Germen* vix ullum, certe an-
guftiffimum, minimum. *Stylus* Antherae
altitudine, fimplex. *Stigma* acutum, bifidum.

> *Femin. Germen* ovatum, majufculum, an-
> tice dorfoque compreffum. *Stylus*
> filiformis, paleis paulo brevior. *Stigma*
> acutum, bifidum.

PER. nullum. Congeries flofculorum immu-
tata.

SEM. *Hermaphroditis* nulla, abortiunt. *Feminis*
compreffa, obovata, glabra, parva. *Pappus*
omnino nullus.

REC. filiforme, cylindricum, furfum attenuatum, totum paleis obtectum copiofis, imbricatis; fummo apice intus nudum abfque
paleis, ferens flores hermaphrodito-mafcu-
los,

PLANTAE HISPANICAE. 181

los, qui comprehenduntur calyculo ex paleis
summis constituto, polyphyllo.
Paleae sensim longiores et angustiores, a-
pice acuto, setaceo, revoluto; medio
dorso linea fusca notantur, alias membranaceae albentes.
Color corollularum hermaphrod, vire-
scens.
Pertinet itaque secundum suos flores ad
syngenesiam. Polygamiam necessariam
e videtur proprium et singulare genus
constituere. Nullo modo ad Gnapha-
lia l. Elichrysa T. V. accedet, nec
perspicio affinitatem cum Santolina.

MICROPUS.

45. MICROPUS. *erectus* seminibus compressis
lanatis inermibus.
Leontopodium verius Dioscoridis. *Barr. ic.*
296.
Filago supina, capitulis rotundis tomento ob-
sitis. *Juss. Barr. n.* 999.
Habitat Madriti, ad margines collium passim,
ad Cienpozuelos ad margines agrorum et
cum Filagine vulgari.
Radix annua descendens, fibrosa, simplex.
Caules plures vel solitarii, erecti, adscen- 167.
N 3   dentes

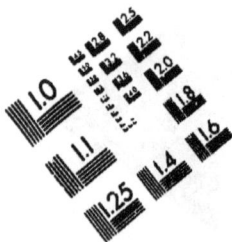

**IMAGE EVALUATION
TEST TARGET (MT-3)**

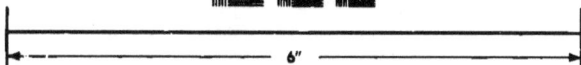

6"

Photographic
Sciences
Corporation

23 WEST MAIN STREET
WEBSTER, N.Y. 14580
(716) 872-4503

dentes vel diffuſi ratione ſoli, tenui tomento laxo veſtiti; *rami* patuli, ſaepe dichotomi.

Folia lanceolata, obtuſiuſcula, inferius attenuata, ſeſſilia (ſpathulata), alterna, tomentoſa.

Flores ſeſſiles, ſolitarii vel plures ex aliis foliorum et ramorum, in globis rotundis valde
tomentoſis ſ. lanatis.

CAL. *inferior* obſoletus, tetraphyllus, patens,
laxus: foliolis anguſtiſſimis, acutis: foras
et lateribus tomentoſis, interius glabris. *Interior* maximus, 7-9 phyllus: foliolis ſitu
laxis, diſtinctis, galeato-compreſſis: margine exteriore ſemicirculari; interiore in
aciem rectam nudam rima anguſtiſſima a-
perta compreſſo; foris undique tomento
copioſiſſimo ſ. lana tectis.

COR. communis ex maſculis 1, 2-5 in centro
et femin. 7-9 in ambitu: *maſculis* corollula
tubulata, minima, quinquedentata abſque
ſubjecto Germine. *Feminis* nulla.

STAM. maſculis *Filamenta* quinque. *Anthera*
cylindrica, apice conica. Feminis nulla.

PIST. maſc. nullum. Femin. *Germen* obovatum, compreſſum, glabrum, incluſum intra ſingula foliola calycis interioris. *Stylus*
ſetaceus, media parte ſupe. ol. bifidus.
Stigma ſimplicia.

PER.

PER. nullum. Folia calycina interiora includunt femina, decidunt.

SEM. folitaria, compreffa, obovata, margine
interiore rectiore, veftita foliolis calycinis
induratis, lanatis.

REC. filiforme, elevatum, in tubercula colum-
naria divifum pro flofculis femineis, apice
praebens flofculos mafculos abfque paleis.

MONOGAMIA.

LOBELIA.

46. LOBELIA *urens* caule erecto, foliis lanceolatis fubdentatis, fpica laxa longa terminali.

Habitat in Portugallia ad latera montium et in
fubhumidis graminofis.

Radix craffiufcula.

Caulis erectus, ramofus, teres, glaber.
   Rami erecti, confimiles, fimplices.

Folia lanceolata, obfolete et obtufe denticulata,
vixque ferrata: d radicem plura majora;
caulina feffilia; omnia glabra.

Flores in fpica laxa, terminali, caulem dimidium occupante; caerulei.

   Pedunculi breves, erecti, alterni, remoti.

168.

    Bracteae

Bractea linearis, pedunculo paulo longior.

Cal. pentaphyllus, coronans Germen: foliis linearibus, patulis, corollae tertiam partem vix attingentibus.

Cor. monopetala, ringens. *Tubus* germine duplo longior, cylindricus, versus apicem sensim ampliatus, ad dimidium longitudinaliter superne dehiscens. *Limbus* bilabiatus: *Labio superiore* omnino bifido ad dimidium tubi pro genitalibus; laciniis angustis, linearibus. *Lab.* inferius dependens, trifidum: laciniis lanceolatis, acutis.

Stam. *Filamenta* quinque, inferius soluta, superius connata in cylindrum. *Antherae* cylindrica, crassior, leviter curvata, extra corollam prominens ex fissura dorsali.

Pist. *Germen* oblongum, lineare, sub receptaculo. *Stylus* filiformis, staminum longitudine. *Stigma* crassiusculum, ex Anthera prominens, basi circulo pubescente marginato cinctum.

Per. *Capsula* oblongo-linearis, calyce coronata, trilocularis.

Sem. plurima, minutissima, glabra, subrotunda, hinc convexa, inde glabra.

CLASSIS XXII. 169.

DIOECIA

TRIANDRIA

OSYRIS

47. OSYRIS *alba* foliis linearibus acutis.
Casia poetica monspeliensium, an
Theophrasti. *Lob. belg.* 519. *f. 2. Ic.* 433.
(*Tournef. inst.* 664.
Casia quorundam. *Cluf. hisp.* 181. *f.* 182.
Habitat Ulyssipone in collibus arenosis, Madriti ad viam Pardensem & Casa del Campo absque.
Radix lignosa, perennis.
Caules frutescentes, perennes, lignosi, teretes,
cortice glabro nigricante tecti, valde ramosi,
ramis erectis. *Ramuli* novelli alterni, undique pro singulo folio acuto angulati.
Folia linearia, acuta (Lini), foliatione simplicissima, imbricata, sparsa, erecta, sessilia,
integerrima, glabra.
Flores solitarii, subsessiles, terminales, ramulis
brevibus lateralibus; pedunculis vix ullis,

Flores

Flores *hermaphroditi* in diftinctis plantis,
femper rariores et folummodo terminales ramulis.

CAL. *Perianthium* monophyllum, turbinatum,
trifidum : laciniis lato-ovatis, acutis, plano-
patentibus, rigidis.

COR. nulla, nifi margo nectariformis triplex,
intus ad divifuras calycis, eique adnatus,
obtufiffimus, craffiufculus.

STAM. *Filamenta* tria, breviffima, mediae calycis fingulae laciniae inter margines corolli-
nos. *Antherae* fubrotundae, parvae.

170. PIST. *Germen* . . . intra fubftantiam calycis
turbinati ; l. Germen turbinatum, terminatum calyce. *Stylus* erectus, ftaminum altitudine. *Stigma* tripartitum, patens.

PER. (fecundum fructum Ulyffipone lectum)
Nux globofa, glabra, apice cicatricula ro-
tunda notata (non exquifite triangulari ut
Tournefortius pingit.)

SEM. *Nucleus* unicus, globofus, totum Pericar-
pium replens, albus.

Flores *mafculi* in diverfa planta copiofe
florifera.

CAL. ut in altero fexu.

COR. ut in priore, et

STAM. ut in Hermaphrodito.

PIST. omnino nullum.

Color

Color floris viridis ad luteum leviffime inclinans.

Odor fuaviffimus, replens faepe vicinia
fragrantia fua, praefertim frutice mafculi copiofiffime florentes.

Ergo videtur jure fuo poftulare Claffem
Polygamiae Dioeciae. Expectabo adhuc finem florum hermaphroditorum.

171.
CLASSIS XXIII.

POLYGAMIA.

A. I. MONOECIA.

N. ANDROPOGON.

48. **A**NDROPOGON *hirtum* fpicis conjuga-
gatis, calycibus hirfutis. *Roy. lugdb.*
5351.

Habitat in Portugallia, legi ad Urbem Porto
in montibus arenofis praeruptis.

Radix fibrofa, fibris craffis, filiformibus : faf-
ciculum magnum foliorum et nonnullos
culmos emittens,

Culmi geniculati : geniculis omnibus paulo
infraftis, verfus radicem magnis approximatis, magno fafciculo foliorum antiquo-
rum obteftis, fuperne fubaequali fpatio remotis, glaberrimis, ex geniculis f. alis ramulofi, praefertim ex fuperioribus.

    Ramuli unico geniculo paulo infrafto in
medio inftrufti, ex geniculis inferioribus folitarii : ex fuprema vero vagina
plures egrediuntur.

Folia

Polia graminea, glauca, angusta, culmorum
tertiam partem aequantia; superiora breviora.

Vagina longa, glabra ftriata, geniculis
ramiferis ampliufcula, vix amplectens
culmum, fummula vagina plures includens ramulos, ceteris magis ventricofa
et laxa.

Membranula ovata, acuta, ad bafin pilofa :
pilis raris, longis.

Spicae binae terminales fingulo ramulo ; quarum altera feffilis, altera brevis pedunculata ;
pilofae, compofitae floribus hermaphroditis
et mafculis in alterno denticulo, quorum
hic pedunculatus et muticus, ille feffilis et
longe ariftatus eft.

Floris feffilis hermaphroditi :

CAL. *Gluma* bivalvis, uniflora : *valvulis* ob-
longo-lanceolatis, membranaceis, convoluto-
concavis ; extus pilis fericeis undique obtectis.

COR. *Gluma* bivalvis : valvis anguftis lineari-   172.
bus, planis membranaceis, tenaciffimis, obtufis, calyce brevioribus, quarum altera apice
exferit *Ariftam* longitudine fpicae f. ultra fe-
munciafem, nudam, tortam (ob anguftiffi-
mam glumam videtur arifta oriri ex ipfo
recepta-

ceptaculo, inferius tantummodo tenuis
membranacea.)

STAM. *Filamenta* tria, brevia. *Antherae* oblongae, lineares.

PIST. rudimentum non vidi.

Floris masculi pedunculati.

CAL. consimilis.

COR. confimilis, sed glumis aequalibus, muticis.

STAM. consimilia.

    Scheuchz. 95 : n. 2. sat bene describit
    plantam, at fructificationem non item;
    nam calyx est bivalvis, cujus unam
    valvulam facit corollinam, quod vix
    opus est, cum adsint binae valvulae co-
    rollinae, etiam in floribus muticis. In
    floribus aristatis aristam describit prae-
    ter valvulam corollae angustam, quae
    revera est gluma basi apice exserens a-
    ristam.

C E N C H R U S.

49. CENCHRUS *capitatus* spica ovata simplice
    Roy. lugdb. 71 : 1.

Gramen montanum echinatum tribuloides ca-
    pitatum. *Column. ecphr.* 1. *p.* 340.

Habitat in collibus Madritensibus.

Radix fibrosa, multiplex, fibris longis, annua.

                       Culmi

Culmi digitales, glabri, ftricti, geniculis duobus ad radicem ubi leviter inflexi ; articulo
ultimo erecto, longiffimo, nudo.

Folia graminea, uncialia, fubpubefcentia, plana, acuminata.

Vagina angulata, ftriata, integra, dorfo
faepe carinata, ni Membranula albida,
membranacea laciniata, acuta.

Flores in fpica, ovato fubrotunda, fpinofo-echi-
nata, terminali, ad bafin fquamis acutis,
membranaceis fpinutiffimis involuta, floribus omnibus feffilibus.

CAL. *Gluma* bivalvis, valvulis oblongis, acu- 173.
minatis, membranaceis, planiufculis, fubaequalibus, dorfo carinato, craffiore.

COR. compofita, biflora, hermaphrodita (non
polygama), alterave leviffim llata,
biglumis, non fub florefcen al-
vula exteriore majore, involver n,
ftriata, dorfo convexa, truncata r-
minata margine in aculeos quinque, patentes, validos, medio longiore : *valvula ix-
teriore* auguftiore, aequalis longitudinis :
dorfo plana, truncata, aculeis duobus corniculata, minoribus quam in gluma exteriore.

STAM. fingulis flofculis tria, *Filamentis* fetaceis,
corolla longioribus. *Antherae* ovatae, bafi
debifcentes, bifidae.

PIST.

Pist. fingulis flofculis *Germen* obovatum f.
turbinatum, bafi altera medium glabrum,
furfum obtufum pubefcens. *Styli* duo, erecti (ob corollam femper claufam), glabri.
Stigmata acuta, fimpliciffima.

Per. ...

Eſt fingulare inter gramina proprie dicta,
quod vaginæ fit integræ nec marginibus
obvolventibus fe invicem. Nec poffum
bene referre hoc Gramen ad characterem Cenchri, nec flores hujus funt Po-
lygami, diffecui plures et inveni piftil-
lum et in flofculo fuperiore et inferiore.
Omnes plantæ habitant in collibus Ma-
dritenfibus.

CLAS-

CLASSIS XXIV. 174.

CRYPTOGAMIA.

ALGAE,

FUCUS.

50. **F**UCUS *elongatus* dichotomus linearis compreſſus longiuſculus.

Habitat in mari Anglico et Hiſpanico.

Frons longiſſima, aphylla, linearis, dichotoma, verſus apices ſenſim anguſtior, glabromucida, plano-compreſſa, (longitudine 1, 2, ad 3. ped.)

Superficies punctis verrucoſis non protuberantibus undique obtegitur, excepta infima parte ante dichotomias, ubi glabra punctis carens.

Radix paraſitica ? cingitur margine orbiculato, peltato craſſo, patente.

Planta ſaepius ſolitaria, interdum duae vel tres ex uno loco oriundae.

Color in viva eleganter rubens, punctis pallidioribus.

Fucus hic exſiccatus contrahitur, corrugatur adeoque magis fungoſus quam reliqui.

Subſtantia valde tenax, extenſibiliſque.

51. FUCUS *abrotanifolius* pinnatus, ramis dichotomis, extremitatibus dilatato-veſiculoſis.

Habitat in mari Anglico.

Frons brevis, palmaris et ſpithamea, linearis,
compreſſa : ramis pinnatis.

Rami pinnatim ſuboppoſite exeunt e caule, copioſi, dichotomi, ſubduriſſimi,
verſus extremitates ſenſim craſſiores,
more fere Plantae umbellatae.

Veſiculae copioſae verſus apices ex ramulis dilatatis, confertae.

Veſiculae glabrae infra dichotomiam ultimam,
ex ramulo ipſo dilatato, ſaepe articulatae, ſ.
plures ſibi arcte adjunctae, oblongae, cavae,
glabrae.

Veſiculae verrucoſae terminales, prioribus glabris arcte ſupra dichotomiam ultimam approximatae, apice acuto, ſaepius bicorni :
ſuperna medietate verrucoſae, inferna vero
glabrae.

Color eleganter rubens.

CONFERVA.

52. CONFERVA faſcicularis, capillamentis ge-
niculatis ſimpliciſſimis breviſſimis.

Habitat in mari Germanico copioſe in Fuco ſpirali
Fl, Sv. 1003. ex Doggens bank extracto.

Capillamenta

Capillamenta tenuiffima vix nudo oculo diftin-
guibilia, fimpliciffima, brevia, fafciculatim
innata verrucis, frondium Fuci praedicti;
optima lente confiderata apparent geniculata
(aliis microfcopiis minoribus vix obfervan-
tur genicula), geniculis breviffimis; tota
vix unguem dimidium vel integrum longitudine attingit.

Color in antiquioribus viridis, in juniori-
bus Confervis albidus.

Fructificationes copiofae, pedunculatae, ex
geniculis fere folitariae : pedunculo geniculis duplo longiore, tenuiffimo : angulo recto patente.

Calyx turbinatus f. obovatus vel hemifphaericus, omnino pellucidus, tenerrimus ore integro vel integerrimo, intus cavus.

Corpufculum (an femen) ? globofum, fubopa-
cum, intra calycem, in aliis fundo calycis,
in aliis in ore, in aliis totum calycem opple-
bant, aliis calycibus illis carentibus.

A P P E N D I X.

L Y G E U M.

NOVUM PLANTAE HISPANICAE GENUS.

SPARTUM herba alterum *Cluf. hift.* 2.
p. 220. diu inter Gramina obfcuritate
fepultum jacuit, nec quantum fcio ab
alio quodam Auctore antopta poft Clufium
defcriptum fuit, nifi a folo Tournefortio,
qui illud novo folum nomine indigitavit;
adeo ut ad haec ufque tempora adcuratior
notitia fructificationis inter defiderata fuerit,
quam fingularem effe ex fpatha aliifque in-
diciis non obfcure divinarunt Botanici. Mihi nuper vifa planta, fcrutatifque flore et
fructu, Genus proprium et novum agnovi,
cujus defcriptionem fubjicio.

CHARACTER NATURALIS.

CAL. *Spatha* monophylla, convoluta, acuta,
fructu maturo deorfum dehifcens perfiftens.

COR.

COR. germini infidens, compofita, biflora, *flofculis*
aequalis fitus, biglumibus, perfiftentibus.
Gluma exterior oblonga, acuta, convexa, minor.
Gluma interior linearis, angufta, membranacea,
dorfo plano, exteriore duplo longior, apice
bifida, acuta.

STAM. (finguli flofculi) *Filamenta* tria, tenuiffima, planiufcula, longa. *Antherae* lineares.

PIST. *Germina* fub receptaculo oblonga; finguli flofculi folitaria, *crufta* ambobus flofculis communi hirfuta biloculari comprehenfa. *Stylus* unicus, fimplex, planiufculus, longus. *Stigma* fimpliciffimum.

PER. *Crufta* oblonga, dura, tenax, integerrima, hirfutiffima corponata corolla, bilocularis, non dehifcens.

SEM. fcilitaria, lineari-oblonga, hinc convexa,
inde planiufcula, femper claufa.

OBS. I. Notae Effentiales et particulares hujus
generis mihi vifae funt.

1. *Calyx* Spatha.
2. *Germen* fub receptaculo, inter Corollam et
Spatham.
3. *Semina* crufta non dehifcente biloculari praedita.   285.
4. *Glumae* ftructura graminearum fed *ftylus*
unicus.

O 3   OBS.

OBS. II, *Crufta feminum* quidem nihil aliud eft, quam continuatio glumae exterioris, illam tamen, cum integerrima, tenax et in fubjecto hirfutiffima fit (glumae glaberrimae funt), credidi diftincto titulo naturaliter tradendam effe, nec cum corolla conjungendam, quod affirmat quoque diffepimentum fimplex membranaceum.

OBS. III. Videtur participare cum ambobus ordinibus naturalibus, nempe *Calamariis ord.* XIII. *et Graminibus ord.* XIV. licet calamariis proprior.

OBS. IV. *Lygeum* nominavi fynonymo veteri Athenaei, quod derivatum fuit à graeco λύγος, vimen virga; vel λυγόω flecto ob ufum plantae.

SPECIEM unicam folum novi, cujus mentionem varii auctores fecerunt.

SYNONYMA.

Spartum herba alterum. *Cluf. hifp.* 506. *f.* 507. *hift.* 2. *p.* 220.

Spartum alterum Clufii. *Lob. belg.* 122. *obf.* 45.

Spartum Plinii et Clufii alterum. *Lob. ic.* 88.

Spartum alterum Plinii. *Dalech. hift Tab. ic.*

Sparti herbae alia fpecies. *Dod. pempt.*

Gramen

Gramen fparteum 2. panicula brevi folliculo inclufa. *Bauh. pin.* 5. *no.* 2. *theatr.* .... *Morif.*
hift. 3. *p.* 216. *f.* 8. *t.* 5. *f.* 3.
Gramen fparteum 2. Clufii. *Bauh. hift.* 2. *p.*
511. *Raj. hift.* 1259.
Gramen fpicatum fparteum fpica fericea ex utri-
culo prodeunte. *Tournef. inft.* 518.
Hifpanis ALBARDIN, ALVARDIN, nomine ab
Arabibus, ut videtur, relicto.

DESCRIPTIO SPECIEI.

Radix repens, fafciculata, filiformis, culmos et
folia fafciculata in caefpitem emittens.
Culmi teretes, filiformes, glabri, fubnudi, unico articulo nudo fupra medium vel verfus
apicem inftructi, qui poft florefcentiam longe
excrefcit, verfus bafin vero duobus tribuf-
que articulis confertis, vagina tectis ; fpithamales ufque bipedales.
Folia radicalia copiofa, praeter culmos fructifi- 268.
cantes caefpitofa, tereti-filiformia, nempe
acutiffime convoluta f. conduplicata, glabra,
apparenter ftriata, culmorum altitudine,
tenaciffime bafi pro fitu altiori longius va-
ginata : *Vagina* arcte convoluta, fimiliter
glabre ftriata, terminata *membranula* utrinque acuta, bifida, tenuiffima. *Culmorum*
radi-

radicalibus fimillima, *fummum* brevius, 2-4
unciale.

Flos unicus, culmo terminalis, magis mirufve
inclinatus, plerumque florens erectior, fructiger magis horizontaliter porrectus.

CAL. *Spatha* monophylla, convoluta, teres, bafi
craffior, apice fubulata, acuta, glabra, ftriata florem feffilem includens, perfiftens,
non nifi fructu maturo fubtus dehifcens vel
devoluta, fubhorizontalis, fornicis inftar
fructum tegens, fub florefcentia genitalia
per apicem emittit.

COR. Germini impofita, 2-flora flofculis ejufdem
et aequalis fitus, perfiftentibus: flofculo
fingulo biglumi: *Glumis exterioribus* lanceolatis, acutis, convexis, erectis, glabris;
Gl. interioribus duplo longioribus, tenuiori-
bus, linearibus, fibi invicem approximatis;
lateribus anterius compreffe plicatis; apice
acuto bifido, includentibus genitalia, in
fructu maturo magis rigidis.

STAM. fingulo flofculo *Filamenta* tria, linearia,
plano-membranacea, latere exteriore extra
ftylum fita, gluma interiori comprehenfa
tandem earum longitudine. *Antherae* lineares, compreffae, fpathae apicem perfo-
rantes, filamentorum dimidiae longitudinis.

PIST.

Pist. Germen sub receptaculo corollae et genitalium, duplex, communi crusta dura integra biloculari, foras hirsutissima sericea tereti oblonga tectum, singulum oblongo-lineare, foras convexum, interius planum. Stylus ex singulo germine solitarius, filamentorum figura et longitudine ; stigma simplex.

Per. Fructus oblongus, crusta dura tenaci, pilis longis copiosis sericeis hirsutissima, biloculari, non dehiscente, coronata corolla arida persistente ; dissepimento membranaceo simplici (non duplici).

Sem. solitaria singulo flosculo et loculamento, oblongo-linearia, hinc convexa inde plana, glabra farinacea, fructui semper inclusa.
Crusta seminis interdum unico solum semine foeta est, altero abortiente. Hoc idem saepe accidit in flore, ut genitalia alterius flosculi vel a parte masculina, vel feminina deficiant vel labem quandam habeant.
Individuum unica vice legi tribus flosculis praeditum, glumis tribus exterioribus, tribusque 287. interioribus, omnibus perfectis genitalibus.
Color seminis obscure pallidus. ad cinereum vergens, plantae viridi-paleaceus, spathae pallide paleaceus.

Floret

Floret Majo ufque Julium, femen vero maturef-
cit autumno, vix tamen dimittitur e fpatha
ante anni fubfequentis tempus aeftivum.
Menfe enim Junio pauciſſimas vidi fpathas,
quae femine orbatae fuerunt.

Loc. Habitat per Hifpaniam auftralem copiofe.
Legi ad *Ciempozuelos* in magna copia in con-
vallibus declinatis declivibus et ad radices
montium circumjacentium, vulgo *los ferros
del Efpartal* et *de las falinas*. Ad *Aranjuez*
juxta agros ad viam eundo ad *Tepes*. Solo
femper argillofo, depreſſo, tempore pluviarum fubhumido. Clufius per Murciam
nafci affirmat, et ab aliis in Africa quoque
gigni fertur.

170.

Ufus hujus idoneus ex foliis ad ſtoreas, corbes,
fpartellas aliaque ejus naturae utenfilia con-
ficienda. Sed hoc tempore et in hacce regione vilis habetur neque aeftimatur, ob co-
piofiſſimam meſſem, quam habent, Sparti
herbae Plinii Clufii f. primi auctorum, ma-
teriam longe praeftantiorem ad talia facien-
da praebentis. Accufatur enim hoc noftrum Spartum fecundum f. Alvardin, tene-
rioris ftructurae et brevioris, minoris tena-
citatis, nec tantae refiftentiae ac Spartum
Plinii, vulgo Efparto; folum intellexi in-
colas

colas hujus foliis Pulvinos ftramineos implere, ut culcitrae fuperiores vulgo in hac gione lanea molliorem lectum reddant, cui ufui promifcue infervit una alterave fpecies.

INDEX SYSTEMATICUS

PLANTARUM RARIORUM

HISPANICARUM

A Loeflingio repertarum.

CLASSIS I.
MONANDRIA.
MONOGYNIA.

S ᴬᴸᴵᶜᴼᴿᴺᴵᴬ	herbacea	p. 20
	fruticofa	ibid.

CLASSIS II.
DIANDRIA.
MONOGYNIA.

Jaʃminum	fruticans,	18
Phillyrᴇa	anguftifolia	· 13. 78
Olᴇa	europæa	18
Vᴇronica	latifolia	62
	agreftis	30
	hederifolia	30
	Vᴇronica	

VERONICA	triphyllos	p. 30
	(Chæmædrys fpuria minor angu-	
	ftifolia. C. B.)	62
VERBENA	officinalis	6
	fupina	296
LYCOPUS	europæus	11
ROSMARINUS	officinalis	78
SALVIA	officinalis	78

CLASSIS III.

TRIANDRIA.

MONOGYNIA.

VALERIANA	calcitrapa	6
	Locufta γ. coronata.	288
ORTEGIA	hifpanica	26. 51. 112
LOEFLINGIA	hifpanica	40. 113
CROCUS	fativus	70. 95
SCHOENUS	aculeatus. *Phalaroides* repens	
	floribus feffilibus fafciculatis,	
	faftigiatis involucro foliaceo,	
	bivalvi compreffo obtectis Loefl. 15.	
		44. 114
CYPERUS	longus	288
SCIRPUS	Holofchoenus	19
	paluftris, *varietas, capitulis*	
	globofis.	77. 288
LYGEUM	Spartum	72. 87
	Alvardin	94

DIGYNIA.

PHLEUM	fchoenoides	44
ALOPECURUS?		288
PANICUM	viride	295
AGROSTIS	ftolonifera	52
- - - -		288
AIRA	minuta	35. 38. 39. 117
	aquatica	43
	AIRA	

CLASSIS IV.

TETRANDRIA.

MONOGYNIA.

ASPE-

C L A S S I S   V.

P E N T A N D R I A.

MONOGYNIA.

CAMPANULA	rapunculus	p. 289
	Erinus. f. portensis	10. 127
	lusitanica	126
	caule angulato, paniculato, fo-	
	liis ovatis sessilibus, subser-	
	ratis. Loeſl.	126
LONICERA	Periclymenum.	11
	perfoliata	79
LYCIUM	afrum	76. 78
RHAMNUS	tinctorius Loeſl. forte infecto-	
	rius Linn.	18
HEDERA	Helix	7
ILLECEBRUM	verticillatum	7. 10
	cymosum	19
	Paronychia, quæ Herniaria Pa-	
	ronychia Loeſl.	15
NERIUM	Oleander	18

DIGYNIA.

CYNANCHUM	acutum	13
HERNIARIA	glabra	7
	fruticosa	72. 128
	lenticulata, (quæ Polygonum	
	minus lentifolium C. B. pin.	
	282. prodr.)	57
CHENOPODIUM	album	12
	hirsutum	76
	botrys	289
	maritimum	15
BETA	sylvestris f. maxima	58
	vulgaris	195
SALSOLA	Kali	76
	Soda	132
	prostrata	131
	vermiculata	129. 49. 52. 76. 79
	viminea	79
VELEZIA	rigida	24
GENTIANA	verna	62
	perfoliata	133
ERYNGIUM	alpinum	62
BUPLEURUM	fruticescens	134. 76
	tenuissimum	59

Bu-

BUPLEURUM	minimum? (an idem cum te-nuiffimo)	p. 289
LASERPITIUM	(Hall. Helv. tab. XI.)	62
TORDYLIUM	latifolium	295
CAUCALIS		290
CACHRYS	Libanotis	78
	femine fungofo lævi, foliis fe-ruiaceis. Tourn. 325.	76
SELINUM	fylveftre	67. 82?
SESELI		13
ANETHUM	Fœniculum	11
PIMPENELLA	faxifraga, hircina	62

TRIGYNIA.

SAMBUCUS	Ebulus	12
TAMARIX	gallica	18
CORRIGIOLA	littoralis	7
PHARMACEUM	Cerviana	27. 44
ALSINE	media	29, 30
	fegetalis	30

PENTAGYNIA.

STATICE	armeria	17
	limonium	17. 77
LINUM	ufitatiffimum	6
	ftrictum	41
	fuffruticofum	78
	foliis omnibus alternis lanceo-latis floribus confertis termi-nalibus ad Linum fylveftre minus luteum annuum folio anguftiore & latiore. Morif. Loefl.	290
DROSERA	lufitanica	29

CLASSIS VI.

HEXANDRIA.

MONOGYNIA.

LEUCOJUM	autumnale	p. 13. 18
NARCISSUS	ferotinus	19. 50
AMARYLLIS	lutea	96
ALLIUM	mofchatum	290
ORNITHOGALUM	pyramidale	17
	umbellatum	59
SCILLA	autumnalis	19
ASPARAGUS	aphyllus	16
	albus, (quæ Corruda tertia Clu-	
	fio),	16
DRACÆNA	Draco, (quæ *Afparagus Draconis.*	
	Loefl.)	15. 23. 25. 83. 97
ASPHODELUS	fiftulofus	18
HYACINTHUS	comofus	38
	botryoides	290
	racemofus	30. 38
AGAVE	americana	14
JUNCUS	articulatus	12
	effufus	12
FRANKENIA	lævis	77
	pulverulenta	40. 50. 76. 77

TRIGYNIA.

RUMEX	bucephalophorus	7. 10
	aculeatus	5+
	fcutatus. f. fcoparia	59. 89
	tingitanus	295
	lyratus	59
COLCHICUM	montanum	19

CLAS.

C L A S S I S VIII.

O C T A N D R I A.

M O N O G Y N I A.

Erica	vulgaris	p. 10. 11
	umbellata	8. 10. 138
	cinerea	10. 137
	ciliaris	10. 138
Daphne	Gnidium	7. 22. 78
	Cneorum	62

C L A S S I S   IX.

E N N E A N D R I A.

M O N O G Y N I A.

Laurus	nobilis	13

C L A S S I S   X.

D E C A N D R I A.

M O N O G Y N I A.

Ruta	graveolens	17
	sylvestris minor	17
	montana	140
Rhododendron	ferrugineum	62

C L A S-

DIGYNIA.

SAXIFRAGA	Cotyledon	p. 62
	bryoides	62
	cuneifolia	295
	foliis radicalibus fpathulatis rotunde crenatis caule ramofo nudo	13
GYPSOPHILA	Struthium	73. 79
SAPONARIA	ocymoides	62
DIANTHUS	floribus folitariis, fquamis calycinis imbricatis	15

TRIGYNIA.

SILENE	conoidea	290
	nocturna	290
	petalis bifidis coronatis involutis, fruĉtibus alternis erectis, foliis mollibus	290
ARENARIA	rubra, campeftris	72. 80
	tenuifolia	141

PENTAGYNIA.

COTYLEDON	hifpanica	77
SEDUM	ftellatum	290
	reflexum	79
	foliis bafi folutis, ftolonum imbricatis fetaceis, caulinis alternis oblongis	290
OXALIS	corniculata	7
CERASTIUM	vulgatum	66. 143
	pentandrum	30. 37. 142
	dichotomum	290
SPERGULA	pentandra	39. 143
	arvenfis	12

CLAS-

CLASSIS XI,

DODECANDRIA.

MONOGYNIA.

| PORTULAEA | oleracea | p. 15 |

TRIGYNIA,

RESEDA	luteola	6
	glauca	291
	purpurascens	291
	suffruticulof:	79
	phyteuma	7
EUPHORBIA	exigua	41
	Paralias	290
	ferrata	290
	foliis extrorfum latioribus, um-	
	bellis tripartito-dichotomis,	
	bracteis imbricatis	290
		290

PENTAGYNIA,

| GLINUS | lotoides | 20. 145 |

CLASSIS XII.

ICOSANDRIA.

MONOGYNIA.

| CACTUS | Opuntia | 14 |
| MYRTUS | communis | 18 |

P 3   D I-

DIGYNIA.

CRATÆGUS   Oxyacantha   p. 22

POLYGYNIA.

RUBUS   maximus *(fruticosus?)*   7
TORMENTILLA   erecta   12

CLASSIS XIII.

POLYANDRIA.

MONOGYNIA.

CISTUS   monfpelienfis   79
     libanotis (angufto, libanotidis
     folio, flore fingulari, Barr.
     ic. 194.)   79
     falvifolius   79
     albidus   79
     ladaniferus   14. 22. 28
     halimifolius   14. 28
     fquamatus   67, 81
     ledifolius   28
     guttatus   28. 83
     rufticus   28
     falicifolius   83
     marifolius'   81
     Tuberaria   12. 28. 67
     crifpus   28
     Fumana   291
     annuus   291
     fuffruticofus foliis lanceolatis,
     venofis ftipulaceis, peduncu-
     lis bractea fimplici, laterali-
     bus ex Horto Queriano, Loefl.   291

PEN-

ORIGANUM	heracleoticum	p. 54
THYMUS	vulgaris	14
	Zygis	292
MELISSA	Nepeta	54
PRUNELLA	vulgaris	11
CLEONIA	lufitanica (prunella bracteis pinnato-dentatis, ciliatis, Loefl.)39. 148	

ANGIOSPERMIA.

PEDICULARIS	tuberofa	62
ANTIRRHINUM	triornithophorum	53
	molle	60
	majus?	60
	hirtum	292
	bipunctatum	292
	fparteum	292
SCROPHULARIA	nodofa	12
	auriculata	292
	canina	292
DIGITALIS	purpurea (rubra)	11
SIBTHORPIA	europæa	13. 34. 150
OROBANCHE	major	74. 151
	cernua	74. 152

CLASSIS XV.

TETRADYNAMIA.

SILICULOSA.

MYAGRUM	fativum	292
DRABA	verna	30
	pyrenaica	61
LEPIDIUM	nudicaule	38. 155
	cardamines	77. 154
	fubulatum	295
THLASPI	alliaceum? } hirtum }	67

THLASPI

CLASSIS XVI.

MONADELPHIA.

DECANDRIA.

POLYANDRIA.

CLASSIS XVII.

DIADELPHIA.

HEXANDRIA.

DECAN-

DECANDRIA.

Spartium	junceum	p. 7
	monospermum	22
	spinosum, vulgo *Aulaga*	78
Genista	tinctoria	11
	tridentata	53
Ulex	europæus	6. 10
Ononis	pusilla	293
	pedunculis unifloris seta terminatis	15
Anthyllis	lotoides	41
	montana	62
	cornicina	294
	erinacea	45
Lupinus	angustifolius	293
Lathyrus	sativus	58
	angulatus	293
	hispanicus	293
Vicia	lutea	293
	pedunculis unifloris, foliolis linearibus tridentatis, stipulis alternis pedicellatis lanceolato-ciliatis, Loefl.	293
Cytisus	nigricans	7
Colutea	arborescens	78
Coronilla	valentina	78
Ornithopus	compressus	7
	perpusillus	293
	scorpioides	293
Hippocrepis	multisiliqua	293
Hedysarum	humile	293
Galega	officinalis	20
Astragalus	alopecuroides	40
	Epiglottis, f. humilis.	77
	Glaux	58
	Tragacantha	96
Trifolium	M. officinalis	295
	repens	11
	pratense	11
	glomeratum	88
	resupinatum	53.58
	tomentosum	58

CARDVVS	inermis, foliis lanceola:is u-trinque glabris denticula-tis. Loefl.	P. 295
ATRACTYLIS	cancellata	47. 162
	gummifera	54
	humilis	47. 161
	radiata, Loefl.	51. 59
CARTHAMUS	lanatus	295
SANTOLINA	- Chamaecypariffus	14

POLYGAMIA SUPERFLUA.

ARTEMISIA	quae Abfinthium incanum, cri-ftato crifpo tenuioreque fo-lio, medium, Barr. ic. 434. obf. 100.	67
GNAPHALIUM	Stoechas	14. 78
XERANTHEMUM	annuum	294
TUSSILAGO	alpina	61
SENECIO	Jacobaea	11
	vulgaris	30
	abrotanifolius	61
	foliis lanceolatis glabris cernu-latis caule unifloro. Loefl.	61
	incanus	62
INULA	villofa	78
	crithmoides	20
BELLIS	perennis	30
CHRYSANTHEMUM	pallidum minus imifque foliis incifis fuperioribus integris & capillaribus. Barr. ic. 421. Loefl.	294
COTULA	aurea	163
ANTHEMIS	altiffima	62
CENTAUREA	alba	295
	falmantica	295
	benedicta. (Cnicus benedictus Loefl.)	294
	centauroides	295
	capillata	295

POLY-

POLYGAMIA NECESSARIA.

CALENDULA	officinalis	p. 30
FILAGO	pyramidata	83
	pygmæa	39. 40. 165
	montana	294
	erectus	45. 73. 83. 166
	procumbens (fupinus)	78

POLYGAMIA SEGREGATA.

| ECHINOPS | ftrigofus | 47. 52. 159 |

MONOGAMIA.

LOBELIA	urens	17. 167
VIOLA	tricolor	294
	calcarata	. 62

CLASSIS XX.
GYNANDRIA.

HEXANDRIA.

| ARISTOLOCHIA | fempervirens | 79 |
| | piftolochia | 294 |

DODECANDRIA.

| CYTINUS | Hypociftis (Afarum Hypociftis) | 35 |

CLAS-

CLASSIS XXI.

MONOECIA.

TRIANDRIA.

CAREX	vulpina	p. 294
	arenaria	294
	leporina	294

TETRANDRIA.

URTICA	pilulifera	79

PENTANDRIA.

XANTHIUM	fpinofum	750

POLYANDRIA.

POTERIUM	fanguiforba	294
QUERCUS	Suber	11
	Robur	12
	Ilex folio rotundiore modice-	
	que finuato C. B.	294

CLASSIS XXII.

DIOECIA.

DIANDRIA.

SALIX	purpurea	295
EMPETRUM	erectum (album)	16. 25
OSYRIS	alba	25. 160
	- - - - (cafi·).	35. 39. 45

P E N-

CLASSIS XXIII.

POLYGAMIA.

MONOECIA.

E N-

CLAS-

CLASSIS XXIV.

CRYPTOGAMIA.

FILICES.

MUSCI.

ALGÆ.

APPENDIX.

PALMÆ.

FINIS.

PLANTAE AMERICANAE. 176.

A.

53. Commelina.
54. Pontederia.
55. Ixia.
56. Wedelia.
57. Allionia.
58. Rhamnus.
59. Cedrel..
60. Calceolaria.
61. Achras.
62. Loranthus.
63. Trichilia.
64. Lecythis.
65. Gurdonia.
66. Seguieria.
67. Portulaca ?
68. Bontia.
69. Verbena.
70. Ellifia.
71. Krameria.
72. Monieria.
73. Ayenia.

74. Spermacoce.
75. Houstonia.
76. Cruzeta.
77. Chrysophyllum.
78. Sideroxylon.
79. Convolvulus.
80. Breynia?
81. Rivinia.
82. Tribulus.
83. Spondias.
84. Tamarindus.
85. Ciffus.
86. Spigelia.
87. Convolvulus.
88. Cordia.
89. Capficum.

90. Solanum.
91. Ceftrum.
92. Conocarpus.
93. *Contortae.*
94. Cufcuta.
95. Gomphrena.
96. Bromelia.
97. Rhexia.
98. Paullinia.
99. Cardiofpermum.
100. Bauhinia.
101. Parkinfonia.
102. Poinciana.
103. Guajacum.
104. Melaftoma.
105. Malpighia.
106. Crataeva.
107. Portulaca.
108. Muntingia.
109. Clufia.
110. Mentzelia.
111. Mimofa.
112. Corchorus.
113. Annona.
114. Craniolaria.
115. Bignonia.
116. Crefcentia.
117. Barleria.
118. Sida.
119. Theobroma.
120. Milleria.
121. Epidendron.
122. Heliftcres.
123. Croton.
124. Jatropha.
125. Hura.
126. Morus.
127. Vifcum.

PLANTÆ
AMERICANAE.

Sectio Prima.

GENERA NOVA.

TRIANDRIA.

MONOGYNIA.

53. **COMMELINA?** Wachendorfia
C *Authoris.*
Planta debilis, annua, digitali-
fpithamalis, giabra, fimplex, interdum e bafi
ramofa.
Folia ovata f. ovato-lanceolata, bafi cordata,
feffilia fup riora in ramis fterilibus conferta
et imbricata in rofam patentem ; in fructificantibus vero omnia alterna remota ; bafi
vaginantia ; vaginula integra ftriata.
Flores

Flores pauci 2-6, feffiles, ex axillis foliorum
conferti, braƈteolis fpathulatis lineari-acutis
diftinƈti (hinc habitus fere Çommelinae, cui
affine genus eft.).
Neƈtario omnino caret. *Corollae* color aqueus.

CAL. *Perianthium* triphyllum, ereƈtum : *foliolis*
lineari-fubulatis, dorfo carinatis, perfiftentibus, marcefcentibus.

COR. *Petala* tria, linearia, acuta, membranacea, calycis longitudine, ereƈta, apice patula.

STAM. *Filamenta* tria, capillaria, corolla duplo longiora, ereƈta. *Antherae* fubrotundae

PIST. *Germen* oblongum, compreffum. *Stylus*
capillaris, ftaminibus brevior. *Stigma* trifidum patens. (*)

PER. *Capfula* oblonga compreffa, acuminata,
utrinque fulco impreffo, bilocularis, bivalvis : valvulis diffepimento oppofitis.

SEM. nonnulla, fubrotunda.   178.

Habitat in vadis, depreffis, fub fruticibus ubique circa BARCELLONAM *Novam* in provin-
cia Cumanenfi.

(*) Licet *Stigma* fit trifidum, nunquam
tamen vidi *Capfulam* trilocularem.

54. PONTEDERIA *cordata* Phrynium *Authoris.*

Planta fpithamalis, perennis, fimplex.

Radix fibrofa, aggregata.

Folia cordata, acuta, nervofa, glabra, pubefcentia ad radicem. Petioli bafi vaginante.

Florum fpica e rima vaginae caulinae terminalis, bafi involuta fpatha f. bractea lineari, tandem digitalis : floribus alternis abfque bracteolis.

Corolla purpureo-caerulea, pallida, marcefcens, nullo modo ringens.

CAL. nullus. *Spathae* nullae.

COR. hypocrateriformis, *Tubus* cylindricus, filiformis, longus. *Limbus* patens, fexpartitus, fubaequalis, laciniis lanceolatis : tribus fuperioribus magis approximatis, fubparallelis, minoribus, infimo patentiore, lineari, bafi angufta, convexo, lateribus lato.

STAM. *Filamenta* tria, ad bafin laciniae adnata, capillaria, limbo breviora. *Antherae* fubrotundae.

PIST. *Germen* lineare. *Stylus* filiformis, longitudine ftaminum. *Stigma* capitatum.

PER. *Capfula* teres, linearis, acuta.

SEM. plurima, fubrotunda, fubftriata.

Habitat BARCELLONAE in paludibus.

Hifpanis Langunera.

Ex

Ex diétis patet hoc Genus Gladiolo et
Antholyzae effe affine *(Stamina 3 tantum, obfervata fuiffe non intellexi, cum
planta videatur effe Pontederia.)*
Phrynium nomen eft Plinii deriv. a Πρύνος
rana; eafdem enim cum illis inhabitat
paludes.

5. IXIA. Xiphidium *Authoris.*   179.

Radix oblique tranfverfa, inferius fibrofa.

Caulis fimplex, pedalis, veftitus.

Folia alterna, copiofa, diffita, caule altiora,
plana, enfiformia (ad inftar Iridis) fe invicem imbricatim involventia, integerrima l.
ferrulata.

Flores in racemo terminali, ramulofi, oblongi,
nutantes, fubconferti, albidi.

CAL. nullus.

COR. oblonga, hexapetala : *petalis* linearibus,
lanceolatis, connexis apice acuto incurvo,
erectis.

STAM. *Filamenta* tria, linearia, plana, corollae media altitudine petalis interioribus
oppofita. *Antherae* ovatae, acutae, bafi
bifidae.

PIST. *Germen* triangulare. *Stylus* filiformis,
corollae longitudine. *Stigma* fimplex.

P.R. *Bacca* globofa, obtufa, tribus lineis ex-
Q 3   cavata,

cavata, mollis, trilocularis : loculis exteris
vacuis.

Sem. plurima, fubrotunda, acuminata, receptaculo globofo inferta, elevata.

Fructus forte capfula mollis baccata.

Habitat citra MACARAPA pop. Indian.

Xiphidium eft nomen Plinii a figura foliorum defumtum.

TETAN-

TETRANDRIA. 180.

MONOGYNIA.

56. **W**EDELIA. (ALLIONIA *incarnata*)
Radix fibrofa.

Caules plures, diffufi, procumbentes, articulati, pubefcentes.

Folia oblique ovata, oppofita, bina l. terna ad radicem geniculata, alterna majora, reliqua fenfim minora, fubfeffilia, integra.

Flores alterni, folitarii, ex alis foliorum minores vel ramulofi. Pedunculo floris longitudine.

Corolla pallide purpurea.

CAL. *Perianthium* commune triphyllum, triflorum, *foliolis* ovatis, concavis.

COR. *univerfalis* aggregata, aequalis, triflora; fingula intra angulum folii calycis : *propria* tubulofa, Germini infidens. *Tubus* iguftus fenfum ampliatus. *Limbus* erectus, inaequalis, e latere interiore tantum continuatus f. exfertus, obtufe trifidus; laciniis bifidis, e latere interiore deliquefcens.

STAM. fingulis *Filamenta* quatuor, fetacea, corolla paulo longiora. *Antherae* fubrotundae.

PIST. fingulis *Germen* fub corollula ; oblongum. *Stylus* fetaceus. *Stigma* capitatum, oblongum.

PER.

PER. nullum. *Calyx* laxus femina fovet.

SEM. folitaria, nuda, oblongo-linearia, interius convexa, exterius alis inflexis notata. *Habitat* juxta CUMANA urbem, in filvis arenofis ubique tempore pluviarum.

Ab omnibus aggregatis differt calyce triphyllo, trifloro.

181. 57. ALLIONIA. *violacea.*

Radix. . . . .

Caulis herbaceus, erectus, debilis, ramofus.

Folia oppofita, cordata, acuta, integerrima, glabra, inferiora longe petiolata.

Flores in panicula ramofa, terminales, bracteolis brevibus.

Corolla majufcula purpureo-caerulea. (Hinc facie recedit a fuperiori planta, ut et corollae magnitudine).

CAL. *Involucrum* commune monophyllum, laxum, quinquefidum ; laciniis ovato-acutis, paulo inaequalibus, divifura una ufque ad bafin fectum, perfiftens.

Perianthium proprium nullum.

COR. aggregata triflora, aequalis, *propria* infundit 'iformis f. obconica : ore erecto, quinque....o : laciniis exterioribus paulo longioribus.

STAM. *Filamenta* quatuor, fetacea, corolla longiora,

longiora, ad unum latus flexa. *Antherae* fubrotundae.

PIST. fing. *Germen* fub corollula, oblongum,
obfolete octangulum. *Stylus* fetaceus, ftaminibus longior. *Stigma* multifidum, lineare.

PER. nullum.

SEM. folitaria, oblonga, quinquangula, tuberculis undique inaequalia, nuda.

A praecedente inprimis differt calyce et
partim corolla.

Cumanenfibus Jafminullo.

182. P E N T A N D R I A.

M O N O G Y N I A.

58. RHAMNUS cumanenfis (EHRETIA
exfucca.)

Arbor mediocris, furfum ramofa; ramis fparfis; cortice nigro-cineraſcente.

Folia alterna, in ramulis tantum novellis, oblonga, furfum latiora, inferius attenuata,
venofa, integerrima, margine reflexa.

Flores in Racemis ramofis, terminalibus, faftigiatis, 10-13. ramulis alternis, pedunculis congeftioribus.

    Bratteae nullae.

Corolla alba, magna.

CAL. *Perianthium* monophyllum, tubulatum,
femibifidum: *laciniis* ovato-acuminatis: perfiftens.

COR. hypocrateriformis. *Tubus* cylindraceus,
furfum leviter ampliatus, calyce longior.
Limbus planus, quinquepartitus: *laciniis*
ovato-fubrotundis, obtufis.

STAM. *Filamenta* quinque, fubulata, tubo corollae verfus bafin adnata, bafi pubefcente,
longitudine tubi. *Antherae* lineares, acutae,
verfatiles.

                    PIST.

P I S T. *Germen* ovatum. *Stylus* filiformis, fuperne bifidus : laciniis erectis, longitudine ftaminum. *Stigma* obtufum, craffiufculum, emarginatum.

P E R. Fructus nudus, quadrangularis, paulo depreffus, roftro longiufculo, obtufo ; angulis compreffis ; quadripartibilis, quadrifariam dehifcens ad angulos.

S E M. enatuor, quartam parcem fructus conftituent, ceterum fpongiofa, nucleo vero obio go, lignofo praedita.

Cumanenfibus Guatacare.

Habitat in CUMANA et verfus miffiones Francifcanorum in Piritu ad montem Unare.

Fructus non demittit femina nuda, nec mollis eft. Calyx uti bifariam ruptus naturalis eft, ita interdum trifariam rumpitur.

59. C E D R E L A. *Brownii.* Cedro. *Authoris.* 183.

Arbor magna, excelfa, odorata trunco interdum quatuor l. quinque pedum diametro, glabriufculo, fubaequali, fuperne pulcro, aequaliter ramofa : ramis in coma oblonga fparfis.

Folia alterna, pinnata, bi-vel tri-pedalia ; foliolis oblongo-acutis, glabris, integerrimis : mucrone angufto.

Pedunculus

236 PLANTAE AMERICANAE.

Pedunculus tetes, superne leviter compreſſus, baſi clavatus; pedicellis teretibus oppoſitis. *Flores* in Racemo ramoſiſſimo, paniculato, ramis patentiſſimis; ramulis alternis, remotiuſculis, bi-vel trifloris. Corolla albeſcens, carnea, liliacea, facie fere Hyacinthi.

Cal. *Perianthium* monophyllum, breve, convexum, glabrum, trifidum: *laciniis* ovatis; marceſcens.

Cor. pentapetala, tubulata, baſi ventricoſa, furſum contractior; ore patulo; calyce multo longior. *Petalis* lineari-oblongis, obtuſis, erectis, ad tertiam partem baſeos interius receptaculo pentagono adnatis.

Stam. *Filamenta* quinque, ſubulata, corolla dimidio breviora, receptaculo adnata. *Antherae* oblongae apice extrorſum flexo.

Pist. *Germen* receptaculo quinquangulari ad altitud. corollae mediam elevatum; globoſum. *Stylus* filiformis, craſſiuſculus, corollae longitudine. *Stigma* capitatum, depreſſum.

Per. *Fructus* quinquelocularis.

Sem. - - -

Hiſpanis Cedro.

Habitat Cumanae hinc inde fere culta. In
Inſula

Infula TRINITATIS ad oftia,fluvii Orinocenfis
copiofe.
Arbor, haec, naturali, affinitate jungitur
cum Chryfobalano, Spondia, de quibus infra.

60, CALCEOLARIA. (Viola forte.)

1. CALCEOLARIA (VIOLA *oppofitifolia*) caule
brachiato glabro, floribus racemofis.

Radix fibrofa, craffiufcula, perennis.

184

Caules erecti, fpithamales ufque fefquipedales,
inferne lignofi, fuperne herbacei, teretes,
glabri, ex fuperioribus alis foliorum bra-
chiati, ramis oppofitis.

Folia oppofita, lanceolata, fubfeffilia, acute
ferrata, ferraturis longis, vix profundis, a-
pice integerrimo ; petiolis breviffimis.

Flores in racemis, folitarii, patentes ; pedunculis in media inferiore parte perfiftentibus.

Calyx inferius gibbus, foliolis imis patentiori-
bus.

Lamina ima *petalorum* fere ungue anguftior,
apice furfum flexa et revoluta.

Capfula trigono-pyramidata, angulis obtufiufculis, lateribus planis.

Semina fubangulata.

Corolla

Corolla alba, adeoque facies fere Veronicae Anagallidis aquaticae vel scutellatae.

2. CALCEOLARIA (VIOLA *Calceolaria*) caule simplici hirsuto, floribus axillaribus solitariis,

Radix perennis, fibrosa, crassiuscula.

Caules plures, herbacei, simplices, pedales, teretes.

Folia alterna, lanceolata vel oblongo-lanceolata, sessilia, pilosa, serrata, erecta.

Stipula subulata, erecta, pilosa, cauli adjuncta.

Flores solitarii, alterni, axillares, subsessiles vel pedunculo sustentati cum Bracteolis duabus setaceis in medio pedunculo.

Calyx ovatus, foliolis omnibus erectis, intus glabris, extus hirsutis, versus marginem tuberculis filiformibus, truncatis, pilosis obsitis.

Petala lateralia lanceolata, foras pubescentia, ungue lineari: petala infima valde magna, ungue inferius carinata.

Capsula calyce tumido laxo tecta, teretiuscula.

185. *Semina* glabra, nitida, nigra, altera extremitate pallida.

Corolla alba.

Haec

Haec quod ad omnes partes, magnitudine bis vel ter fuperat praecedentem, hinc fat diverfa eft facie externa, fitu foliorum, etc.

3. CALCEOLARIA (VIOLA *Hybanthus*) frutefcens.

C. ... *Perianthium* pentaphyllum, *foliolis* linearibus, acutis, erectis, fere conniventibus; perfiftens.

COR. *Petala* quinque, inaequalia, quorum *fuperiora duo* reliquis breviora, linearia, angufta; *lateralia duo* paulo longiora, latiora, lanceolata: ungues lineares calycis longitudine; *infimum* maximum, ungue calyce longiore; lamina fubrotunda, plane ungue longiori; ante florefcentiam utrinque involuta.

STAM. *Filamenta* quinque, linearia, breviffima. *Nectarium* glandula in Filamentis, inferius bipartita, fubrotunda, exterius affixa. *Antherae* oblongae, apice, acutae, membranulis oblongis, lateribus faepius imbricatis.

PIST. *Germen* ovatum. *Stylus* filiformis, furfum incurvus, apice compreffo. *Stigma* fimplex.

PER. *Capfula* ovata, trigona, unilocularis,

tri-

trivalvis, feminibus. medio valvularum affixis.

SEM. plura, fubovata.

Affinitate naturali proxima eft Violae, uti ex toto charactere apparet; fed proprii Generis, licet facies externa Plantae aliquantum recedat.

Calceolariam dixi ob figuram Floris.

HEXANDRIA. 186.

MONOGYNIA.

61. ACHRAS. *Sapota Brown. jam.* 200.
Arbor alta, frondofiffima, perpetuo virens,
pulcra.
Folia conferta.
Spatha ad apices ramorum, oblonga (laciniata), integerrima.
Flores axillares ex alis foliorum verfus fum-
mitatem ramorum, folitarii; pedunculis
tereribus, tomentofis, longitudine florum.
Pomum fapore omnes fere Americes fructus
antecellit.
Semina Amygdalorum forma et magnitudine,
hilo albo longitudinali.

CAL. *Perianthium* fubrotundum, hexaphyllum : *foliolis* ovatis, concavis; exterioribus
minoribus, latioribus, deciduis.

COR. monopetala, ovata, calycis altitudine,
duodecimfida; *laciniis* erectis, alternis : exterioribus fex fubovatis, planis; interioribus anguftioribus, introrfum convexis, extrorfum fubcarinatis.

VOL. II.   R   STAM.

STAM. *Filamenta* 6, breviffima, fubulata, e regione laciniarum exteriorum, ad harum bafin corollae inferta. *Antherae* fubulato-acutae.

PIST. *Germen* fubrotundum, paulo depreffum. *Stylus* filiformis, corolla longior. *Stigma* fimplex, obtufum.

PER. *Pomum* globofum, decem-l. duodecim-loculare, carne molliffima.

SEM. fingulo loculo folitaria, magna, compreffa, ovata, nitida, margine longitudinali interiore hilo notata, fuperius denticulo notata.

    1. Semina multa in pomo abortiunt. Quum loculi vix manifefta membrana includantur forte quis *Baccam* diceret, fed quum loculi fteriles in fruftu diftinfti obferventur, *Pomum* nuncupavi.

    2. Adeoque charafter hic non multum differt a Chryfophyllo Gen. Pl. 185. addita illa fexta parte numeri in partibus Floris; quum autem aliam, in proxima feftione monftraverim, Chryfophyllo magis affinem et infuper Chryfophyllum verum Spec. Plant. f. *Cainito* Plum. et Americanum omnino differant fruftificatione a Chryfophyl-

la

lo defcripto, neceffarium duxi ut hoc
traderetur Genere diftincto.

3. Cum dublo vix careat; quin Plumi-
erus, plantam hanc in omni Americes
regione communem e. gr. in Porto
Rico, ubi quoque Nifpero apellatur.
In Cuba S. Havana, S. Domingo, in
Vera Cruce novae Hifpaniae ubi Sapote audit ; nullum proprium genus ex
ejus vidi, nifi Achras f. Sapote, cui
noftrum adaptandum erit. Character
Gen. Pl. 1001. qua fructum omnino
convenit, folj loculi quinque Baccae
(Pomi), ut minus diftinguibiles non
apponuntur. Calyx addita quinta
parte nec differt magis. Sola corolla
polypetala abeft, fed forte minus accurate delineata fuit.
Numerus fenarius in flore conftans eft.
Americanis Hifpanis *Nifpero* dicitur h. e.
Mefpilus.

62. LORANTHUS: Stelis *Luefling.* Scur-
rula *Brown.*

1. LORANTHUS *(Stelis)* racemis trichotomis,
floribus aequalibus.
Planta parafitica.

R 2   *Caulis*

Caulis frutefcens, lignofus, brachiatus, ramis patentibus, bafi tubere magno.

Folia faepius oppofita, (interdum alterna), o-vata vel longa, integerrima, glabra, cori-acea, fubfeffilia. *Pedunculi* plures, axilla-res, patuli, furfum communiter bifidi, fin-guli apice craffiores, trigoni, flores tres fef-files gerentes, minimis fuffultos bracteis.

Flores luteo-virides.

2. LORANTHUS (occidentalis) racemis oppo-fitis, floribus irregularibus.

CAL. *Perianthium* nullum ; nifi margo mini-mus bafin floris cingens.

COR. *Petala* fex, linearia, anguftiffima, ad medium in tubum erecta, fuperne patenti-revoluta, longitudinaliter concava.

STAM. *Filamenta* fex, linearia, acuta, plana, petalis breviora eorumque bafi inferta. *An-therae* lineares, acutae.

PIST. *Germen* breviffimum, fub receptaculo floris. Stylus filiformis. *Stigma* globofum, capitatum.

PER. *Bacca* cylindrica, oblonga, unilocularis, monofperma.

SEM. unicum, cylindrico-oblongum.

Habitat CUMANAE vulgaris in arboribus.

Stelis antiqu. Vifcum.

DE-

DECANDRIA. 188.

MONOGYNIA.

63. **TRICHILIA.** *(trifoliata)* (Halefia *Lot-flingii.*)

Frutex ramis patulis, rectis; cortice feabriufculo, punctato.

- *Folia* alterna, ternata: foliolis obovatis, cuneiformibus: intermedio duplo -triplove longiore, anguftiore: lateralibus magis fubrotundis; omnibus integerrimis, obtufis, planis, venofis. Pedunculus communis filiformis, fupra planus.

Flores ex fummitatibus ramulorum, in racemis raris, inaequalibus; fubconferti fefliles.

Corolla alba.

Capfula grifea ex fufco et punctis albis, fcabriufcula, feminibus baccatis eleganter coccineis.

CAL. *Perianthium* monophyllum, breve, tubulatum, erectum: ore obfolete quinquedentato.

COR. *Petala* quinque, exferta, calyce duplo longiora, lineari-lanceolata, erecta.

STAM. *Filamenta* decem, linearia, bafi connata.

R 3

ta. *Antherae* oblongae, latere interiori Filamentorum infertae.

Pist. *Germen* obovatum. *Stylus* brevis. *Stigma* craffum, tridentatum (Brown).

Per. *Capfula* globofa, furfum tribus fulcis notata, unilocularis, trivalvis : *Valvulis* in medio linea elevatiore notatis.

Sem. tria, cohaerentia in globum, triplice Sulco diftincta ; fucculenta, baccata.

Variat interdum flore quadrifido octandro. Genus affine Meliae, ut videtur. Filamenta defcripta forte potius dicenda Nectaria, cujus fummitatibus infident Antherae.

Cumanenfibus Cerafo macho h. e. Cerafus major.

Habitat CUMANAE in fylvis copiofe.

POLYANDRIA.

MONOGYNIA.

64. LECYTHIS. *Ollaria.*
Arbor vasta, Ramis undique magnis inaequalibus, hinc inde flexis; cortice ramuloso
aspero.
Folia ad apices ramorum, alterna, cordato-
ovata, firma, glabra, subintegerrima, subundulata, fusco-viridia, sessilia.
Flores spicati, terminales, alterni, subnutan-
tes; pedicellis horizontalibus, subangula-
tis. *Bracteae* ovatae, concavae, mox de-
ciduae.
Corolla alba, *petalis* inferius pallidis.
Nectarium luteum.
CAL. *Perianthium* hexaphyllum: *foliolis* oppositis, imbricatis: inferioribus subrotundis, minoribus: interioribus oblongis, concavis, perfistentibus.
COR. *Petala* sex, patula, inaequalia, calyce
multo majora, horum quatuor superiora
subrotundo, concava, margine oblique reflexo; inferiora duo majora, oblonga, concava, patentia.

R 4 *Nect-*

Nectarium monophyllum, lingulatum,
Basi plana perforata pro Germine,
marginata; lingula a latere inferiore
floris furfum inflexa, lineari, apice
craffe, ovata, foras convexa, interius
filamentis aggregatis numerofiffimis,
referta, obtegente genitalia..

STAM. *Filamenta* copiofiffima, breviffima, fuperius craffiora, difco bafeos nectarii undique inferta. *Antherae* fubrotundae, parvae.

PIST. *Germen* depreffum, acuminatum, cinctum receptaculo floris. *Stylus* nullus.
Stigma obtufiufculum, conicum.

PER. Fructus bafi fubrotundus, lignofus, magnus fuperius cinctus calycis rudimentis obtufis; ore integro: continens fructum molliorem, *quem non vidi.*

SEM. plura.

Barcinonenfibus Olleto.

Licet fructum non accurate teneamus,
tamen ob florem vere fingularem proprium I. novum genus effe abunde patet. Vix crediderim Marcgraviam
Gen. Pl. 507. a Plumiero adeo bar-
bare effe defcriptam, ut haec noftra
idem cum illa conftituat genus *(nega-
tur.)* .

Nectarium naturaliter inflexum in flore,

. R 4   figura

figura et colore exacte imitatur vitellum ovi, fructufque ficcus lignofus
ollam apprime refert concavam : hinc
Lecythum vocavi a graec. Λικυθος quod
et vitellum et ollam fignificat.

65. GUIDONIA. *Brown. jam* 249. Laetia
Authoris. (LAETIA *apetala.*)

Arbor humilis vel *Frutex* magnus ; ramis inaequalibus, patulis.
Folia in ramis novellis, terminata faepe fupra
florem, alterna, fparfa, oblonga, ferrulata, venofa, fubrugofa, decidua, erumpen-
tia poft vel fub ipfa florefcentia, tumque
utrinque involuta ; petiolis brevibus.
Flores ex axilla dichotomiae laterales, vel ex a-
lis foliola, vel infra folia ex axillis robuftis.
Pedunculus communis petiolis paulo longior,
trifidus : ramulis breviffimis ; pedicellis
propriis, filiformibus, ad articulationem
deciduus, coloratus.
Bractea oppofitae, breviffimae, acutae,
fubaxillares.
Calyx albus.
Baccae luteo-pubefcentes.
CAL. *Perianthium* pentaphyllum ; *foliolis* oblongis,

longis, concavis, reflexis, coloratis, marcefcentibus.

Cor. nulla, nifi calycem dicas ob colorem.

Stam. *Filamenta* plura, centum circ. capillaria, erecta, patentia, calyce paulo minora.
Antherae fubrotundae.

Pist. *Germen* oblongum, definens in *Stylum*
filiformem, ftaminibus longiorem. *Stigma*
capitatum, depreffum.

Per. *Bacca* fubglobofa, obfolete tetragona, to-
tidemque lineis exarata, obtufa, unilocularis.

Sem. plura, nidulantia.

Habitat in filvis depreffis juxta Cumanam,

191.
66. SEGUIERIA. *americana.*

Frutex orgyae et fefquiorgyae altitudine, valde
ramofus, teres, glaber : petiolis teretibus,
fupra planiufculis, breviffimis.

Flores in racemis digitalibus, fimplices vel
bafi ramofi, alterni, pedicellati, albi, bracteolis nullis.

Cal. *Perianthium* pentaphyllum patens : *foliolis* oblongis, concavis, coloratis, perfiftentibus.

Cor. nulla, nifi calycem velis.

Stam. *Filamenta* plura viginti, capillaria, undique

dique patentia, calycis longitudine. *Antherae* oblongae, planiufculae.

Pist. Germen oblongum, compreffum, fuperne membranaceum, latere altero craffiore. *Stylus* ad latus craffius Germinis, breviffimus. *Stigma* fimplex.

Per. Capfula oblonga; ala maxima aucta, latere 'tero rectiore craffior, bafi lateraliter utrinque notata alulis tribus membranaceis; unilocularis, non dehifcens.

Sem. unicum, oblongum, glabrum.

De *Stylo* et *Stigmate* certiffima dicere nequeo, unicum enim florem tantummodo vidi, fructus vero obfervavi plurimos.

Habitat in fylvis depreffis umbrofis humilibus juxta Arb. Draconis.

TRIGYNIA.

67. PORTULACA foliis lan olatis, convexis; pedunculis unifloris Spec. Plant. 446. 4
Halimum *Loefl.* Sesuvium *Portulacaftrum.*
Icofandr. Trigyn.

Radix filiformis, perennis.

Caules

I.

Caules plures, undique diffusi, repentes, teretes, articulati, glabri.

192. *Folia* opposita, lanceolata vel lineari-lanceolata, supra planiuscula, infra convexa, succulenta: pedicellis breviffimis vix ullis: axillis nudis nec pilofis.

Flores axillares, solitarii. *Pedunculi* flores longitudine.

Calyx foras viridi-glaucus, intus purpurafcens.

CAL. *Perianthium* monophyllum, quinquepartitum, campanulatum: laciniis ovatis, acutis, craffis, imbricatis, patentibus, intus coloratis, marcefcentibus.

COR. nulla.

STAM. *Filamenta* plura, feptuaginta circ. fubulata, calyce breviora, efdem parallela, intra lacin. s inferta. *Antherae* fubrotundae.

PIST. *Germen* oblongum, fuperius paulo trigonum, in fundo calycis fitum. *S.yli* tres, capillares, erecti, ftaminum. altitudine. *Stigmata* fimplicia.

PER. *Capfula* ovata, trilocularis: loculis horizontaliter dehifcentibus. *Receptacula* feminum conico-filamentofa.

SEM. fubrotunda, planiufcula, margine roftello acuto notata.

Cuma-

Cumanensibus Vidro h. e. vitrum, ex cineribus enim ejus, Salsolae et Salicorniae fere aequivalentibus, saponem conficiunt.

Habitat juxta Cumanam, versus mare, copiosissime.

Quantum ex legibus affinitatem Generum comprehendo, a Portulaca distinctum est Genus.

DIDYNAMIA.

GYMNOSPERMIA.

68. **B**ONTIA. *nitida.* (Doñatla *Loefl.*)
Arbor mediocris vel frutex, ramis oppofitis, teretibus, glabris.

Folia oppofita, lanceolata, craffa, rigida, integerrima, glabra, acuminata, triuncialia, fupra viridia, infra glauco-incana, fubfeffilia.

Flores in fpicis oblongis et fubrotundis, quadrangulatis, compactis; feffiles, oppofiti.

Bracteolae tres ad fingulum florem : unica exteriore; duabus lateralibus ovato-acutis, carinatis, brevibus.

Corolla alba.

Fructus viridis, amygdalia major! Cotyledonibus junctis, conduplicatis intra tunicam exteriorem.

CAL. *Perianthium* pentaphyllum, inaequale : *foliolis* oblongis, dorfali unico perfiftente.

COR. monopetala, inaequalis. *Tubus* fubrotundus, calycis longitudine. *Limbus* quadripartitus, bilabiatus : *labium fup.* indivifum, obtufum, emarginatum : *lab. inf.* tripartitum :

laciniis

laciniis oblongis ; lab. fuperiore duplo longius.

STAM. *Filamenta* quatuor, fetacea ; quorum anteriora longiora, dorfo corollae adpreffa, parallela, apice lateraliter patentia. *Antherae* fubrotundae.

PIST. *Germen* oblongo-fubulatum, definens in *Stylum* fubulatum ; longitudine ftaminum. *Stigmata* duo, acuta, erecta.

PER. nullum.

SEM. unicum, nudum, magnum, ovatum, compreffum, apice paulo obliquo, acuto: cotyledonibus junctum conduplicatis.

Hifpanis MANOLE negro.

Habitat ad mare.

69. VERBENA. *lappulacea.* (Burferia *Loefl.*)

Radix fibrofa, annua.

Caulis erectus, herbaceus, acute quadrangulus, glaber, intus cavus, 1-3 pedalis : ramis oppofitis, erectis.

Folia oppofita, ovata, ferrato-crenata, venofa fcabriufcula, petiolis glabris, brevibus.

Flores alterni, fpicati, fubfeffiles, terminales, cauli et ramis ; fpicis longis, fpithameopedalibus.

Fructus ad unum latus flexi, fubnutantes ; pedicellis brevibus.

Bractea linearis pedicelli longitudine.

Corolla

Corolla pallida purpurea.

Calyces fructus vifcofi adhaerentes.

CAL. *Perianthium* monophyllum, tubulatum, larum, ore quinquangulato, obtufo: *dentibus* acutis, perfiftentibus.

COR. tubulata, inaequalis: *Tubus* cylindricus, calycis altitudine. *Limbus* planiufculus, quinquepartitus: *laciniis* ovatis, unica latiore.

STAM. *Filamenta* quatuor capillaria, quo duo fuperiora longiora. *Antherae* fubrotundae; harum fuperiores oblongae, duplo majores.

PIST. *Germen* oblongum. *Stylus* filiformis, brevis: *Stigma.* . . . .

PER. nullum. *Fructus* quadrangulus, dentatus, obtufus obtegitur calyce inflato, veficario.

SEM. duo, nuda, hinc utrinque angulata: angulis compreffis, retrorfum fubdentato-ferratis, inde plana obtufa.

Haec itaque etiam femina nuda gignit. Calyces inflati burfam minorem quodammodo referunt.

70 DURANTA. *Ellifia.* ANGIOSPERMIA.
    (Hoffmannia *Loefl.*)

Frutex longitudine circ. duar. orgyiarum, ramofus,

mofus, erectus: ramis fuperne fuboppofitis,
quadrangulis, akernis, lateralibus magis
compreffis vel inerrhibus vel fpinofis.
Folia oppofita, oblongo-ovata, in petiolum
attenuata, ferrata, in ramis fructificantibus
faepius integerrima.

Spinae oppofitae ex alis, patentiffimae, fubulatae, foliorum mediae longitudinis vel quartae
partis; in ramis fterilibus magnae; in fructificantibus vero minimae aut omnino nullae.

Flores in racemis lateralibus, oppofitis vel
terminalibus, pendulis, plurimis, pedicellis
brevibus poft florefcentiam elongatis, fructus longitudine.

Bracteae lineares, fubulatae, anguftiffimae,
Corolla purpurafcens.
Baccae luteo-rubrae.

CAL. *Perianthium* monophyllum, tubulatum,
cylindricum; fuperne quinquangulare; ore
integro quinquedentato: denticulis acutis.

COR. tubulata; *Tubus* cylindricus: fuperne
paulo latior, parum incurvus, planiufculus,
quinquepartitus: *lacinis* oblongis, fubaequalibus.

STAM.

PIST. *Germen* globofum. *Stylus* filiformis, rectus, ftaminibus brevior. *Stigma* fimplex,
obtufum, craffiufculum.

195

PER. *Bacca* globofa, calyce fuperne connivente arcte tecta unilocularis. ·

SEM. quatuor, fubrotunda, ovata, hinc convexa, inde angulata.

Hifpanis FRUTA de POLAMITA.

Habitat in filvis depreffis circa CUMANAM.

71. KRAMERIA. (Ixine *Loefl.*) Tetrandr.
Monog.

Radix fibrofa.

Caules fruticantes, inferne procumbentes, undique fparfi; mox adfcendentes, virgati;
inferius fubdivifi; fuperius ramulis vagis
erectis.

Folia alterna, lanceolata, fuperiora linearia,
acuta, fubfeffilia.

Flores alterni in racemo terminali; pedunculis axillaribus in medio inftructis bracteolis
duabus acutis linearibus.

Corolla rofeo-purpurea.

196   Nectarium fuperius apice pallidum, inferius
nigro-purpureum.

Planta ipfa fufco-cana eft.

CAL. nullus, nifi corollam velis.

COR. tetrapetala, patens, inacqualis: *petalis*
oblongis acutis: fuperiore patentiore, lateralibus ovatis.

Nectarium duplex: *fuperius* erectum, lineare, tripartitum: *laciniis* linearibus,
craffiufc ulis,

crafliufculis, apice ovatis, membranaceis fupra ftamina : *inferius* fub Germine, diphyllum, *foliolis* convexis, li-
neolis elevatis, rugofis.

STAM. *Filamenta* quatuor, intra nectarium fuperius, inclinata, adfcendentia, fubulata;
quorum duo exteriora paulo longiora. *An-*
therae parvae, apice duobus foraminibus
apertae.

PIST. *Germen* ovatum. *Stylus* fubulatus, adfcendens, ftaminum fitu et longitudine.
Stigma acutum.

PER. *Fructus* globofus, undique pilis rigidis,
retrorfum afperis echinatus, unilocularis,
non dehifcens, ficcus.

SEM. unicum, ovatum, glabrum, durum.

Cumanenfibus CARDILLO breve, a fructu
pungente.

DIADEL-

197 DIADELPHIA.

PENTANDRIA.

72. MONIERIA *trifolia.*

Radix annua, fibrosa.

Caulis pedalis, a medio sursum dichotome di-
visus, glaber, in summo pubescens.

Folia inferiora opposita; superiora saepe alterna, ternata : foliolis oblongis, integerrimis, pubescentibus, intermedio paulo majore in pedicillum attenuatum. Petiolus
communis teres, foliolis paulo brevior.

Flores alterni, in spica divaricata, *pedunculo* c
dichotomia ramorum summorum vel. axillis
foliorum supremorum exeunte, filiformi,
erecto, sustentato *spica* bipartita ; ramis divaricatis, simplicibus, rectis, fere horizontalibus vel paulo adscendentibus : rachi leviter flexuosa, floribus alternis, sessilibus
cum solitario ex divisione spicae, secundis.

Bracteae nullae, sed Calycis lacinia superior
et lateralis exterior, bracteas mentiuntur.

Corolla omnino alba est.

CAL. *Perianthium* quinquepartitum : *laciniis*
inae-

inaequalibus ; fuperiore lineari, longa, incurva, florem obtegente ; laterali exteriore
dimidio breviore, lanceolata ; reliquis brevibus, obtufis, perfiftentibus.

Cor. tubulata, ringens, brevior calycis lacinia
fuperiore. *Tubus* cylindricus, in medio contractior, curvus. *Limbus* bilabiatus, quinquefidus : *labio fup.* indivifo, ovato, obtufo;
lab. inf. quadrifido, recto, laciniis oblongis,
obtufis.

Nectarium fquama, ovata ad bafin germinis,
infra filamentum inferius.

Stam. *Filamenta* duo, plana, membranacea,
quorum *fuperius* concavum, apice bifidum ;
inferius planum apice trifidum. *Antherae*
in *Filamento fup.* duae connatae ; intus hirfutae, includentes ftigma ; in *Filamento inf.*
tres minutiffimae, teretes (an fteriles ?)

Pist. ¦*Germen* fubrotundum, quinquelobum,
quinquangulatum. *Stylus* folitarius, filiformis. *Stigma* capitatum, oblongum, intus
planum, orbiculatum, margine acuto.

Per. *Capfulae* quinque ovatae, breves, compreffae, uniloculares, futura dimidio bivalves.

Sem. folitaria, ovata, margine interiore rectiore obtufiore, inclufa *Arillo.*

    Singulariffima eft Fructificatio. Fructus

198

                      faepe

saepe tantummodo a Capfula maturef
cunt.

Spicae fere referunt Penthorum, quæ
Planto eft diverfiffima, fructificat
adhuc magis recedit.

Dubium eft utrum Antherae tres infe-
riores fint fteriles, nec ne?

POLYA-

P O L Y A D E L P H I A.

M O N O G Y N I A.

Nota. Ad hanc claffem haefitabundus refero
Genus quoddam valde fingulare, nefcius,
an potiori jure ad Monadelphiam Pentan-
driam, an etiam ad Gynandriam perti-
neat.

73. **A** YENIA. (Jungia *Authoris.*) Gynandr.
Pentandr.

1. AYENIA magna f(..is cordatis acuminatis
crenatis; germine feffili, nectario concavo.
Facies et *magnitudo* omnino Sidae Abutilonis
Sper Pl. 685, 7.
Radix fibrofa, perennis.
Caules erecti, bi-vel tripedales, inferne fuffru-
ticofi, teretes, molliter pubefcentes: ramulis
brevibus, alternis.
Folia alterna, cordata, ferrate crenata, molliter
pubefcentia. *Petiolus* filiformis, foliol. circ.
longitudine *Stipulis* fubulatis, minimis.
Flores axillarum pedunculati in panicula ramorum inaequali, *Pedunculus* communis folitarius vel bini ex ala ab utroque latere
S 4   prodeuntes,

prodeuntes, medium axillae occupante rudimento ramuli, furfum bi-fel trifidi, terminati duobus vel tribus pedicellis : Bracteolae acutae ad fingulum pedicellum.

Calyx pentaphyllus, patens, leviter reflexus, lanceolatus, acutus, perfiftens.

Nectarium calyce minus, feffile, campanulato-patens : ore quinquefido : *laciniis* emarginatis, bifidis, finubus inter lacinias inflexis; glandula acuta.

Filamenta fuperius inflexa, dilatata in membranam, tranfverfe oblongam vel reniformem; extus convexa, intra concava. *Antherae* tres faciles vifu (vel 3-loculares,) feffiles, fuboblongae.

Germen pilofum, feffile, globofum, *Stylus* filiformis, nectario paulo altior. *Stigma* convexum, capitatum quinque lineis.

200   *Capfula* convexa, externe pilis copiofis fubulatis hifpida.

Color floris herbafceus.

Habitat juxta CUMANAM ad viam verfus Ipune.

2. AYENIA *pufilla* foliis ovatis acutis ferratis, germine pedicellato, nectario plano ftellato.

Radix fibrofa, annua vel perennis.

Caules adfcendentes, fpithamales f. pedales, fubfimplices.

Folia oblongo-ovata, acuta, ferrata, glabra;

petiolo

PLANTAE AMEICANAE. 265

petjolo foliis paulo minore, incana rubef-
centia. *Stipulae* fetaceae, erettae.
Flores 3-6, axillares, pedunculis capillaribus
ı vel ı linearum longitudine, horizontalibus.
Calyx pentaphyllus, patentiſſimus, plano-refle-
xus: foliolis planjufculis, intus albis coloratis.
Nectarium germen pedunculatum cingens,
quinquangulare, fubplanum.
Filamenta quinque, capillaria, calyce triplo
longiora, erecta, modice arcuata, apice inflexa, conniventia, amicta Membrana plana,
rhomboidali, ovata, marginibus latentibus
anterioribus et apice interiore cum Nectarii
angulis connatis *Antherae* parvae, connatae
unam mentiuntur, membranulae verfus
apicem adnatae, feſſiles.

Germen pedicello (columella filiformi,
erecta, ſtaminum altitudine) elevatum.

Stylus breviſſimus.

Fructum non vidi.

Color Calycis interni et filamentorum
albus, centro Nectarii lutefcens.

Adeoque in partibus haud paucis a
fuperiore differt.

Habitat in depreſſis filvis juxta paludem, citra
Fluvium UNARE.

3. AYENIA

3. AYENIA *tomentofa* foliis ovato-fubrotundis tomentofis, germine pedicellato, nectario plano.

CAL. *Perianthium* quinquepartitum: *foliolis* lanceolatis, acutis, perfiftentibus.

COR. *Petala* nulla.

2.0.1 *Nectarium* monophyllum, margine quinquefido, campanular im.

STAM. *Filamenta* quinque, extra nectarium, e regione finuum Calycis orta eoque longiora, arcuata, inflexa, apice lato membranaceo nectarii margine adfixa. *Antherae* tres, fubrotundae, fubtus in membrana latiore filamentis conferta connatae; vel triloculares.

PIST. *Germen* fubrotundum, feffile vel columella filiformi elevatum. *Stylus* cylindricus, brevis.

Stigma capitatum, quinquangulare.

PER. *Capfula* fubrotunda, quinqueloba, quinquelocularis: *loculis* integris, deciduis, latere interiore folum dehifcentibus.

SEM. folitaria, oblonga, ovata, hinc convexa, inde plana.

Capfulae forte potius quinque coalitae dicendae. Genus fingulare et gi
Nat. XXXIV. malvacea.

Sectio Secunda.

GENERA DUBIA.

74. **S**PERMACOCE. Diodioides *Loefl.*)
1. SPERMACOCE *spinosa* suffruticosa, foliis oblongis oblique striatis.
Radix perennis.
Caules suffruticosi, tetragoni, bi-ad quinquepedales, infirmi.
Folia opposita, basi utrinque membrana strigo-
so-ciliata conjuncta; nervis utrinque oblique decurrentibus, alternis, simplicibus,
subtus prominentibus notata, integerrima.
Flores 3-4, axillares, oppositi, sessiles, albi.
2. SPERMACOCE annua, foliis linearibus, caule
strigoso.
Radix filiformis, fibrosa, annua.
Caulis spithamalis-semipedalis, tetragonus, ri-
gide pubescens.
Folia opposita, linearia, stri. osiora.
Flores axillares, sessiles, itarii, pallide purpurei.
3. SPERMACOCE *tenuior* annua, foliis lanceolatis glabris, floribus verticillatis.

2̣02

Radix

Radix fibrofa, annua.

Caulis tetragonus, glaber, bi-vel tripedalis; ramis alternis, fuperne interdum dichoto-mis.

Folia lanceolata, utrinque acuta, glabra; venis longitudinalibus, bafi juncta membrana.

Flores feffiles, verticillati, purpurafcentes-albi, minutiffimi.

Has tres fpecies congeneres legi, quarum character hic eft :

CAL. *Perianthium* tetraphyllum, laxum, germen coronans : *foliolis* linearibus, acutis, brevibus; perfiftens. ▾

COR. tubulato-campanulata, calyce longior. *Tubo* furfum latere intus pilofo : ore quadridentato : *dentibus* ovatis, patulis.

STAM. *Filamenta* quatuor, corollae mox intra divifuras impofita, capillaria, corolla breviora. *Antherae* lineares.

PIST. *Germen* fub receptaculo calyce coronatum, fubrotundum. *Stylus* filiformis. *Stigma* globofo-capitatum, linea bifidum.

PER. Cortex feminum coronatus calyce, vel nullum.

SEM. duo, ovata, hinc convexa, inde plana.

75. HOUSTONIA floribus verticillatis feffilibus.

Radix

Radix annua, fibrofa.

Caulis erectus, fimplex, pedalis, obfolete quadrangulus, glaber: ramis oppofitis.

Folia oppofita, ad flores verticillata, ovato-
oblonga in petiolos bafi latiufculos conna-
tos ciliatos attenuata, glabra, remota.

Flores feffiles, aggregati, verticillati, albi:
verticillis aequalibus.

CAL. *Perianthium* monophyllum, tubulatum,
aequale, apice quadridentatum: *dentibus*
acutis, poft florefcentiam majoribus, patentibus; perfiftens.

COR. monopetala, infundibuliformis; *Tubus* 203
filiformis, anguftiffimus, calyce duplo longior; limbus campanulatus, obfolete tetragonus, quadripartitus: *laciniis* ovato-
lanceolatis, acutis, bafi erectis, apice patulis.

STAM. *Filamenta* quatuor, limbo corollae ad
bafin incifurarum inferta eaque breviora.
Antherae fubrotundae.

PIST. *Germen* oblongum, in fundo calycis.
Stylus capitatus, fimplex.

PER. nullum. *Calyx* tubulatus includit femina.

SEM. bina, oblongo-linearia, hinc convexa,
inde plana, glabra, calyce, paulo breviora.

Adeo-

Adeoque facies priorum, fed calyce monophyllo, corolla extra germen non
fupra, et tubo longo, filiformi differt.

76. CRUZETA (CRUCITA) hifpanica.

Radix fibrofa,

Caulis erectus, firmus, quadri-vel quinquepedalis, fuperne brachiatus; ramis erectis,
oppofitis.

Folia oppofita lanceolata, utrinque acuta, integerrima, fufca.

Flores fpicati, in paniculam collecti; ramulis
alternis fummitate fpicatis, floribus imbricatis minimis.

CAL. *Perianthium* triphyllum; *foliolo* anteriore
lineari, acuto; lateralibus oppofitis, ovatis,
concavis, intus lanuginem, corollam di-
ftinguentem continentibus, perfiftentibus.

COR. *Petala* quatuor, calycis facie, ovata,
concava; exterioribus duobus integerrimis:
interioribus margine pilofo, lacero, tenuiffimo.

STAM. *Filamenta* quatuor, capillaria, calyce
paulo breviora. *Antherae* parvae.

PIST. *Germen* ovatum, obtufum, compreffum. *Stylus* breviffimus, mox bifidus: laciniis patentibus. *Stigmata* fimplicia.

PER.

Pin., nullum. Corolla connivens decidit cum
femine.

Sim. unicum, nudum.

Calycem faltem effe braɛteas floris et Corollam defcriptam Calycem forte quis 204
dicat; at fedulo idem videmus in
Gomphrena et Celofia, in quibus,
Florum exteriora foliola tria Calycis
nomine indigitantur, quamvis fpatiolo
ab interioribus remota fint.

77. CHRYSOPHYLLUM. Barbafco.
(IAQUINIA *armillaris.*)

Frutex humanae circ. altitudinis, Ramis ereɛtis, fubdichotomis.

Folia verticillata : verticillis paulo inaequalibus ; lanceolato-cruciformia, feffilia, ener-
via, firma.

Flores in panicula terminali rara laxa ; albi.

CAL. *Perianthium* monophyllum, breve, quinquedentatum : *denticulis* obtufis.

COR. monopetala, fubcampanulata. *Tubus*
obovatus, ventricofus. *Limbus* decemfidus :
laciniis alternis interioribus patentiffimis,
majoribus, convexis, obtufis ; alternis interioribus dimidio minor bus, fubrotundis,
ereɛtis.

STAM.

Stam. *Filamenta* quinque, plana, fubulata, tubo corollae inferius adnata, eoque paulo breviora. *Antherae* oblongae, acuminatae.

Pist. *Germen* ovatum, definens in *Stylum*, ftaminibus breviorem. *Stigma* capitatum, nigrum, coronae inftar fupra quinquecrenulatum.

Per. }
Sem. } Fructum non vidi.

Hifpanis Barbafco h. e. Verbafcum, ita nominatim ob vim enecandi pifces.

Alium vidi fruticem, praecedente defcripto omnino fimilem, fed ftatura minore et foliis apice mucrone pungentibus diverfum, cujus flores a mo nondum obfervati.

78. SIDEROXYLON. Pacurero. (CHRYSOPHYLLUM *Cainito* β).

Frutex albus, (interdum Arbor mediocris) varie ramofus : ramis lateralibus patentiffimis, rectis, apice in fpinam terminatis vel inermibus.

Folia inferiora faepius alterna, non raro tria vel quatuor fafciculata, fuperiora praefertim floralia oppofita, oblonga, vel cruciformia, obtufa, bafi in petiolum brevem atte•

attenuata, fupra nitida, glaberrima, integerrima.

Flores verticillati, conferti, axillares, breve
pedunculati, albi.

CAL. *Perianthium* pentaphyllum, fubrotundum : *foliolis* fubrotundis, obtufis, margine
tenuibus; perfiftens.

COR. monopetala, decempartita, *Tubo* laxo,
,,breviffimo, laciniis alternis exterioribus e-
'rectis, longioribus, oblongis, lateribus incurvis, alternis interioribus brevioribus,
latioribus, ovatis, acutis, conniventibus
verfus ftylum, germen laxe obtegentibus.

STAM. *Filamenta* quinque, fubulata ad bafin
laciniarum exter. et ab illis paene involuta,
erecta. *Antherae* oblongae, incumbentes.

PIST. *Germen* globofum, parvum, in fundo
corollae. *Stylus* filiformis, ftaminibus brevior. *Stigma* fimplex.

Fructum non vidi, licet toto anno copiofiffime floruerit.

Cumanenfibus PACURERO.

A *Rhamno* ergo differt calyce et fitu fta
minum ; a. *Barbafco* laciniis exterioribus erectis, interioribus conniventibus
et corolla multo breviore.

Sufpicor cufpides ferratas in Sideroxylo

274 PLANTAE AMERICANAE.

Gen. Pl. 186. esse lacinias interiores corollae.

97. CONVOLVULUS.

Hujus tres varietates, vel si vis species legi, Pistillo praecipue a Convolvulis distinctas.

1. CONVOLVULUS (EVOLVULUS *nummularius*) foliis subrotundis, caule repente. Spec. Pl. 157. 18.

Radix fibrosa, annua.

Caules plures, filiformes, undique diffusi, spithamales ad bipedales.

Folia elliptica vel ovata, acuminata, subsessilia, integerrima.

Flores solitarii, axillares, pedunculati; pedunculus folio saepe longior, in medio duabus bracteis acutis instructus, supra quos post florescentiam reflectuntur tandemque cadunt.

Color floris purpureus.

Capsula saepe solum disperma vel trisperma est.

Styli singuli e medio bifidi sunt.

Habitat in CUMANA copiose.

2. CONVOLVULUS foliis linearibus acutis, caule procumbente.

Prioris forte varietas est. Differt foliis longe

longe anguftioribus, habitu glabriore
et floribus minutiffimis, pallide purpureis. q' ᶜ

3. CONVOLVULUS (EVOLVULUS *linifolius*) foliis oblongis aeutis, caule erecto, hirfuto,
floribus fubfeffilibus,

Radix fibrofa, annua.

Caulis erectus, digitali-fpithamalis, hirfutus.

Folia oblonga, acuta, erecta, feffilia, pilofa.

Flores axillares, folitarii, breve pedicellati: pedicello hirfuto, bafi ad alas foliorum bracteolis fetaceis pilofis.

Calyx pilofus.

Corolla obfolete quinquedentata, quinqueplí-
cata.

Styli quatuor vel duo, prope bafin bifidi.

Capfula tetrafperma.

Character itaque praecedentibus communis
fit.

CAL. *Perianthium* monophyllum erectum : *foliolis* oblongis, acutis, concavis ; perfiftens.

COR. monopetala, rotata : *Tubo* cylindrico,
brevi, calycis alcitudine, furfum pa˙ ᵎ am-
pliore ; *Limbo* plano, patente, amplo, decem incifuris parvis, emarginatis notato,
obfolete quinqueplicato.

STAM. *Filamenta* quinque, fetacea, apici tubi

impofita,

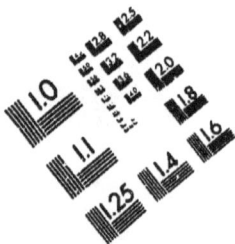

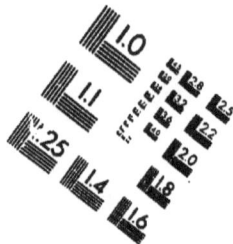

IMAGE EVALUATION
TEST TARGET (MT-3)

6"

Photographic
Sciences
Corporation

23 WEST MAIN STREET
WEBSTER, N.Y. 14580
(716) 872-4503

impofita, paulo inaequalia. *Antherae* oblongae.

PIST. *Germen* ovatum, parvum. - *Styli* duo,
patentes, fetacei, fingulus mox bifidus, ftaminibus longior. *Stigmata* quatuor, obtufa.

207 PER. *Capfula* fubrotunda, fubovata, quadrilocularis, quadrivalvis.

SEM. folitaria, fubrotunda, hinc convexa, inde plana. Convolvuli omnia, ftylis et corollae limbo planiore exceptis.

80. B R E Y N I A E affinis arbor Octandra.
(C A P P A R I S *Breynia*).

Arbor mediocris, fuperne ramofa; ramis teretibus, glabriufculis, novellis vero fuban-
gulatis, fubcompreffis, tomentofo-incanis.

Folia alterna, oblonga, fupra glabriufcula, incana, firma, geniculata. Petioli tomentofi, tereres longitud. tertiae partis unciae.

Flores racemofi terminales, albi, *calyce* tomen-
tofo.

CAL. *Perianthium* quadripartitum : laciniis
linearibus, corolla paulo brevioribus, bafi
craffioribus, finubus obtufiffimis; perfiftens.

COR. tetrapetala, bafi fere connata; fub-
quadrangular.s : *foliolis* lineari-ovatis, e-
rectis,

rectis, apice patulis, planis, intus pubefcentibus.

STAM. *Filamenta* octo, fubulata, corolla fef-
quilongiora. *Antherae* lineares.

PIST. *Germen* ovatum, ftriatum, columna filiformi ftaminibus longiore elevatum. *Stylus*
nullus. *Stigma* planum, obtufum.

Fructum non vidi : Facie ad Breyniam, Spec.
Pl. 503. accedit, ab illa tamen ceterifque
Ord. nat. XXXI. ftaminibus octo ad Corollam proportionalibus diftinguitur, dum reliquae 15-70 gaudent. A Breynia praecife
calyce fimplice, nec duplice, ut et corolla
erecta ; petalis lineagibus differt.

Hifpanis PALO DE VENADO h. e. lignum
Cervi.

Habitat juxta PURNEY miffionem Pirituen-
fium.

81. R I V I N I A Octandra.

Frutex dupl. vel triplae altitudinis humanae,
inter alias arbores elevatus, lignofus.
Folia alterna, oblonga, biuncialia, acuta, glabra, vix fenfibiliter crenata, venofa ; petio-
lis femuncialibus.   208
Flores in racemis digitalibus, lateralibus ; pe-
ticellis fparfis, abfque bracteis ; albi.

T 3   CAL.

CAL. *Perianthium* tetraphyllum, patentiffimum, reflexum: *foliolis* oblongis, concavis, coloratis, perfiftentibus, fub inferioribus fquama utrinque una minutiffima, fubulata.

COR. nulla, nifi calycem velis.

STAM. *Filamenta* octo ad duodecim, capillaria, corolla paulo breviora, erecta. *Antherae* oblongae, compreffae, bafi, bifidae.

PIST. *Germen* oblongum, compreffum. *Stylus* vix ullus. Stigma craffiufculum, mul-
tifido lacerum.

PER. *Bacca* oblonga, paulo compreffa, calyce
reflexo infidens, glabra.

SEM. unicum, oblongum, compreffum, glabrum.

> A *Rivina humili* diverfa ftaminum nume-
> ro. *Bacca* matura nigra eft, figura
> rotundior, rugofior et Semina angu-
> lofa.

Habitat in depreffis pafcuis juxta CUMANA.

82. TRIBULUS. maximus.

Radix annua, fibrofa.
Caules diffufi, longi, articulati, ramis alternis
procumbentibus.
Folia oppofita, pinnata: foliolis trijugatis
cum

cum impare, elliptico-ovatis, feffilibus.
Stipulae lanceolatae, erectae.
Flores alterni, axillares, erecti.
Fructus deflexi.
Pedunculi foliis paulo breviores.
Corolla alba.

CAL. *Perianthium* pentaphyllum, patenti-ere-
ctum; *foliolis* oblongis, acutis, concavis,
forae pilofis.

COR. *Petala* quinque, fubrotunda, obtufiffima, feffilia, marginibus incumbentia, he-
mifpherice concava, truncata apparent.

STAM. *Filamenta* decem, corolla paulo minora; ultima breviora. *Antherae* fubrotundae.

PIST. *Germen* ovato-conicum, decemftriatum, 209
filamentorum altitudine. *Stylus* nullus.
Stigma unicum, obtufum.

PER. *Capfula* ovata, calyce major, terminata
ftigmate ftriato perfiftente, decemlocularis,
decafperma.

SEM. folitaria, hinc convexa, inde acuta,
compreffa, recta, angulo acuto.

Facies exacte Tribuli eft. Tribulus eft
capfula inermi hinc intermedia inter
Fagoniam et Tribulum.

Habitat in pratis ad CUMANA.

T 4   83. SPON-

83. SPONDIAS. *lutea* Hobo *hispanis.*

Chryfobalani varietas ? *Spec. Pl.* 513. 1.
Hobos *C Bauh. pin.* 417. 5. 446. 6.
Labat voyage part. 6. *c.* 8.

Arbor fat magna, trunco-erecto; fuperne laxe ramofa, cortice ramofo, fuperne in ramis majoribus tuberculofo, fcabro.

Folia alterna, pinnata cum impari: *foliolis* fubovatis f. oblongis, acutis, margine inferiore rectiore

Flores copiofiffimi, feffiles in racemis compofitis; ramis patentiffimis (ut in Vite), *Bracteae* nullae.

Corollae albae.

Drupae luteae, odore fuavi fed graveolente.

CAL. nullus, nifi margo minimus, obfoletiffime quinquedentatus, colore corollae, perfiftens.

COR. *Petala* quinque, oblongo lanceolata, fecunda, inferne verfus pedicellos conniventia, apice introrfum puncto acuto, incurvo communiter notata.

Nectarii fquamae decem, obtufae, minimae, fingulae intra fingula filamenta.

STAM. *Filamenta* decem, fetacea, erecta, patula, corolla paulo breviora. *Antherae* oblongae.

PIST.

PIST. *Germen* receptaculo immerfum, oblongum, faepe abortiens, unicum. *Styli* quinque (non raro quatuor), breviffimi, paralleli, conniventes in columnam pentagonam vel tetragonam. *Stigmata* fimpliciffima.

PER. *Drupa* oblonga, glabra, carnofa, uni- 210 locularis.

SEM. *Nux* oblonga, duriffima, lignofa, extus fibrofa putamine craffo, obfolete quinquangulari (vel 4-angulari), quinquelocularis (vel 4 locularis) *loculis* ſereubus, cylindricis, curvis: *nucleis* cylindricis, curvis.

Habitat in CUMANA culta, copiofiffime vero filveſtris in adfcenfu montis citra fluvium.

Spondias defcr. Gen. Pl. 402. vel *Monbin* Plum. quoad florem ſat bene convenit cum flore Hobo; fed fructus ibidem defcriptus propior videtur Cedro cujus character, fupra dedi. An itaque cum Cedro nominata Hobo et Chryfobalanum inter fe fat fimilitudinis habeant, confufio aliqua Auctorum in his defcribenda orta erit,

Acayam Marcgrav. et *Acayam* Labat (qui Cedro idem) eadem origine gaudere eafdemque fignificare arbores, opinor.

Sectio

Sectio Tertia.

OBSERVATIONES

Genera Plantarum illustrantes.

84. TAMARINDUS. *Gen. Pl. 42.*

CAL. *Perianthium - - - foliolis* oblongis, concavis, superiore reliquis paulo latiore.

COR. *Petala* tria, lanceolata, basi complicata,
intra basin folioli calycis latioris, omnia ad
latus superius patentia, undulata, venosa;
intermedio angustiore et breviore.

    Nectarii setae duae sub filamentis, breves.

STAM. *Filamenta* tria, ex inferiore calycis parte vacua, adscendentia, ad medium connata in unum corpus: laciniis subulatis. *Antherae* oblongae, utrinque acutae, antice
planae.

211   PIST. *Germen* lineare, arcuatum. *Stylus* filiformis, incurvus, adscendens, leviter com-
pressus. *Stigma* obtusum, crassiusculum.

SEM, unum, duo, vel tria.

    Petala lateralia utrinque ex imo folioli
supe-

Me

superioris calycis et petalum intermedium e regione ipſius folioli ſuperioris
prodeunt.
Staminum membrana a petalis ad inferiorem Germinis partem extenditur.

85. CISSUS. *Amoenit acad.* 4. *p.* 889. *n.* 1039.

Vidi tres ſpecies Americanas, amiciſſime in
omnibus partibus floris et fructus conſen-
tientes, quaſque proximas et vix diſtin-
guendas eſſe autumo, licet Characteri
Ciſſi. l. c. non reſpondeant. Praeterea
Bacca gaudent monoſperma, qua carent
Hedera et Vitis, vixque crediderim Dn.
MITCHELLIUM, has meas nomine Helicis
intellexiſſe.
En Characterem ſpecierum Americanarum.
CAL. margo breviſſimus exſtans l. patulus,
ſubinteger, obſoletiſſime quadridentatus,
medium Germinis cingens.
COR. *Petala* quatuor, oblongo-ovata, minima, convexa, craſſiuſculis, lateribus incurvis; diſtincta, erecta.

Nectarium: margo acutus, breviſſimus,
coronans vel cingens Germen intra ſtamina, obſolete quadrangulus, quadrifariam (pro ſtaminibus) obſolete
emar-

emarginatum, intus pilis aliquot raris
refertum.

STAM. *Filamenta* quatuor, fubulata, corolla
paulo breviora, patula, extus nectario inferta, e regione petalis correfpondentia.
Antherae oblongae, parvae.

· PIST. *Germen* fundo Nectarii immerfum. *Stylus* erectus fubulatus, ftaminum altitudine.
Stigma acutum, fimpliciffium.

PER. *Bacca* globofa, umbilicata, glabra.

SEM. unicum, ovatum, acuminatum.

Inflorefcentia eft cymofa.

86. SPIGELIA. *Gen. Pl.* 160.

CAL. *Perianthium* monophyllum, tubulatum:
apice quinquedentatum - - -

COR. monopetala, tubulata, quinqueplicata,
calyce triplo longior. *Tubus* cylindricus,
calycis longitudine. *Limbus* campanulatus,
plicatus, quinquedentatus: dentibus acutis, ovatis, erectis.

· STAM. *Filamenta* quinque, capillaria, ad apicem tubi limbo inferta, limbi mediae longitudinis, apice paulo incurva. *Antherae*
lineares, fupra bafin filamentis affixae.

· PIST. *Germen* fubrotundum, parvum. *Stylus*
filiformis, longitudine ftaminum, a medio
furfum

furfum incraffatus, fubulatus. *Stigma* acutum.

PER. *Capfula* didymá vel duae coalitae, fubrotundae, uniloculares, univalves.

SEM. nonnulla (8-9), angulata, in orbem imbricata, fupra receptaculum feminum nuou, foras convexa, margine acuto, fubrotundo, crenulato, intus pro varia compreffione feminum angulis 3. 4. 5. notata.

87. CONVOLVULUS et IPOMOEA.
Gen. Pl. 157. 158.

Saltem indigitare volui hic haberi plures fpecies Capfula quadriloculari, quadrivalvi: Seminibus folitariis, ovati   onvexis inde angulatis.

Quoad reliqua difficile limites   erum indagantur, quum Corolla,   Stigmata gradu alterutrius cenfum mu...

88. CORDIA. *Gen. Pl.* 1002.

Tres Species fructificatione affines, Corolla licet et Calyce diverfas legi, quas, ob ftylum dichotomum, quadrifidum, et Drupam parvam ex genere Cordiae effe non dubito, nullam tamen ex plantis Plumieri in Spec. Pl. p. 60 et 16 relatis effe autumo. Diftinctam

étam ergo Fructificationis harum tradam
defcriptionem. Forte enim fpecies Plumieri
in aliqua fructificationis parte diftincta fit.

₃) *Cantaro* nom. vulg. (*Cerafcanthus Brow.* 170.)

213 CAL. *Perianthium* oblongum, tubulatum vel
pbverfe ovatum, decem ftriatum, ore tri-
dentato (interdum 4 dentato) *dentibus* obfoletis obtufiufculis, fubinaequalibus; perfiftens etc. fecund. Mfc. defcript.

Drupae uvas imitantur figura externa;
maturae fere candidae funt & pelluci-
dae, margaritarum inftar. Proxima
videtur Caracteri Cordiae. Gen.
Pl. 1002.

β) *Cariaquilla madro* nom vulg. i Lantana.
CAL. etc. conf. Mfc. defcr.

γ) *Cariquillo prieto.*
CAL. etc. conf. Mfc. defcr.

δ) . . . .

89. CAPSICUM. *Gen. Pl.* 195.

STAM. . . . . *Antherae* . . . . longitudinaliter
dehifcentes. Hinc vix connivent Antherae.

90. SOLANUM. *Gen. Pl.* 196.

STAM . . . . *Antherae* . . . . . apice punctis
duobus dehifcentes.

Nota.

Nota. In omnibus, quas vidi hujus
Generis speciebus in America, *Antherae* apice fuere perforatae, non vero
ibidem omnes coniventes nec contin-
gentes.

91. CESTRUM. *Gen. Pl.* 188.

In specie Cestri floribus sessilibus Spec. Pl.
191. 2. quae hic Hediondo h. e. foetida
audit, (nescio cur), stamina vidi omnino
sine denticulis introrsum emissis.
Praeter baccam, a Lycio distingi videtur staminibus corollae tubo toti longitudinaliter
affixis.

92. CONOCARPUS. *Gen. Pl.* 193.

Flores omnes in capitulo globoso collecti,
hermaphroditi sunt.

93. CONTORTORUM ordo naturalis XXIX. 214
Philos. Botanica p. 31.

Alit hic Americae tractus plurimas hujus
ordinis plantas, determinatu difficillimas;
quales sunt plantae pentandrae, quae se-
cundam constituunt subdivisionem. Ultra
duodecim

duodecim legi species, in hac Americae
parte, fed nullam, qua fructificationem, al-
teri exacte fimilem. Has quidem ad praefi-
xa retuli Genera, licet in praefenti, de his
quid dicere nequeam, quum dimidia folum pars a me hactenus defcripta fit. At
vero, haud abs're effe exiftimaverim, heic
loci de natura genitalium paulo praeferari,
cum hic in Pentandris digynis tam mire
fint coalita, ut participare videantur cum
Monodelphis non minus, quam Gynandris.

Nectarium interius communiter cylindricum
vel pentagonum, verfus apicem externe
Antheras gerens, apice ipfo plerumque obtufo, glabro gaudet.

Tubus hujus Nectarii non nifi ex conjunctis filamentis conftat, licet non diffitear bafim horum
a Nectario exteriore ortam effe, ut clarius in
Afclepiade Spec. Pl. 205. 9. gaudente nectario exteriore quoque per Columellam
elevato, patet.

Apicem vero hujus interioris Nectarii ftigma
piftilli effe multiplice argumento ad creden-
dum inducor, nam germinum geminorum
ftyli diftincti furfum femper fubftantiae apicis Nectarii inferuntur et praeterea in plurimis hujus ordinis, rimas ullas, ne oculo
quidem armato vidi. Hinc necefario fe-
queretur

queretur foecundationem ex antheris fieri pollinis infperfione fupra apicem Nectarii, qui ftigma eft.

In certa tamen Specie, Nectarii hujus apex fur-fum erigitur et bicornis evadit, in fignum piftilli duplicis. Hocce pofito, facilis fit combinatio et magis confona convenientia inter Monogynas et Digynas hujus ordinis plantas, nempe quod piftilli bafis duplex furfum conjungitur in unitatem, vel inferius per ftylos ut in Monogynis, vel fuperius per ftigma ut in Digynis. Ceterum combinatio Stigmatis cum ftaminibus, clare, ut opinor, patet ex Ceropegia, cujus Stigma, fimile quid habet cum Stigmate Digynarum, licet Stylus Monogynus.

Haec ex folis plantis Americanis poffe conclu-di, mihimet vifum eft. An eandem fervent concordiam Species europae, inquirendum linquo autoptis.

CEROPEGIA *Gen. Pl.* 222.   215

Species binas novas, ad hoc Genus proxime accedentes legi, quae in fructificatione fat differentes et inter fe et ad fpecies funt. Defcriptionem fiftam utriufque.

a) CEROPEGIA floribus erectis fafciculatis fub-feffilibus, calycibus fimplicibus. *Spec. nova.*

VoL. II.   U   CAL.

CAL. etc. conf. Mfcr. defcr.

) CEROPEGIA calycibus involucro proprio auctis. *Spec. nov.*

CAL. etc. conf. Mfcr. defcr.

Nota. Hae ergo plantae conjungunt fpecies monogynas et digynas in ordine hoc naturaliffimo. Harum Stigma fat bene explicat Stigmata reliquar. digynarum.

PERIPLOCA *Gen. Pl.* 225,

Hujus generis quatuor, ut opinor, Species novas diftinctafque, a plantis *Spec. Pl.* in flore fat diverfas, legi, quoad fructificationem diftincte defcribam.

) PERIPLOCA foliis oblongis acuminatis, floribus axillaribus fpicatis umbellatis; caulibus glabris implicatis. *Spec. nov.*

CAL. etc. vide Mfcr. defcr.

β). PERIPLOCA foliis cordatis, caule pubefcente, inferius cortice fungofo ramofo; floribus feffilibus. *Spec. nov.*

CAL. etc. conf. Mfcr. defcr.

Nectaria ideo hujus ad Periplocam accedunt, fed

ι) PERIPLOCA foliis ellipticis obtufis glabris, floribus fpicatis umbellatis. *Spec. nova.*

CAL. etc. conf. Mfcr. defcr.

Nectario

Nectario magis difcedit.

ε) PERIPLOCOIDES. *Defc. inter genera dubia.*
Hujus Corolla tubulato-campanulata: nectarium exterius connivens includit Corollam
genitalium, qua a reliquis differt.

92. CUSCUTA. *Gen. Pl.*

Praeter Epithymum flore quinquefido obfer-
vatum in Hifpania, duas infuper legi Species Americanas itidem flore quinquefido
femper inftructas, cum Stylo duplice. Harum altera Species floribus gaudet pedunculatis, fafciculatis. Corolla dentes habet
longos, patentes valdeque acutos, qui in
aliis fpeciebus breves funt & obtufiufculi.
Corollae figura in una fpecie ovata eft, in
in altera fpecie et Epithymo europaeo, campanulata.

216

95. GOMPHRENA. *Gen. Pl. 233.*

Differentias veras characterifticas inter Gomphrenam, Achyranthem et Celofiam vix re-
perio, adeo ut fere dubius haeream, quo
referri debeant tres Species Americanae,
commune quid in fructificatione habentes,
fed in aliquot partibus et a Characteribus
et inter fe invicem differentes. Harum

quidem

292 PLANTAE HISPANICAE.

quidem duae ad Gomphrenam relatae in
Spec. Pl. 224, 6 et 225, 8. at differunt ratione, in fubfequentibus demonftranda def-
criptionibus. Secunda nempe fructificatione conjungit primam et tertiam. Aliam in
Generib. dub. propofui.

α) GOMPHRENA foliis carnofis obtufis, capitulis oblongis terminalibus. Spec. Pl. 224, 6.
CAL. etc. conf. Mfcr. defcr.

β) GOMPHRENA caule repente, foliis lanceolatis ovatifque, capitulis ovatis axillaribus
feffilibus. Spec. Pl. 225, 8.
CAL. etc. conf. Mfcr. defcr.

γ) CELOSIA etc.
CAL. confr. Mfcr. defcr.

In Hifpania legi harum fpecierum alteram,
caule diffufo, foliis ovatis planis, capitulis
lateralibus, feffilibus (an Achyranthes caule repente Spec. Pl. 205. 4?) Hujus ftamina eodem modo fita funt ac in fpecie (α):

BROMELIA. Gen. Pl. 312.

In duabus a me examinatis fpeciebus, nullum
vidi nectarium, nec Corolla proprie tripe-
tala dici poteft, quum ad bafin cohaereat,
et in altera fpecie, Corolla nonnifi ad medium divifa.
Character, fecundum mea obfervata, hic eft.

CAL.

CAL. *Perianthium* triphyllum, trigonum, Germini incidens: *foliolis* oblongis, erectis.

COR. tubulata, tripartita, obfolete trigona : *laciniis* linearibus, erectis, apice patulis, calyce longioribus. 217

STAM, *Filamenta* fex, fubulata, corollae verfus inferiora adnata eaque breviora, quorum alterna conjungunt lacinias corollae. *Antherae* lineares, acutae.

PIST. *Germen* etc. ut in Gen. Pl.

OBS. Stamina alterna ipfas lacinias corollae combinant, adeo ut perfecte monopetala fit.

Calyx in certa fpecie deciduus vel cum flore evanefcit.

97. RHEXIA. *Gen. Pl.* 375.

Ex fpecie Americana, Rhexia calycibus foliisque hifpidis, herbacea, quae Osbeckiam (cujus fpecimen ad me mifit Osbeckius in Hifpania) facie et fere fructificatione quodammodo refert, concludere licet, maxima haec duo genera intercedere affinitatem. Meae fpeciei ftamina non fuere declinata, fed erecta, filamentis ante florefcentiam introrfum conduplicatis.

98. PAULLINIA. *Gen. Pl.* 393.

CAL. *Perianthium* pentaphyllum, inaequale :

foliolis concavis, oblongis, coloratis; exterioribus oppofitis lateralibus fubrotundis, parvis; dorfali oblòngo, majoribus anterioribus fimilibus dorfali; perfiftens

Cor. *Petala* quatuor, obverfe ovata, oblonga, calyce longiora, e finubus calycis dorfalium.

Nectarium tetraphyllum: *foliolis* apice craffiufculis, bifidis, petalorum ungui infertis, latere verfus foliolum dorfale calycis omnibus connatis, calycis longitudine.

Stam. *Filamenta* octo, fubulata, approximata, quorum tria fuperiora breviora a nectario obteguntur; inferiora quinque ad finum corollae inferiorem nuda, longiora. *Antherae* parvae, oblongae.

Pist. *Germen* oblongum, obtufum. *Styli* etc. ut in Gen. Pl. l. c. adeoque folo fere calyce pentaphyllo et nectario foliolis omnibus connatis (quae nota an omnibus communis fpeciebus, nefcio) realiter differt a Cardiofpermo.

Capfula magis carnofa, in aliis fere membranacea, vacua ut in Cardiofpermo eft, fed femper anguftior.

99. CARDIOSPERMUM. *Gen. Pl.* 394.

Circa hanc plantam pauca obfervavi, quae charact.

charact. Gen. l. c. non attingit, neceffaria tamen ad exactius diftinguendum hoc genus a
proxima Paulinia.

Cor. *Petala* infefiora remotiufcula.

Neclarium - - - foliolis bafi petalorum
innatis, fuperioribus duobus fubovatis, apice conniventibus connatis, ex
apice introrfum et deorfum demitten-
tibus lacinias lineares obtufas, latere
connatas, obtegentes glandulas duas
fubrotundas, innatas bafi interiori floris, majufculas ; inferioribus duobus
obverfe ovatis, fimplicibus, remotiuf-
culis, folut\.

STAM. tria, fuperiora, quinque inferiora, etc.

100. BAUHINIA. *Gen. Pl.* 406.

Vereor ut omnes fpecies exacte in fructificatione conveniant. Calycem nullum inferius dehifcentem vidi, nec adeo fterilia. In-
terim in fpecie una (Spec. Pl. 374.) *Corolla* pentapetala fuit, tubulata et erecta ;
in altera (aculeata) Corolla pentapetala,
patenti-plana ; ambae vero petalis planis
nec undulatis.

BAUHINIA *fcandens* caule cirrhifero *Spec. Pl.*
374. 1.

U 4   CAL.

CAL. *Perianthium* monophyllum, ovatum, laxum, ftriatum, apice fummo contractiore, quinquedentato ; fubbilabiatum : dentibus fetaceis, finubus obtufis : duobus fuperioribus a tribus inferioribus finu utrinque profundiore, acuto, diftinctis.

COR. *Petala* quinque, erecta, apicibus lineari, teretibus, pubefcentibus : *Laminibus* ob-ovatis cum acumine, calyee duplo triplove longioribus : horum quatuor inferiora fere in eodem plano pofita, aequalia ; quintum fuperius paulo brevius, lamina anguftiore, ungue vero latiore gaudet.

STAM. *Filamenta* decem, foluta, fubulata, calyce breviore ; horum quinque exteriora in eadem ferie cum petalis inferta ; interiora quinque alterna. *Antherae* fubrotundae.

219 PIST. *Germen* oblongum, pubefcens: *Stylus* fubulatus, craffiufculus. *Stigma* obtufum, fubcapitatum.

β BAUHINIA aculeata. *Spec.* *P.* 374. 2.

CAL. - - -

PER. *Legumen* oblongum, compreffum, planum.

SEM. fubrotunda, compreffa.

101. PARKINSONIA. *Gen.* *Pl.* 407.

Praeter

Praeter vulgarem fpeciem in Hortis Europae
non infrequentem, alteram, ni fallor, hic
obfervavi floribus ejufdem gaudentem, fed
facie, foliis etc. valde diffimilem, cujus tamen exacti, non poffideo defcriptionem ;
primis namque accefus mei diebus in hanc
terram, floruit, copiaque plantarum viften-
darum obrutus, omnia perfecte notare haud
valui.

α) PARKINSONIA foliis pinnatis pallidis pla-
dis.

β) PARKINSONIA foliis conjugatis incanis.

PER. *Legumen* lineare, lanceolatum, planum,
membranaceum, medio oblongum, protu-
berans.

SEM. unicum, oblongum, utrinque obtufum.

102. POINCIANA. *Gen. Pl.* 409.

CAL. deciduus, coloratus.

COR. *Petala* quatuor, fubrotunda, fere aequalia, patentia, divaricata ; *Unguibus* linearibus, fuperne latioribus ; quintum fuperius (non infimum, quia foliolo infimo
Calycis oppofitum) erectius (non patens),
longitudinaliter convolutum ; *Lamina* mucronata.

PIST. - - - *Stigma* obtufum fimplex.

103. GUA-

103. GUAJACUM. *Gen. Pl.* 410.

Species duas legi fructu inter se diverfas et
Drupa diverfiffima. Character fecundum
plantas a me vifas, eft fequens.

CAL. *Perianthium* pentaphyllum, patens; foliolis ovatis, duobus exterioribus paulo minoribus, deciduis.

COR. *Petala* quinque, ovata vel fubrotunda,
obtufa, patentia; *Unguibus* linearibus.

220   STAM. *Filamenta* decem, fubulata, receptaculo inferta, parallela. *Antherae* oblongae.

PIST. *Germen* fuperne latius, (feffile), angulatum, obtufum, acuminatum. *Stylus* brevis. *Stigma* fimplex, acutum.

PER. Fructus angulatus, angulo fingulo uni-
loculari, compreffo.

SEM. folitaria, oblonga, dura.

    Differunt inter fe hae duae fpecies in Ca-
lyce: foliis tribus interioribus fubrotundis et ovatis; in Corolla: *Unguibus* longioribus et brevioribus. *Lamina*
fubrotunda, magna vel obverfe ovata:
Staminibus inaequalibus et aequalibus
pubefcentibus et glabris: *Germine*
pentagono et trigono; *Fructu* pentagono et quinquelabiato alis membranaceis

naceis et trigono triloculari. Plura in fpec. nov. § 1.

104. MELASTOMA. *Gen. Pl.*

STAM. fquamulae decem, minimae, fub filamentis calyci adnatae.

PIST. *Germen* fubrotundum, calyce obvolutum (non fub receptaculo floris). *Stylus* filiformis, rectus. *Stigma* obtufum.

PER. *Bacca* - - - coronata margine cylindraceo, (in fpecie quadam Americana) quinquedentato.

105. MALPIGHIA. *Gen. Pl.*

In Malpighia glabra *Spec. Pl.* 425. 1. in calyce fub quinto foliolo f. inferiore glandulae faepius defunt, ut in Bannifteria.

106. CRATAEVA. *Gen. Pl.*

CAL. *Perianthium* monophyllum, femiquadrifidum, perfiftens, bafi planum, craffum: *Laciniis* linearibus, obtufis, craffis, quarum infima paulo longior; fuperior minor, laterales adhuc minores, finubus obtufis.

COR. *Petala* quatuor, calycis divifuris inferta, oblonga, ad idem latus furfum flexa, patentiffima; horum duo inferiora dimidio breviora; *Unguibus* filiformibus.

STAM.

221   STAM. *Filamenta plura quam* viginti Reliquis affinibus in Polyandria adjungenda videtur.

107. PORTULACA. *Gen. Pl.* et ANA-
CAMPSEROS. *Gen. Pl.*

Ex *Specieb. Pl. p.* 445. videre licet, nuper conjuncta effe haec duo Genera affinia. Antea
in novis Gen. demonftravi ut opinor, Portulacaftrum *Spec. Pl.* 446. 4. (ni fallor) effe
proprium Genus et a Portulaca et ab Ana-
campferote fat diftinctum. Hujus loci eft,
in medium proferre obfervata circa Genera
haec antiqua, quum hac in terra tres novas
fpecies Portulacae et itidem tres vel quatuor Anacampferotidis viderim. Dn. SAU-
VAGES ex Portulacae alia fpecie, novum
condidit Genus, *Trianthema* dictum, quod,
ex fynonymis in *Spec. Pl.* allatis, fufpicor
tertiam effe fpeciem novam mearum Por-
tulacarum, quae hic copiofe crefcit. Verum nefcius characteris Sauvagefii, memet
ipfum explicare nequeo. Nec flores axillares, nec ftamina quinque, nec ftylus duplex meae funt fpeciei, fed fynonyma ex
affe ei convenire v'entur. Perfecta defcriptio adeft in *Spec. nov.* §. -- Hic differentes fructificationes tradam.

A) POR-

A), Portulacae propriae. ...

a) Portulaca foliis fubrotundis petiolatis, floribus axillaribus folitariis.

An Portulaca ourafavica procumbens; flore mufcofo; capfula bifurca, *Tournef.: inft.* 236. *Herm, par.* 203. *rt* 213. *vel* Trianthema.

Cal. confr. Mfcr. defcr.

β) Portulaca foliis lanceolatis planis, axillis pilofis; floribus fubfeffilibus terminalibus folitariis.

Cal. Mfcr. defcr.

γ) Portulaca foliis lanceolatis oblongis terminalibus ternis; floribus feffilibus.

Cal. et confr. Mfcr. defcr.

B) Anacampseros.

δ) Anacampferos foliis oblongis planis, racemo bifido.

ε) Anacampseros confr. Mfcr. defcr.

Hae carent lana ex axillis, a Portulacis in florefcentia pedunculata differunt.

108. MUNTINGIA. *Gen. Pl.* 222

Cal. *Perianthium* pentaphyllum, patens: foliolis lanceolatis, acuminatis, perfiftentibus.

Cor. *Petala* quinque, obovata, longitudine Calycis, etc.

Stam.

302 PLANTAE AMERICANAE:

STAM. *Filamenta* (breviffima), corolla breviora etc.

109. CLUSIA. *Gen. Pl.* 502.

In itinere ad miffiones Pirituenfes copiam Arborum harum altiffimarum fcandentium, vidi, cum copia florum deciduorum ubique in via ad montem umbrofiffimum juxta Popul. vulgo Tucugo; at ex altero harum individuo caefo, ut ex ramis cacuminis flores recentes decerperen, differentiam non minimam in partibus deprehendi Fructificationis inter Flores antea cafu lectas in via et hos recentes, prefertim in genitalibus, uterque tamen in Calyce et Corolla amiciffime conveniebat.

CAL. utrique *Perianthium* hexaphyllum, patens : *foliolis* oppofitis, imbricatis, interioribus per paria oppofita longioribus, concavis, patentibus, perfiftentibus.

COR. utrique *Petala* quinque, patentiffima, calyce majora, bafi craffiora, oblonga, in medio leviter contracta, apice fubrotunda, integra.

* Individuum floribus recentibus, nullum habuit

Necta-

Nectarium niſi congeries Staminum, ita vocari
debet.

STAM. *Filamenta* nulla. *Antherae* viginti octo
ad triginta, ſeſſiles, contiguae, angulatae,
in acervum quinquangularem ſupra planum
congeſtae, vix a ſe invicem diſtinguibiles,
in ſingulo margine elevato, obtuſo Succo
glutinoſiſſimo praegnantes; in medio im-
preſſio abſque glutine, non fariniferae, quantum vidi.

Hinc forte nectarium potius exit, ſed tum
ſtamina deficiunt.

Germen ut in *Gen. Pl.* ab hoc acervo in-
cludebatur.

* *Flores* in via inventi, habuerunt

STAM. *Filamenta* plurima, ſubulata, patula,
baſi connata in membranam.

Germen et acervum Nectarii non vidi,
Fructus tamen copioſi, quales in *Gen. Pl.* 223
deſcribentur. An erit floribus maſculi-
nis et femininis diſtinctis fortaſſis alia oc-
caſione certiora dicere valeo.

Calyx ſimilis Lecythi *nov. gen.*

110. MENZELIA. *Gen. Pl.*

CAL. *Perianthium* pentaphyllum etc.

STAM. plurima, capillaria, exteriora ſurſum
plana,

plana, membranacea, obtusa. *Antherae*
parvae, subrotundae.

111. MIMOSA. *Gen. Pl.*

Hujus viginti species florula mea ad hunc diem
numerat, magis autem diverfum Genus in
fructificatione fateor me vidiffe nullu.n ;
nempe praeter corollam, ftamina, legumina et femina, differunt in numero, cohae-
fione, fitu, figura, proportione.

Quinque differentes vidi Fructificationes mo-
dos, nempe.

a) *Perianthium* monophyllum, quinquedentatum.

Cor. monopetala, quinquefida, calyce altior,
lateribus internis calycis inferius adhaerens.

Stam. *Filamenta* numerofa, quadraginta ad
quinquaginta, longiffima, capillaria, inferius faepe ad mediam connata in tubum,
ut in Monadelphia.

Legumen teretiufculum.

Hujus familiae funt Mimofa *Inga* Spec. Pl.
516. 2. *bigemina* 5. *Unguis Cati* 6. et C..al.
Mfcr. 221. 225. 229.

Semina in his duobus ultimis funt calyptra f.
arillo proprio a cortice vel carne leguminis
diftincta, pilofa, fpongiofa involuta, qui-
                                            bus

bus hae fpeciei foliis bigeminis ab altera
Inga differunt.

β) *Perianthium* monophyllum, quinquedentatum.

Cor. pentapetala; petalis vix bafi cohaerentibus, calyce longioribus.

Stam. decem vel quinque, corolla fefquilon-
giora, fetacea.

Legumina plana, linearia, bivalvia.

Hujus familiae funt *Mimofa cinerea* et affines.

γ) *Perianthium* monophyllum, bi-vel quinquedentatum.

Cor. monopetala, quinquedentata.

Filamenta plurima (quadraginta), libera, corolla duplo longiora, recta.

Legumina planiufcula, linearia.

Hujus familiae funt *Mimofa Farnefiana* et affines.

δ) *Perianthium* tri-vel quadridentatum.

Cor. nulla.

Stam. octo vel quatuor, filiformia, recta;
quatuor longiora.

Legumina articulatim difcedentia, margine - -

ι) *Perianthium* monophyllum, quinquefidum.

Cor. pentapetala, fubpapilionacea, petalis inferioribus longioribus ; faepe reflexa, dorfo
comprefsa.

Stam. decem, decumbentia, corolla longiora.

Legumen compreſſum, utrinque ad alterutrum
latus incurvum, contractum.

224   112. CORCHORUS. *Gen. Pl.*

Duas legi Species capſula triloculari, quibus
Cor. ſub vigore florescentiae patens.
Pist. : . Stigma ſimplex, obtuſum.
Per. *Capſula* linearis, trivalvis, trilocularis.
    Duae ſpecies diſtinguuntur capſula tereti,
     ſubtriangulari, et capſula triangulari,
     angulis bimembranaceis (Triumfetta
     Brov. 232. *t.* 25. *f.* 1.)

113. ANNONA. *Gen. Pl.*

In ſpecie Annonae glabrae. *Spec. Pl.* 534.
quam ſolam hucusque ex hoc Genere flo-
rentem inveni, obſervati.
Cal. *Perianthium* triphylium, minimum : *folio-*
lis triangulatis, acuminatis.
Cor. *Petala* ſex ; tria exteriora magna, erecta,
linearia, dorſo carinata, intus plana.
Per. *Baccae* . . . . cortice glabro, obſoletiſſime reticulato.

114. CRANIOLARIA. *Gen. Pl.*

In ſpecie prima *Spec. Pl.* 618. 1. videtur ſpa-
tha calycis potius eſſe Perianthium et ſetac
                               ſub-

, ' fubjeſtae (ex mea autopſia folum duae) bra-
ſteolae calycinae, quales in aliis plantis faepe
deprehendúntur. .
CAL. conf, Mſcr. deſcr,

115. BIGNONIA. *Gen. lP.*

225

Ex quinque vel fex fpeciebus a me in America
vifis, unicam tantúmmodo deſcribam, cum
illa· a reliquis flore fruſtuque confimilibus
· valde differat. Eſt haec *Bignonia paniculata*
Spec. Pl. 623. 5.
CAL. etc. conf. Mſr. deſcr,

116. CRESCENTIA. *Gen. Pl.*

COR. *Tubus* laxus, gibbus, curvus, Infra plica
tranfverfali obtufa ; procumbens : laciniis
acutis : fuperiotibus longioribus, revolutis,
incifo-laciniatis .
STAM. *Filamenta* quatuor, filiformia, tubi corollae longitudine, parallela (non patentia),
fub dorfo corollae; *Antherae* incumbentes,
bipartitae, utrinque acutae.
PIST. *Germen* feffile (non petiolatum fed cin-
ſtum margine glandulofo, obtufo, cui corolla infidet, quae fruſtu excreſcente baccam leviffime pedicellatam efficit, quum
non excrefcit cum Germine ; fed hoc vix
manifeſtum eſt), oblongum. *Stylus* filifor-
X 2　　　　　mis,

mis, ftaminibus fitu et longitudine aequalis.
Stigma foliaceum, erectum, ovatum, bipar-
titum : *laciniis* planis, parallelis. . .
Bacca . . . maxima, cortice duro, pulpa fucco-
fa fpongiofa.
SEM. fubovata etc.

604 117. BARLERIA. *Gen. Pl.*

Hujus generis fpecies nova mihi vifa fuit
Planta annua fubprocumbens, brachiata;
fpicis ovatis, tetragonis : bracteis integris.
Fructificatio hujus ita fe habet.
CAL. *Perianthium* etc. conf. Mfcr. defcr.

118. SIDA. *Gen. Pl.*

Ad hoc genus relata *Sida capitata Spec. Pl.*
685. 10. capitulis feptemfloris, quae hic
loci (fi eadem fit et ni fallat memoria,
Planta Hort. Vpfalienfis, defcripta in Actis
Vpf.) faepius triflora et involucrata eft.
Duas infuper fpecies novas, *unam* foliis
palmatis, rugofis, villofis; *alteram* foliis lineari lanceolatis, rugofis, villofis inveni,
Involucro triphyllo, trigoro donatas. Sic
tres fpecies involucratae funt; an ideo haec
plantae, inter Malvas et Sidas intermediae
proprium conftituere poffunt Genus?

119. THEO:

119. THEOBROMA. *Gen. Pl.* 374.   262

120. MILLERIA. *Gen. Pl.* 814.

121. EPIDENDRUM. *Gen. Pl.*

Quinque Orchideas parafiticas in hac parte
Americae legere mihi licuit, quae, ut opinor,
omnes ad Epidendrum referendae funt.
Ex his tamen tres folum florentes vidi,
omnes diverfas, Corolla et nectario in fpecie quadam erectis, foliofis, nectario cornu-
to; reliquae ex acaulibus eo carent. Differunt inter fe in figura Nectarii. Attamen
magis fingulare mihi vifum fuit *Epidendrum
nodofum* Spec. Pl. 953. 7. flore albo unica
tantum gaudere Anthera, nec duabus uti
reliquae fpecies orchideae. An hoc in
pluribus obtineat Epidendris, adhuc dum
nefcio.

122. HELICTERES. *Gen. Pl.* 439.

CAL. *Perianthium* monophyllum, oblongo-cylindricum, tubulatum, quinquedentatum:
dentibus acutis, linearibus. . . . . deciduum,
femunciale.

COR. Petala quinque, calyce longiora: *unguibus* longis, linearibus, anguftis, paulo
fupra bafin notatis dentibus lateralibus,
         X 3   oppofitis,

oppofitis, utrinque folitariis, patentibus, ad fe invicem fere connatis.

STAM. .... *Antherae* lineares, curvae, incumbentes.

PIST. *Germen* columella filiformi, longiſſima elevatum oblongum. *Styli* quinque, longi, contorti, filiformes. *Stigmata* fimplicia.

PER. *Capfulae* quinque, fpiraliter lineares, uniloculares, univalves, introrfum dehifcentes, apice patulo emittunt femina.

Nefcio an duae, quas vidi, fint fpecies vel varietates: Corollae etenim color elegantiſſime rubens, planta viridis. fructu breviore differebat fuperficialiter a Corolla fubcinerea, planta incana, fructu longiore,

123. CROTON. *Gen. Pl.*

Character Generis in *Gen, Pl. l. c.* univerfalis eft. In hac Americae parte fex collegi fpecies Crotonis, quarum fructificationes inter fe licet diverfae, (excepto apice in ftaminibus in quibusdam) concordant cum Gen. Pl. Species hae a me vifae, in duas phalanges commode difpefci poſſunt, a ftaminibus, quae in aliis fere libera funt, in aliis in Filamentum unum connata.

A) Staminibus fere liberis; differunt dupliciter corolla et ftylis.

α) Mafc.

*) Mafc. CAL. pentaphyllus, patens, planus :
foliolis teneris, lanceolatis, coloratis.
COR. nulla. Nectarium nullum.
STAM. plura, libera, undique patentia, caly⁻ˉ
longitudine.
Fem. CAL. pentaphyllus, erectus,
COR. nulla.
PIST. Styli tres · fingulis apicibus dichotome
fexfidis, patentes.
β) Mafc. CAL. ut in *)
COR. Petala quinque, plana, colorata, uti ca-
lyx. Nectarium nullum.
STAM. ut in *).
Fem. CAL. ad bafin fere quinquepartitus,
COR. nulla. Nectarium. . . .
PIST. Styli tres, patuli: apicibus bifidis.
B) CROTON ftaminibus connatis in filamen-
tum unicum.
γ) Mafc. CAL. Perianthium pentaphyllum,
erectum.
COR. Petala quinque. Nectarii Glandulae quin-
que circa bafin Filamenti.
STAM. Filamenta connata in unum.
Fem. CAL. pentaphyllus, patens, major.
COR. Petala quinque, calyce minora. Necta-
rium. . . .
PIST. Stylis ad bafin fere trifidis: laciniis bifidis.
Europaeum Tournefol ab hoc di. ert.
Mas calyce quinquepartito.

-   Fem.

Fem. calyce enneaphyllo, laxo; *Corolla* nulla.

Stylis tribus bifidis.

124. JATROPHA. *Gen. Pl.*

Nec minus in fru&tincatione varium eft hoc Genus. *Jatropha goffypifolia Spec. Pl,* 1006: 1. optime ibidem defcripta, eadem dum *Jatropha Curcas* 1006: 3. gaudet fru&tifica-tione, floribus nempe inftru&tis calyce, co-rolla, ftaminibus connatis, Ne&tarii glandu-lis quinque, Stylisque tribus, apice bifidis. Contra vero *Jatropha Manihot* 1007; 5. ca-lyce caret; corolla angulata. Styli. . . . *Jatropha urens* itidem calyce caret, fed corolla hypocrateriformis.

228

125. HURA. *Gen. Pl.* 10 *Syft. Nat.* 6. *p.* 135.

Licet ex Syft. Nat. l. c. chara&ter Gen. Pl. emendatus fit, ex autoptica tamen obferva-tione novus hic fiftitur.

CAL. *Perianth.* etc. conf. Mfcr. defcr.

126. MORUS. *Gen. Pl.*

Flores mafculi et feminei in Dioecia, floribus femineis in globum aggregatis.

CAL. fquamae capituli quatuor vel quinque e-conf. Mfcr. Defc, ftylo unico longo differt a reliquis,

reiiquis, nec calyx abit in fructum.
Folla ovato-oblonga fu::, glabra nec hirfuta; alis fpina obliqua laterali.

127. VISCUM. *Gen. Pl.*

In fpeciebus duabus americanis, hoc genus a
planta Europae differre deprehendi: harum
una flores gerit ut illa in Dioecia, baccis
oblongis : altera vero abfolute Monoica eft,
baccis brevioribus. Alias, ambae habent in
Flore mafc. CAL. *Perianthium* tridentatum ;
dentibus acutis, craffiufculis. conniventibus,
breviffimis.
COR. nulla.
STAM. *Filamenta* vix ulla vel breviffima, *Antherae* tres, feffiles, fubrotundae.
Fem. CAL. fimillimus Mafc.
COR. nulla.
PIST. *Germen* oblongo-ovatum, teres, fub calyce terminali, magnum ratione illius. *Stylus*
nullus. *Stigma* obtufum.
Bacca fubconica.
SEM. ovale, compreffum, obtufum, venis longitudinalibus pulchre pictum, involutum
pulpa tenuiffima, glutinofa.

229 PLANTAE AMERICANAE.

Lectae 1754 menfe Decembri etc. in itinere
Cumana inter Orinoco fluvium Barcellonam
Miffion de Piritu.

MONANDRIA.
Canna   208.
DIANDRIA.
Jufticia   67. 81. 101. 111,
               112. 131.
Utricularia   197.
Piper   65. 66. 89.
TRIANDRIA.
Valeriana   64.
Tamarindus   22.
Commmelina   56.
Gramen   204.
Ariftida   152.
Arundo   198.
Triplaris   119.
Obfcura   36.
TETRANDRIA.
Spermacoce   33, 34, 42.
Rivina   :3.
Mollugo.   10.
PENTANDRIA.
Convolvus   12, 16, 38,
               122, 153.
Ipomoea   53.
Solanum   21, 84.
Chryfophyll.   178, 179.
Edechi   133, 155.
Frutex   128.
Achyranthes   23.
Celofia   8, 9, 20.
Hydrocotyle   194.
Eryngium   54.
HEXANDRIA.
Bromelia   188, 206.
Amaryllis   185.
Agav: 4.

Petiveria   24.
HEPTANDRIA.
Oofcura   44.
OCTANDRIA.
Gaura   106.
Griflea   104.
Sapindus   148.
Paullinia   61
Polygonum   15, 37, 130.
DECANDRIA.
Bauhinia   46, 47, 143, 189.
Caffia   1, 27.. 35, 39,
               116.
Juffiaea   30, 31, 205.
Samyda   136.
Spondias   177.
Malpighia   89, 139.
Banifteria   108, 110.
DODECANDRIA.
Hermefias   182,
Triumfetta   58,
ICOSANDRIA.
Cactus.   40.
Pfidium   140.
POLYANDRIA.
Bixa   191.
Curatella   135.
DIDYNAMIA.
Bignonia   7, 126, 137, 165,
               186.
Lantana   2.
Barleria   19.
Critta   80.
Obfcurae   124, 201.
TETRADYNAMIA.
Arborefcens   107.
MONA-

!23 SPECIES PLANTARUM obfervatæ in itinere a CUMANA die 17 Decembr. 1754, ad fluvium Orinoco, per Barcellonam et Las Miffiones de Piritu.

DECEMBRIS.

XVII. 1. CASSIA alba foliis bipinnatis.
2. LANTANA, floribus feffilibus fubaggregatis, foliis ellipticis crenatis obtufis. *Oreganos* vulgo.
3- KRAMERIA.
4. AGAVE.

XVIII. 5. ARUM *frutefcens* which had both flowers and fruit, and whofe leaves ftood always erect, after funfetting.
I arrived at *New-Barcellona*

XX. Near *Miguel Roxa's* country-houfe the 'following plants were found.
6. EPIDENDRUM acaule, foliis fubulatis, canaliculatis, flore luteo, corolla rubroguttata.
7. BIGNONIA foliis pinnatis.
8. CELOSIA fpicis interruptis conglomeratis lateralibus.
9. Alia vocata CCRAZON, flore apetalo quadridentato triandro monogyno.

10. MOL-

10. MOLLUGINIS affinis, floribns paniculatis, femine unico abfque fiore.

11. EUPATORIUM.

12. CONVOLVULUS floribus axillaribus folitariis, foliis alternis oblongis, obtufis.

13. RIVINIA florens.

14. EPIDENDRUM foliis lanceolatis planis, flore folitario.

XXI. 15. POLYGONUM foliis fubrotundis.

16. CONVOLVULOIDES erecta, foliis lanceolatis dorfo carinatis,, fructu oblongo; fcapo tri-vel quinquepedali.

17. SIDA fructu pentagono, foliis cordatis.   232

18. SIDA foliis cordatis ferratis acutis, flore pleno.

XXII. 19. BARLERIAE herbaceae facie, ca· pitulis imbricatis.

20. CELOSIOIDES feminis calyptra, fpongiofa; copiofe florens.

21. SOLANUM caule erecto fuffruticofo gla-, bro, foliis ampliffimis, floribus axillaribus glomeratis.

22. TRIUMFETTA.

23. ACHYRANTHES fpicis erectis.

24. PETIVERIA copiofe.

XXIII. 25. TRIOPTERIS alte fcandens (Nova fpecies forte).

26. EUPA-

26. EUPATORIUM calyce cylindrico glabro imbricato, flofculis duodecim vel quatuordecim ; foliis ovatis ferratis, caule inter frutices fcandente.

27. Caffia *viminea* foliis bijugatis oblongis, glandula intra infima tereti. !

28. SIDA Efcabilla, floribus albicantibus.

29. SIDA Efcabilla, floribus luteis.

XXIV. I returned to *Roxa's* country-houfe, where I found the fruit. of the plants obferved December 20.

30. JUSSIAEA fructu octagono.

31. JUSSIAEA fructu tetragono.

32. MELOCHIA foliis ovato-lanceolatis; capfulis quinquangulis: angulis comprefiis acuminatis.

33. SPERMACOCE floribus verticillatis, capitatis, albis, foliis linearibus.

34. SPERMACOCE floribus aggregatis axillaribus ex alis alternis albis, foliis linearibus, calyce quadridentato. *Planta fufca.*

35. CASSIA foliis bijugatis oblongis, glandula tereti.

36. CORAZON herba triandra, facie Atriplicis.

233   37. POLYGONUM (Perficaria) octandrum femidigynum foliis lanceolatis; ftipitibus glabris membranaceis.

38. CONVOLVULUS flore luteo umbellato.

XXV.

XXV. 39. CASSIA foliis pinnatis ; leguminibus planis horizontalibus oblongis magnis.
40. CACTUS pedunculis filiformibus, caule
dichotcmo fexangulari, glabro, flore feffili.

1755. JANUARII.

40. PHASEOLUS caule volubili, floribus
laxé fpicatis, leguminibus arcuatis.
41. BIGNONIA flore luteo copiofo.
42. SPERMACOCE floribus capitatis verti-
cellatis.

VI. 43. TRAGIA foliis cordato-oblongis, caule
volubili.
44. ARBOR heptandra, calyce monophyllo
quinqueplicato obfolete quinquedentato ;
Stylo inclinato, Stigmate penicillo adfcendente.
45. EPIDENDRUM foliis lanceolatis crenatis.

VIII. 46. BAUHINIA *fcandens* cirrhofa (florens)
calyce monophyllo.
47. BAUHINIA aculeata, *fed abfque floribus.*
48. ARBOR fpinofa, ramis patentiffimis floribus hypocrateriformibus feffilibus (*Pifonia ?*).

XVIII. I ttavelled from *Barcellona* to *S. Bernhardino* 5 miles fouth of *Barcellona.*
The road went firft through a low flat
country, but afterwards we were obliged to
crofs the moft rugged hills.

In

In this province, they make not ufe of fhoes for horfes, which walk wery well without them, their hoofs having a fharp ftrong margin, by which they can climb the fteepeft hills.

Between *Barcellona* and *S. Bernhardino* I obferved the following plants:

49. *Carnes tollenda.* Arbor mediocris, floribus luteis maximis polyandris.

234   50. CROTON foliis ovatis, floribus fpicatis, ftylis mulfifidis depreffo-patentibus, *frutefcentes.*

51. EPIDENDRUM acaule, foliis lanceolatis.

52. EPIDENDRUM caule teretiufculo carnofo, foliis oblongis, recurvo patentibus, floribus albis.

XIX. Rofemary and Marjoram were in bloffom.

53. IPOMOEA foliis pinnatis, flore infundibuliformi.

54. ERYNGIUM which was employed for eating.

55. AGERATUM flore purpureo. *Parva, glabra, pedalis et bipedalis herba.*

56. COMMELINA parva repens, nectariis filamentis duobus.

57. MUCO *Arbor* magna. Fructus ovo anferino fere major, tandem edulis h. t. apice acuminato, ovalis, cortice craffiufculo.

Eft

Eſt *Bacca* feminibus, in carne alba h. t.
folidiufcula, nidulántibus, oblongis, pauló
compreſſis, margine fubreniformibus, *cor-*
tice pergamineo, longitudinaliter feſſiii, ro-
ſtello inflexo; *cotyledonibus* convolutis, rugofe
involutis fere uti charta fortuite complicata.

χX. In the vale fouth of the village; I found
the following plants.

58. TRIUMFETTA. *Flores* verticillati. *Ca-*
lyx et *Corolla* patentes. *Stamina* viginti
erecto-patentia. *Calycis* apices extrorfum
emittunt fetam fubulatam.

Sunt duae *varietates* : altera, floribus et
verticillis remotioribus ; altera, cui
flores minores, verticilli confertiores.

59. SICYOS fruÖtu hifpido longitudinaliter
reniformi.

60. PISONIA (florens.)

61. PAULLINIA foliis ternis, fruÖtu inflato
Cardiofpermo aequali.

62. CUCURBITACEA fcandens h. t. *fine fo-*
liis cum fruÖtibus copiofis; Melonis aemulis;
rubris, glabris; cortice pergamineo, mol-
liori, carne fpongiofa; fucco amariſſimo.

XXI. 63. MILLERIA fpec, 2. folia oblonga,   325
duriufcula.

46. VALERIANA *fcandens* caule fcandente,
foliis ternis, floribus lateralibus paniculatis

fubdichotomis fpicatis, feminibus comprefiis
ovatis ftriatis: pappo plumofo. Corolla
viridi-rofea, tubulata, aequaliter quinquedentata: dentes patuli. Stamina tria.

65. PIPER frutefcens, foliis ovatis ovalibus-
que quinquenerviis venofis.

66. PIPER frutefcens, foliis cordatis undecim-
nerviis venofis, fpicis erectis apice nutantibus.

67. JUSTICIA diandra. Diantherae affinis
flore caeruleo; bracteis ternis, dorfali cunei-
  formi; Capfula turbinato-oblonga, com-
prefia, biloculari, dehifcente valvulis parel-
lelis, loculis difpermis, *facie Barleriae
herbaceae.*

68. PHASEOLUS foliis ovatis, caule fcandente, floribus fpicatis parvis fubgeminis,
leguminibus retrorfum paullo falcatis, feminibus quatuor glabris oblongis albis.

69. BIDENS flore albo? feminibus quadrato-
comprefiis duabus vel tribus fetis terminatis,
paleis diftinctis, floribus omnibus tubulatis;
foliis oppofitis, ovato-oblongis, fubhaftatis,
duplicato ferratis, petiolatis; caule debili.

70. PLANTA leguminofa, fcandens, filiformis; foliis alternis, fagittatis, fimplicibus, glabris, petiolo utrinque membranaceo, apice acuto; leguminibus axillaribus
in racemo, (Spica quadriflora vel quinque-
flora)

flora) ftriatis, pendulis, acutis, paulo compreffis, digitalibus; feminibus tereti-obtu-
fis, glabris, nigris.

71. DOLICHOS fcandens, caule filiformi, 236
hinc inde volubili, foliis ternatis : *foliolis*
oblongis acuminatis, glabris, terminatis
pedicello longo unciali ab inferioribus
remoto. *Flos* papilionaceus. *Calyx* monophyllus, tubo campanulato corollae adpreffo
quinquefido, ex inferioribus tribus, duobus
lateralibus lato-ovatis, acuminatis, bafi
imbricatis fupra bafin fuperiorum, intermedio minimo acuto incumbenti fere lateralibus. *Corollae Vexillum* mox e calyce
exiens adfcendens, falcatum, dorfo carinato
apice bifido, lateribus revolutis, hinc a
carina mox extra calycem dehifcens. *Carina*
apice adfcendens, apice rotundo, bifido,
margine foluto et laxe folum connivente,
tumidiufcula. *Ala* carinae longitudine eju.-
demque flexurae. *Stamina* 10 in unum
connata, fupremo fola bafi leviter foluto.
Antherae oblongae, planae. *Germen* lineare,
compreffum. *Stylus* modice adfcendens.
Stigma obtufum, craffiufculum, acuminatum, fimplex. *Legumen* compreffum,
digitale, paulo recurvatum; dorfo angulato
craffiore, antice paulo magis compreffo,

rotundato

rotundato, lateribus mediis magis adhuc
compreffis longitudinaliter modice concavis.

72. CLITORIA foliis ternatis: *floribus* geminis; involucro florum diphyllo, ftriato,
calyce quadridentato : dente fuperiore latiore,
obtufo: inferioribus acuminatis. *Legumen*
lineare, longum, fpithamale, apice fubulatum, compreffum, rectum; dorfo leviter
obtufiore latere vtroque medio longitudinaliter fulco profundo quadrato glabro exa-
rato. *Semina* plura parva oblonga, juxta
dorfum leguminis folum adnata.

73. SIDA Abutilon capfulis multangularibus.

74. SIDA caule fimplici, foliis orbiculato cordatis; fpicis erectis fimplicibus longiffimis.

75. SIDA (frutex Abutilon) tomentofa, foliis
cordato-orbiculatis, fructibus multicapfu-
laribus ftellatis flore recurvo.

Planta cucurbitacea foliis cordatis angulato-
palmatis glabris; caule angulato filiformi fcandente, fructu pomi parvi magnitudine, globofo
fcabro eleganter variegato.

XXII. I travelled from St. *Benhardino* to *Pilar*,
two miles over a high hill. From its top
I difcovered, to the North, the fea and its
fhores; and after having paffed the crofs,
which divides the diftrict of both the vil-
lages,

lages, I faw, to the South, immenfe plains, extending to the river *Orinoco*. On this road I found the following plants.

76. Planta orchidea flore viridi, radicibus fafciculatis.

77. ˃IDA (Abutilon frutefcens) foliis cordato-orbiculatis acuminatis, fructu multiplicap-fulari ftellato.

78. Planta inter frutices fcandens; feminibus in paniculam laxam difpofitis fubrotundo reniformibus planis articulatim (duobus articulis) connexis 88.

79 CISSAMPELOS (*Hifp. Orya de tigre*) floribus peltatis fubrotundis, fed fere absque fructificatione.

XXIII. South-eaft of the village of *Pilar*, I found growing:

80. Arbor, indis CRITTÆ dicta (Didynamia Angiofp.) foliis oblongis oppofitis; ramis vltimis quadratis; floribus corymbofo-confertis.

81. JUSTICIA flore caeruleo, *copiofe*.

82. COREOPSIS (ni *fallor*) foliis palmato-trifidis oppofitis; floribus corymbofis.

AGERATUM flore purpureo 55.

XXVII. I returned to St. *Bernhardino*.

237

Y 3   83. MAL-

83. MALPIGHIA foliis oblongis margine
undulatis fubtus fubfericeis; racemis oppofitis terminalibus.

> *Flores* lutei. *Glandulae calycis* decem, ob-
> longo-ovatae, connatae, magnae. *Stylus*
> vnicus. Glandula vna vel duae, altera
> minore, in fingulo pedicello.

84. SOLANUM foliis oblongis fpithamalibus
alternis folitariis glabris; racemis florum
terminalibus dichotomis recurvis, floribus
imbricatis; caule inermi fruticofco.

> *Facie accedit* ad Solanum foliis geminis,
> altero minore; *fed racemi in hoc termi-*
> *nales funt, dichotome fubdivifi.*

85. SIDA *periplocifolia* caule erecto vimineo;
foliis cordato-ovatis integerrimis.

Caulis herbaceus, erectus, tenuis, filiformis
ramis paucis remotis.

Folia alterna integerrima, fupra viridia; infra
tomentofa, incana, tenera. Petiolus folio
faepe longior, filiformis, apice craffiore
pubefcente.

~~~es~~~ in paniculis longis, fparfis, erectis.

CAL. *Perianthium* monophyllum, campanulatum, parvum, quinquedentatum, teres:
dentibus ovatis, acutis, patulis.

COR. pentapetala, patens: *petalis* oblongo-
fubrotundis (ovalibus) paucis, calycis dupla
longitudine.

STAM.

Stam. Corollae longitudine.

Pist. *Germen* fubrotundum, tri-vel quadran-
gulare. *Styli* tres vel quatuor, bafi vniti,
patuli, ftaminum longitudine.

Per. *Capfula* calyce quadruplo major, turbinata tri-vel quadrilobata vel angulata et
apicis margine lobato *lobis* obtufis, acuminatis, tandem dehifcentibus angulo.

Sem. tria in fingulo.

An Napaea?

86. SIDA foliis cordato-acuminatis crenatis
vtrinque glabris, floribus confertioribus.

Caulis inferne fuffruticofus, vimineus, 2-3 pedalis, inferne glaber, fuperne fubincanus,
tener.

Folia cordata, acuminata, vtrinque glabra.

Petioli teretes, filiformes, foliorum longitudine, fuperne craffiores, ex toto glabri.

Flores conferti ad apices ramorum. *Pedicelli*
capillares. *Bracteae* tres, filiformes, dorfali latiore.

Cal. *Perianthium* monophyllum, patenti-
campanulatum, teretiufculum ante explicationem, furfum quinquangulare, bafi
vero minime: dentibus ovato-acutis, ante
et poft florefcentiam conniventibus.

Cor. pentapetala, patentiffima, calyce duplo
longior; *petalis* obovatis, obtufiffimis,

Y 4   dextror-

dextrorfum lateraliter magis flexis, oblique
obtufe emarginatis, ftriatis.

STAM. *Filamenta* plurima.

PIST. *Germen* fubrotundum, paulo depreffum.
Stylus filiformis.

PER. *Capfula* quinquelocularis, calyce paulo
minor, fubrotunda, leviter depreffa, vndi-
que obtufa centro prominulo, fuperius
quinque fulcis exarata.

SEM. compreffa.

87. SIDA foliis cordato-oblongis acutis ferratis, floribus folitariis.

Caules erectus, pedalis, herbaceus, filiformis,
teres.

Folia alterna, cordato-oblonga, glabra, ferrata: ferraturis acutis. *Petiolus* femuncialis,
teres, apice craffo inflexo.

Flores axillares, folitarii.

CAL. ovatus, fub florefcentia campanulatus,
vsque ad bafin quinquangularis, angulis
compreffis ; quinquefidus, laciniis acuminatis.

COR. plana, Petalis oblongis, calyce duplo
longioribus, lutea.

STAM. plura, vltra medium a bafi connata in
columnam filiformem, fuperne divifam in
filamenta plura capillaria.

PIST. *Stylus* filiformis, fuperne quinquefidus.
Stigmata capitata.

PER.

PER. *Capfula* calyce obtufo eoque brevior ; quinquangularis, apice fetis dec:m ; quinquelocularis, quinquecapfularls : capfulis dehifcentibus.

SEM. folitaria.

88. *Planta* (7C) fundens inter frutices etc. habt revera femina vel legumina difperma, articulata, connata, reniformla. *Folia* terna ; foliolis oblongis, venofis ; *petiolls* teretiufculis, pubefcenti-hifpidis, pilis ubique hamatis veftibus adhaerent *Stipulae* fetaceae. Pedicelli laterales breves, ultimo quafi uncinato ; fquamae fubalatae utrinque ad pedicellorum latera. *Caulis* quinquangularis : lateribus fulco exaratis ; debilis; hifpidus. *Flores* in racemis minimis, lateralibus, ramofis ; pedicellati, geminati. Flos decidit et *Legumen* biarticulatum, articulo fingulo reniformi membranaceo, comprehendit fingulum femen reniforme, paulo compreffum. *Hedyfarum.*

239

89. PIPER foliis cordatis acuminatis, fpicis fuperne nutantibus, petiolis bafi vaginantibus membranaceis.

90. *Frutex* racemis alternis, terminalibus, fimplicibus ; *floribus* aliquot ex uno puncto f. gemmula fubrotunda, vel folitariis, *pedunculis* capillaribus, bilinearibus ; *Legumine* oblongo, lineari, femunciali, compreffo, terminato

terminato in alam planam, ellipticam, firmam, superficie venulis parum pictam, dorso margine crassiore, basi tegmine ipso 2, 3, 4, *semina* inter tomentum isthmorum recondita. Semina oblonga, utrinque obtusa.

91. *Frutex* scandens, seminibus in corymbum positis, floriformibus, siccis, erectis. *Capsula* oblonga, nuda, obsolete quinquangularis, magis contracta, margine coronata foliolis quinque, siccis, lanceolatis, nitidis, striatis; e centro prodeunte filameno inclinato, quod absque dubio antea fuit stylus. Semen unicum oblongum, utrinque obtusum : *Dubium est an semen nudum vel capsula?*

FEBRUARII.

II. 92. MILLERIA biflora.

Caulis erectus, tri-vel quadripedalis, teretiusculus, brachiatus, tenuis ; *Ramis* oppositis, articulatis : articulis sursum crassioribus, magis ab uno latere.

Folia oblongo-lancelota, non ovata unciaia, venis alternis rariusculis superne impressis, deorsum prominulis, supra fusco viridia; infra pallidiora, glabra, sed pubescentia pilis primis adpressis raris ; opposita, sub· sessilia vel brevi petiolo adnexa.

Flores axillares vel terminales, pedunculati, pedunculis confertis, copiosis, capillaribus, simplicibus,

simplicibus, fingulis florem compreffum
gerentibus.

CAL. communis ad bafin fere tripartitus, omnino planus, compreffus, folio dorfali cordato, fubrotundo, in medio protuberantia
oblonga, parva: interiore altero oblique
cordato, fere dimidio minore, altero latere
adpreffo dorfali, altero prominulo minus
extenfo in figuram cordatam, interno in
finu elevato, marginellis fere replicatis;
oblongo breviore tertio.

COR. compofita biflora; altero fl. mafculo,
altero femineo.

  Corollula mafcula tubulata, angufta, caly-
    cis longitudine, ore patulo quinque-
    dentato: dentibus acutis.

  Corollula feminea anguftiffima, filiformis,
    ore bi-vel tridentato, erecto, ftriate.

STAM. mafcul. naturaliter quinque. Anthera
cylindrica, corolla fere-minor. Fem. nulla.

PIST. mafc. nullum nifi germen lineare obfole-
tum fub corullula. Fem. Germen oblongun
compreffum fuperne latius. Stylus filiformis, fuperne bifidus laciniis revoluto-paten-
tibus. Stigmata fimplicia.

PER. nullum. Calyx compreffus includit
femen.

SEM. unum, oblongum, obovatum, compreffum, parvum, glabrum.

In paucis floribus vidi flores mafc. folos abfque femineo, fed rarum eft.

[93. SIDA *crifpa* capfulis globofis inflatis etc.
Radix forte annua.

Caules tri-vel quadripedales, mox a bafi ramofi,
debiles, *ramis* longitudine caulis, confimilibus, debilibus, longis, filiformibus, patentibus, glabris, interdum leviffime pubefcentibus.

Folia alterna, cordata, acuminata, tenera, glabriufcula, venofa, margine crenata, crenis
latis obtufis; inferiora petiolata; fuperiora
fubfeffilia, duplo minora. *Petioli* teretes,
fubpubefcentes. *Stipulae* breves, fubulatae,
parvae.

Flores in ramulis brevibus, lateralibus: laterales alterni, folitarii vel ex apice pedicelli.
Pedunculus capillaris, patens, fimplex, verfus
apicem articulo inftructus, exteriore leviter
craffiore, fubpubefcenti.

CAL. *Perianthium* monophyllum, patens, convexum, quinque angulis ad bafin angulatum, quinquefidum: laciniis ovatis, acutis,
albefcenti-canis.

COR. calyce fefquiduplo longior, plana, patens: petalis fubrotundis.

STAM. plura, in columnam connata teretem,
poftea divifa, patenti-incurva, corolla breviora. *Antherae* fubrotundae.

PIST.

241

·Pist. *Germen* fubrotundum. *Styli* decem, primum erecti (vix conjuncti), demum patentes, longitudine ftaminum, capillares. *Stigmata* fimplicia.

Per. *Capfula* globofa, pendula, decemangularis, inflata, decemlocularis : angulis compreffis, fubcrifpis apice bafique impreffa ; loculis longitudinaliter dehifcentibus, intus nitidis, colore margaritarum, glabris; membrana ante maturitatem pubefcens.

Sem. tria fingulo loculo, ovata, parva, rugofa.

Color Corollae albus.

INDIGOFERAE? alia fpecies, foliif pinna- 94 tis, floribus fpicatis caule debili.

Radix annua vel forte perennis.

Caulis pedalis ad duas ufque orgyas, debilis, inter frutices fuftentatus, quadrangularis, leviter compreffus, fecundum folia leviffime flexuofus : ramis alternis, confimilibus.

Folia alterna, pinnata, fefquiuncialia : foliolis duorum parium cum impari, ovato-ellipticis, femuncialibus, obtufis acumine breviffimo, glabris, pilis tenuiffimis ramufculis adpreffis. *Petiolus* communis, uncialis, inferne teretiufculus ; partialis . . . . *Stipulae* fubulatae, molles, parvae.

Flores in fpica longa axillari, ex fuperioribus axillis parum pedunculati. *Pedunculus* communis fpithamalis, bafi patulus, adfcendens.

Flores

Flores albi, folitarii, leviter pedicellati : Pedicellis, capillaribus, nutantibus, dimidiae lineae longitudine.

CAL. *Perianthium* tubulatum, laxum, ad medium quinquefidum : *laciniis* acutis; finubus acutis, fuperioribus duobus majori finu divaricatis, omnibus aequalibus.

COR. papilionacea : Vexillum et Carina ex oppofito divaricata. Vexillum valde reflexum, ovatum, obtufum, integrum. *Alae* oblongae cum Carina flexa obtufa. *Carina* connexa, aperta, recta, apice rotundata, omnino reflexa a ftaminibus.

STAM. decem, unum fuperius, novem connata in vaginam recta, apice breviffime divifa, leviffime adfcendentia. *Antherae* fuboblongae.

PIST. *Germen* lineare. *Stylus* brevis, rectus, ftaminibus paulo longior, fubulatus, apice leviter adjunctus. *Stigma* craffiufculum, obtufum, fubcapitatum breve.

PER. *Legumina* reflexa, nutantia, teretiufcula, filiformia, stricta, interne leviffime fubarcuata, obfolete quadrangularia, fubcompreffa, bivalvia, unilocularia.

SEM. octo, oblonga, ubique obtufe truncata, fubquadrangularia.

Color Corollae fufco-purpureus.

95. MUCOR perennis niger *in foliis ficcis albis..*

97. SIDA

96. SIDA caule erecto fimplice fuperne foliofo, fpicis axillaribus terminalibufque longiffimis nudis.

Radix fibrofa, perennis vel annua forte.

Caulis fimplex, erectus, bi-vel tripedalis, bafi
lignofior, indivifus.

Folia alterna, ad fuperiora caulis, cordato-or-
biculata, acuminata, margine inaequaliter
crenulato; fuperne glabriufcula, inferne incana, fefquiuncialia; latitudine faepe dua
rum unciarum.

Flores in fpicis longiffimis bi-vel triuncialibus
erectis ftrictis digefti in *glomerulis* oblongis,
erectis, cauli adpreffis ; leviter pedicellati,
plures erecti; *Bractea* fubjecta glomerulis
lanceolata, brevis, erecta.

CAL. *Perianthium* monophyllum, tubulatum,
campanulatum, teretiufculum, absque angulis, dimidiae lineae longitudine, ad medium quinquedentatum : *dentibus* ovatis,
acutis.

COR. *Petala* quinque, calyce duplo majora,   243
linearum duarum diametro, fubrotunda,
obtufa.

STAM. 6-8, parva bafi connata, apice divifa,
patentia. *Antherae* fubrotundae.

PIST. *Germen* fubrotundum, obtufum. *Stylus*
vnus, quadrifidus. *Stigmata* capitata.

PER.

PER. *Capfula* tribus vel quatuor angulis, vel quadrilobata.

SEM. foliaria.

. . Corolla lutea, parva. Fructus multi abortiunt: an Napæa? *potius Melochia.*

97. CLITORIA. .

98. ERICA *(forte Eruca legendum.)*

99. HEMIONITIS fol. palmatis.

100. GRAMEN floribus axillaribus, foliis ovatis.

Radices plures fibrofae, perennes.

Culmi aggregati, plures, patulo-difperfi, fubprocumbentes, ftricti, palmares, tenues, fimplices, feptem vel octo ex geniculis.

Folia alterna, precipue verfus fupremum culmorum diftiche patula, ovato-acuta (bafi lata obtufiffima) feffilia, fesquiuncialia, bafi femuncialia, lata, margine retrorfum afperiufcula, nervofa, ftriatula. *Vagina* foliorum circiter longitudine, filiformis, dorfo carinata marginibus alternis obvolutis, *membranula* vix vlla: *Petiolus* longitudine dimidiae lineae, planiufculus, linearis, fuperne leviter pubefcens.

Flores axillares, duobus l. tribus pedicellis propriis vaginae longitudine inferti. *Pedicelli* capillares, finguli vagina propria membranacea fui ipfius longitudine involuti biflori

flori. *Flofculo inferiore* Mafculo fub-ffili; *fuperiore* pedicellato Femineo.

CAL. mafc. *gluma* bivalvis: valvulis linearibus lanceolatis, convexis, membranceis, altera interiore anguftiore, duarum linearum longitudine; patentibus, perfiftentibus. .

STAM. *Filamenta* tria, glumis paulo breviora, · capillaria.

Antherae lineares.

CAL. Femin. *Gluma* bivalvis, foliis lanceolato-acutis; convexis, bafi ftriato-rugofis, erectis, apice fubulatis; exteriore trium circ. linearum longitudine.

COR. *Gluma* bivalvis, fpatiolo a calyce remota : *valvula exterior* magna, calycis dimidii longitudine, obtufiffima, compreffa, dorfo verfus apicem maxime gibbo, marginibus erectis conniventibus; *interior* linearis, fubulato-convoluta, intra rimam exterioris recondita.

PIST. *Germen* lineare, acutum. *Stylus* capillaris, fimplex ufque ad longitudinem glumae interioris, reliqua dimidia parte bifidus, extra corollam prominulus, patulus, filiformis. *Stigmata* undique longitudinaliter pilofa, plumofa.

PER. nullum. Corolla inflata, paulo compreffa, nitida.

244

SEM. oblongo-fubulatum, acutum, parvum, anguftum, nec dimittit.

Color feminis capfulati albefcens. Planta viridis colore arundinaceo. An *Apluda Zeugites?*

101. ADIANTUM frondibus bipinnatis: pinnis alternis; foliolis rhomboidalibus a- cutis ferratis. (*Hifp. Culantrello major*) *abf- que fructificatione.*

102. JUSTICIA *putata* fpicis terminalibus pluribus; flore rubro.

Caulis frutefcens, a $\frac{1}{2}$-2. orgyarum altitudine, fimplex, inferne nudus, fuperius foliofus, rectus, teres, cortice tenaci.

Folia oppofita, oblonga, quinquuncialia, u- trinq̄ ̄ acuta, patentia, bafi attenuata in petiolum brevem, fupra glabra, infra pu- befcentia, margine obfolete denticulata, plana.

Spicae 4-8, terminales, teretes, confertae, e- rectae, digitales ufque palmares, imbrica- tae.

Bracteae exteriores oppofitae, fub fingulo flore fingulae, oblongo-acuminatae, margine a medio furfum utrinque duo- bus quatuorve denticulis, erectis, fu- bulatis, notatae, erectae unciae dimi- diae longitudine, apice leviffime ere- cto, patulo. *Bracteae interiores* laterales,

les, lanceolato-lineares, acutae, convexae, calyci adpreſſae ejuſque longitudine, glabrae, membranaceae.

CAL. *Perianthium* pentaphyllum, ad baſin perfecte diviſum: *foliolis* tribus exterioribus lanceolato-acutis, apice ſetaceis, membranaceis, glabris, horum dorſale vel bracteae dorſali proximum paulo latius majuſque, interiora duo ſimilia, ſed paulo breviora, lateralia omnia apice ſetaceo, erecta, corollae adpreſſa.

COR. Tubus cylindricus, bracteae longitudine, tripartitus. *Labium infer.* ovato acutum, convexum, leviſſime pubeſcens. *Lab. ſup.* paulo brevius, acutum, convexum *(obſ. Florem h. t. non explicatum eſſe.)*

STAM. *Filamenta* quatuor, baſi tubi adnata, ſubulata, tubo longiora, adſcendentia: horum duo minora. *Antherae* oblongae, apice cohaerentes; ſuperiores latere interiore cohaerent.

PIST. *Germen* oblongum. *Stylus* ſetaceus. *Stigma* ſimpliciſſimum, acutum.

Anne ergo Barleria? *Flos coccineus eſt.*

103. STAEHELINOIDES. foliis ovato-oblongis; pedunculis filiformibus, longis, ſtrictis. 176. 201.

Radix annua, fibroſa.

Caulis erectus, $\frac{1}{2}$-$1\frac{1}{2}$ pedalis, teretiuſculus,

glaber, intus fubinanis, leviter compreffus:
Ramis paucis, oppofitis, erectis, caulis
longitudine.

Folia oppofita, ovata-oblonga, fubintegerrima, glabra, fefquiuncialia ufque ad bi-vel
triuncialia, bafi in petiolum brevem defi-
nentia.

Flores longe pedunculati, erecti; axillares.
Pedunculus filiformis, axillaris inter ra-
mum novum et caulem, interdum bini ex
ala, uno intra alterum, exteriore longitudine duar. vel trium unciar. recti.

CAL. ex ferie extima palearum conftat foliolis paucis, oblongis, planiufculis, corollula brevioribus: paleis omnibus in formam
ovatam.

COR. univerfalis compofita in formam ovatam,
flofculis omnibus hermaphroditis, *Corollula*
tubulata, palearum longitudine, cre patente.

STAM. *Anthera* cylindrica, corollula brevior.

PIST. *Germen* fub corollula, *Stylus* corolla brevior.

PER. - - -

SEM. oblonga, pauca, angulata, fubquadra-
ta, leviter antrorfum compreffa.

Paleae lineares, erectae. Corollulae vi-
ridi-luteae.

104. GRISLEA *fecunda.*

Caulis

Caulis frutefcens, erectus. 2. 3. orgyar. altitudine in ramis paucis, rectis, fuperne *Ra-*
mis fparfis, parallelis, longis, patentibus,
fubnutantibus, indivifis, vel lateralibus   246
longis. trium vel fex pedum, indivifis, ul-
mineis, inferius nudis, reliqua foliolis, fuperius compreffis, inferius teretibus ad fingula folia latioribus, compreffis, trifulca-
tis, glabris, tortis.

Folia lanceolata, oblonga, in eodem plano di-
fticho pofita, patentiffima, glabra, venofa,
acuta, bi-triuncialia. *Petioli* breves, ¼ unc.
longitudine, infra teretiufculi, fupra fulco
exarati, faepe curvi.

Flores ex latere fuperiore, utrinque ad axillas,
omnes fecundi furfum flexi, in corymbos
confertos oppofitos difpofiti. *Corymbus*
compreffus, cymofus, pedicellis ½-1 (unciae
forte) longit. furfum craffioribus. colorati,
bracteati, lineares, breves.

CAL. *Perianthium* monophyllum, tubulatum,
laxum, fuperne leviter latius, teretiufculum, obfolete leviffime furfum quadrangu-
lare, fuperne quadridentatum: *dentibus* a-
cutis, coloratum, perfiftens.

COR. *Petala* quatuor, inferta margini interiori calycis ad incifuras, oblonga, utrinque
acuta, erecta, leviter concava, bafi fere
ungue lineari inferta.

Z. 3   STAM.

STAM. *Filamenta* octo, fetacea, duplae longitudinis calycis, ad unum latus paulo curva fi adfcendentia, calyci ad bafin inferta. *Antherae* fubrotundae, parvae, ante dehifcentiam didymae.

PIST. *Germen* globofum, bafi leviffime pedicellatum : pedicello tereti, craffiufculo. *Stylus* filiformis. *Stigma* fimplex.

PER. *Capfula* globofa, calyce paulo brevior, uniloculris.

SEM. plurima, fubrotunda, ad fuperficiem receptaculo magno inferta.

Haud raro invenitur in eodem corymbo *Calyx* quinquedentatus, *Corolla* pentapetala et *Stamina* decem. *Color* calycis fufco-fanguineus, corollae ftaminumque eleganter coccineus. *An* Glaucis *affinis?*

Radix defcendens digiti craffitje fibris longis radicata.

Caulis fimplex pedalis, vel ramofus : ramis adfcendentibus, hirfuto lanatis.

Folia alterna, fparfa, pinnatifida, fpithamalia : lobis oppofitis oblongis obtufis obtufe denticulata, nervo medio plano finubus latis remotis.

247 XX. 105. PASSIFLORA *minima* foliis trilobis integerrimis : *lobis* fublanceolatis, intermedio productiore. *Spec.* 459 : 20.

Radix

Radix annua.

Caulis herbaceus, cirrhis alte fcandens, filiformis, planocompreffus, glaber, fuperius
pubefcens, Ramis raris, axillaribus, confimilibus cauli.

Folia alterna, triloba, uncialia l. biuncialia et
fupra, lobis lateralibus ovatis, patentibus,
intermedio duplo longiore, obiongo; margine integerrimo, glabra leviffime pubefcentia. *Petioli* teretiufculi, fupra fulco exarati. *Glandulae* duae in melio petioli, juxta
marginem fulci, pedicellatae, turbinatae,
glabrae, difco concavo, depreffo. *Cirrhx*
axillaris, longus, fpiralis, filiformis, fimplex.
Stipulae erectae, lineari-acutae.

Flores axillares, duo, lateraliter fupra cirrhum
juxta ftipu!:s. *Pedunculi* filiformes, fimplices, unciales. *Involucrum* nullum.

CAL. *Perianthium* monophyllum, planiufculum, ad duas tertias partes qu'nqueparti-
tum: *laciniis* lanceolato-linearibus, foras
convexis.

COR. nulla.

Nectarium circulare triplex, calyci inna-
tum *a) exterius* radiatum patens: laciniis filiformibus, obtufis, fimplicibus,
viginti fex circ. *B) Interius* multiplex,
multifidum: laciniis filiformibus, breviffimis. *y) Intimum* monophyllum, in-

Z 4   tegrum,

tegrum, marginis inftar erectum, lineae quartae circ. partis altitudine,
pertotum arcte plicatum, plicis ultra
triginta.

STAM. *Filamenta* quinque, apice inferta columnae, filiformia, calycis dimidiae longitudine, lineari-plana, poft florefcentiam reflexa ante apertionem f*re florum pollen
dimititur. *Antherae* lineares, utrinque obtufae, planae, incumbentes; *Pollen* minimum, globofo-oblongum, glabriufculum.

PIST. *Germen* globofum, apice columnae in
finu ftaminum impofitum. *Styli* tres, erecto-
patuli, furfum paulo craffiores. *Stigmata*
obtufa.

PER. *Bacca* pedicellata, globofa, obtufa, fuperne tribus lineis obfolete ftriata, glabra,
unilocularis.

248   SEM. plura, 20-30, ovato-oblonga, rugofa,
antea fucculenta, affixa fuperficiei interiori
baccae ad parietes.

Color Calycis foras viridis, intus una cum
contentis luteo-viridis; unicolor. Bacca nigrefcens.

106. GAURA *fruticofa* (COMBRETUM *laxum p.* 308.) fubfcandens foliis oppofitis.

Caulis frutefcens, teres; ramis fuperis longis, obfolete quadratis fterilibus, fubfcandentibus.
Folia oppofita, oblonga, tri-vel quadriuncialia,
breve

breve petiolata, glabra, integerrima.

Flores fpicati in ramulis oppofitis, fubfeffiles.

CAL. terminalis, germine furfum anguftato f.
elongato ; monophyllus, campanulato-ere-
ctus, laxiufculus, quadridentatus : *denticulis*
brevibus, lato-acutis.

COR. Petala quatuor, parva, ex incifuris calycis, ovato-acuta, vix dentibus longiora, ru-
dia, decidua.

STAM. *Filamenta* octo, longiffima, fetacea calyce fexies longiora. *Antherae* fuboblongae,
parvae.

PIST. *Germen* fub receptaculo, lineare, qua-
drangulare angulis compreffis fuperne acuminatum. *Stylus* longitudine ftaminum, fetaceus, ad bafin calycis auctus pubefcenti
lanugine. *Stigma* fimplex acutum.

PER. nullum, nifi crufta feminis tetragona.

SEM. unicum, oblongum, tetragonum, quatuor
alis longitudinalibus membranaceis : nucleo
intus convoluto, tetragono, angulis compreffis.

107. ARBOR mediocris alia foliis lanceolatis;
pedunculis pendulis. An *Cleome?*.

Radix arborea.

Caulis arboris mediocris vel fruticis altioris,
fuperne ramis filiformibus, undique difperfis, vimineis : ramulis fparfis.

Folia in fummis ramulis fparfa, alterna, pendula

dula, lanceolata, ftri&a, ficcata, mucronata,
leviter connato-complicata, glaberrima, venofa, integerrima, tri-vel quadriuncialia.
Petioli filiformes, teretes, patentiffimi, apice
craffiores, unciales vel biunciales.

Flores in racemis fimplicibus, digitalibus et
brevioribus, fparfis, pedunculatis, fimplicibus.

CAL. *Perianthium* monophyllum, tubulatum,
femiunciale, integrum apice violenter rumpitur in tres dentes; inferius magis dehifcens coloratum, deciduum.

COR. *Petala* quatuor, erecta, linearia, convexa,
calyce leviter majora, obtufe acuminata.

Nectarii fquamae quatuor extra corollam,
eidem adpreffae, erectae, intra calycem,
fubquadrangulares, truncatae, ad interftitia petalorum fitae.

STAM. *Filamenta* fex, longiffima, fubulata, ere-
cto-decumbentia. *Antherae* oblongae, planae; poftea recurvae.

PIST. fubulatum, parvum. *Stylus* filiformis.
Stigma globofum, capitatum.

108. BANNISTERIA foliis integerrimis fubtus fericeo-nitidis, feminibus extrorfum tenuibus bafi variis prominentiis, ramis brachiatis.

Frutex fubfcandens Ramis brachiatis oppofitis
patentibus.

Folia

Folia ovata vel ſubrotundo-oblonga, biuncialia, integerrima, obtuſa, glabra, tenuiſſima
, ſericea, nitida, cinerea. *Petioli* longitudine
tertiae partis unciae, teretiuſculi, ſupra linea
excavati.

Flores verſus ſummos ramos in ramuiis brachiatis oppoſitis, diviſis in ramulos minores
racemoſos ſimiliter pedunculis brachiatis
digeſti; ſubdiviſis. *Pedunculi* uniflori, teretes, ſemiuncieles.

Cᴀʟ. *Perianthium* pentaphyllum vel monophyllum, planum, quinquepartitum : laciniis ovato-lanceolatis, 2-4 glandulis : duabus
oblongis.

Cᴏʀ. decidua.

Sᴛᴀᴍ. . . . .

Pɪsᴛ. . . . .

Pᴇʀ. Capſulae tres, longitudinales, baſi ſubrotunda dorſo latius acuto, prominente ; lateribus itidem utrinque duobus, ſurſum acutis,
ala latere interiore rectiore, paulo introrſum
curvo, leviter craſſiore ; exteriore longitudinali convexo, tenuiore, ſurſum latiore,
obtuſo, margine repanuo, ſtriato. Non
dehiſcit.

Sᴇᴍ. unicum, oblongum, apice extrorſum vergens.

QUÆSTIO *Botanica.* An ſtylus auram ſemi-
nalem

250   nalem communicat embryoni feminis, via
directa ad femen defcendendo, vel an Stylus
per conductum corticalem Germinis, auram
illam foecundativam derivat ad bafin f. receptaculum Germinis, ut exinde promanet
una cum fucco nutritivo plantae furfum ex
bafi Floris ad Germen, fimulque ad embryo-
nes feminum? *Refp.* pofterius adfirmat Bannifteria ex propria figura et ftructura, ubi
ftylus lateraliter capfulae verfus bafin femi-
nii inferitur, cujufque femen corculum gerit.
Ex aliis forte idem videtur, ut in Nucibus,
Amygdalis, ex cujus putaminis fuperficie
interiore, ab altero latere, defcendit quafi
fibra h. e. vas, deferens auram feminalem,
furfum revera ipfi putaminis fubftantiae inferta excurrit in ftylum.

An ergo verifimile eft, bafin floris continere
receptaculum ejufmodi, pro excipienda hac
geniturae aura, ufque furfum vergat? ita
credere fas eft. Succum furfum ferri, ne-
mini non notum eft; fed deorfum quoque
patet ex nectariis florum, quae fingulo mane
guttas ftillant, poftea non, neque hoc exha-
lationi foli adfcribendum puto.

Ir quoque flores, ftylum gerentes unum, fed
pluribus praeditum ftigmatibus, quae plerumque fingulis loculamentis refpondent,
exemto

exemto aliquo ftigmate ante foecundationem, loculus eidem proprius fterilefcit? Experientia inquiri debet.

109. DEREDAMO planta fcandens, foliis oppofitis geminis; radiculis trifidis oppofitis axillaribus.

Eft Planta herbacea, arctiffime truncis arborum adhaerens, radiculis trifidis; inter ramos corticis adhaerens. *Folia* oppofita, geminata: *Foliolis* uncialibus, lanceolatis, integerrimis, glabris. *Pedunculi* communes oppofiti, ¼ unciae longitud. apice divifi in ramulos duos brevissimos. *Cirrhi* axillares (quos antea dixi radiculas,) breves, 4-2 lin. longitudine; medietate fuperiore tripartiti: laciniis teretiufculis, fubulatis, incurvis, rigidis, acutis. *Flores* non vidi.

110. BANNISTERIA hodie fupra defcripta, differt ab altera Cumanenfi (conf. Defcr.) foliis minoribus, glaberrimis, ubique viridibus, non nitidis fed magis fere aequalibus; caule minore et magis volubili, ut et floribus ia racemos minores digeftis; nec ramulis aequalibus adeo brachiata; praeterea capfulis fingulis f. feminibus bafi aliis prominentiis nullis, ipfa bafi oblique truncata. XX. Februarii.   251

111. JUSTICIA herbacea, capitulis imbricatis, floribus quadrifidis longe divifis.

Radix

Radix lignofa, hinc inde fparfa, fibris filiformibus durioribus.

Caulis fuffrutefcens, lignofus, duor. vel trium pedum altitudine, erectus, tenuis; ramis oppofitis, brachiatis, fed faepe deficiunt ab uno alterove latere; tener, glaber.

Folia inferiora decidua; fuperiora pauca, virentia, ovato-oblonga, acuta, mox fenfim mucronata, uncialia, tenera, pubefcentia, integerrima. *Petioli* oppofiti, vix femiunciales, magis pilofi, fuperne lineolr concavati.

Flores in fpicis terminalibus feffilibus, laxe imbricatis. *Bracteis* ovatis et fubrotundo-ovatis, planiufculis, apice leviter patulis, acuminatis, trinerviis, margine pubefcenti-ciliatis, cum pilis foras, fed tenerrimis ramufculis.

CAL. *Perianthium* monophyllum, breve, ad bafin fere unam quartam partem partitùm: laciniis furfum fetaceis, anguftiffimis.

COR. monopetala, tubulata, inaequalis. *Tubus* longus filiformis, anguftus, calyce duplo triplove longior, furfum leviter arcuatus, tener. *Limbus* erecto-patens, tubi longitudine, ad bafin quadripartitus: *lacinia* fuperiore lanceolata, acuta, concava, paulullum adfcendente.

SEM. *Filamenta* duo, capillaria, ad medium limbi attingentia, labio fuperiori parallela

et

et contigua. *Antherae* oblongae, fimplices.

PIST. *Germen* lineari-oblongum. *Stylus* - - - -
Stigma fimplex, bicrenatum, paulo compreffum.

PER. *Capfula* parva, oblonga, compreffa, furfum latior, apice obtufe acuminata, bivalvis,
diffepimenti margine denticulos elafticos gerente.

SEM. duo, fubrotunda, compreffa, punctis
elevatis fcabra. *Color* Corollae albus, lab.
fuperius ad bafin levi purpura tinctum.

112. JUSTICIA corolla longius tubulata.

CAL. *Perianthium* tetraphyllum *vel* ad bafin
quadripartitum, foliolis teretibus, erectis,
filiformibus, perfiftentibus.

COR. tubulata : *Tubus* longiffimus, filiformis,   252
juxta limbum leviffime latior. *Limbus* bilabiatus. *Lab. fup.* breve, lineari-lanceola-
tum, obtufiufculum, furfum anguftatum.
Lab. inf. trifidum, latius, longius, dependens, longitudine duarum linearum : *laciniis* oblongis, obtufiufculis, intermedia latiore, obtufa ; omnibus fupra convexis, de-
pendentibus.

STAM. *Filamenta* duo, capillaria, longitudine
medii lab. fuperioris, apice fubplaniufcula.
Antherae oblongae.

PIST. *Germen* oblongum, lineare, compreffum.

fum. . *Stylus* filiformis, .longitúdine ftami-
- - - num. .

PER. *Capfula* oblonga, teretiufcula, paulo
compreffa, obtufe acuminata: *bafi* anguftiore, pedicellata, compreffa.

113. EPIDENDRUM acaule, foliis acutis
hinc carinatis, inde introrfum obtufis canaliculatis. · Folium media bafi diffectum,
tuber compreffum fubrotundum apparet.

XII. On the road to *Barcellona*.

114. PALMA *fpinofa*, frondibus, pinnatis,
foliis linearibus bafi replicatis, ftipite to-
mentofo, fpicis reflexis dorfalibus, trunco
fpinofo.

Caulis humanae altitudinis, pollice humano
paulo craffior, fimplex, tectus *vaginis* ar-
ctis, tomentofis, fpinofis *fpinis* fetaceis, rigidis, acutiffimis, pungentibus.

Frondes ex apice caulis pinnatae: pinnis alternis, linearibus, fpithamalibus, planis, bafi
replicatis, ungue pollicis paulo latioribus,
ultimis duabus latioribus.

Stipes frondis convexus infra, fupra in cari-
nam trianguli compreffus, tomentofus:
fpinae fparfae dorfales juxta marginem, unciales et biunciales, primum erectae, ftipiti
adpreffae, demum patulae, poftea reflexae,
ftipiti impreffa foveola fubulata pro fpinis
illi impreffis.

Stipes

Stipes 2, 3, 4-pedalis.

Flores fpatha continentur ovata, tandem furfum dehifcente; poftea perfiftens flores for-
nicatim (uti fornax) obtegens, convexa, 5,
6, uncialis.

Spadix ramófus. Reliquos flores non vidi.

Lignum nigrum eft, fed verfus medium
album ; pars nigra duriffima eft.

115. PALMA major; trunco craffo craffitie
corporis humani, fpinofa: fpinis erectis fubulatis rigidiffimis; *Frondibus* pinnatis longis,   253
ftipite dorfo quoque fpinofo. *Corofa* vulgo.

CAL. *Spathae* magnae; lanceolatae, foris vellere
craffo hirfutae, firmae.

PER. *Fructus* funt globofi, pomorum figura et
magnitudine, glabri, fed pilis rigidis, deciduis hifpidi, quibus derafis glaberrimi.
Cortex exterior fpatiolo a pulpa remotus,
ficcus. *Pulpa* tenax, fibrillis e centro oriundis, humida, fucco glutinofa.

Nux globofa, dura, putamine offeo nigriufculo:
Nucleus globofus, guftu Cocorum, folidus.

116. CASSIAE affinis foliis pinnatis, bijugis,
floribus folitariis; ftaminibus omnibus aequalibus.

Radix perennis.

Caules aliquot decumbentes, ufque tripedales,
extremitate adfcendentes, filiformes, tere-

VOL. II.   A a   tes,

tes, furfum praefertim pubefcentes vel pilofi,
pilis patentibus, apice gluten fecernentibus.
Rami pauci, alterni, confimiles.

Folia alterna, ad fuperiora caulis pinnata: pinnis duor. parium, fubrotundis et elliptico-
fubrotundis, glaberrimis, integerrimis, planis. *Petiolus communis* filiformis, pilofus uti
caulis, fefquiuncialis et bafi craffiufculus ;
partiales vix ulli, f. breviffimi, craffiufculi.

Stipulae breves, acutae, lineares, patulae.

Flores folitarii, axillares, alterni, terminales ;
pedunculi fimplices, teretes, patentes, femiunciales.

CAL. *Perianthium* pentaphyllum, reflexum :
foliolis linearibus, acutis, membranaceis,
longitudine trium linearum deciduis.

COR. *Petala* quinque, erecto-patula, paulo
inaequalia, obovata, calyce duplo longiora
vel femuncialia, unguiculata unguiculis teretibus.

STAM. *Filamenta* decem, breviffima, linearia.
Antherae lineares, teretes, curvae calyce
paulo breviores, apice conniventes, duobus
foraminibus perforatae ; omnes aequales
fertilefque.

PIST. *Germen* lineare, curvum, longum. *Stylus*
fubulatus. *Color* Corollae luteus.

254   117. CLITORIA minor, flore caeruleo.

Caulis

Caulis fcandens, filiformis, tenuis, contra folem
f. finiftrorfum volubilis ; glaberrimus; ramis confimilibus.

Folia alterna : foliolis lanceolatis, acutis, fefquiuncialibus, glabris, integerrimis, venofis.
Petiolus univerfalis longitudine duar. unciarum cum dimidia, bafi craffus, alias teres,
linea profunda, angufta fulcatus ; *partiales*
breves, teretes. *Stipulae* petioli duae, fubulatae, breves, erectae ad folia lateralia,
quae paulo fupra medium petioli communis
fere eidem adnexa funt et *duo* ad apicem
petioli, ubi incipit pedicellus terminalis.
Stipulae bafeos duae, ovato-acutae, breves,
erectae.

Flores 2, 3, 4, 5, axillares. *Pedunculi* conferti,
axillares, femiunciales, filiformes, hirfuti,
uniflori. *Bracteae* plurium ordinum; *infi-
mae* ad petioli bafin duor. parium, acutae,
erectae ; *poftea* excipitur bracteis duabus
oppofitis, patentibus, deciduis, ovato acuminatis, concavis, excipientibus latere inferiore Floris bracteam *aliam*, fubrotundo-
cordatam, concavam, patentem, amplexan-
tem pedunculos, obtufam, acuminatam ;
poftea pedunculus nudus ad bracteas florales. *Bracteae florales* binae, laterales, oppofitae, erectae, ovato-acuminatae, concavae f.
convexae, glabrae, marginibus parallelis,

A a 2   conni-

conniventibus, florem ante explicationem includentibus.

CAL. *Perianthium* monophyllum, ar ipanulatum, breve, quinquedentat . entibus obtufis, breviffimis; infimo veru iongiore, fubulato, finubus obtufiffim ; dorfalibus duobus appr wimatis.

COR. papilionacea. *Vexillum* patentiffimum, maximum, fubrotundum, planum ungue brevi; lamina dorfi incifo profundo notata. *Alae* lineares, lanceolatae, adfcendentes, cum fupremo margine carinae parallelae, ungui brevi, lineari, appendice oblongo, m^ginibus tumide flexis, lamina latere fuperiore tumida. *Carina* obtufa, valde adfcenaens, margine inferiori fegmenti circuli inftar adfcendente; unguis bafi leviffime bifidus, apice quoque bifido, laciniis ovatis, marginibus tumidis, connatis.

STAM. diadelpha, fuperius filiforme, depreffum, diftinctum; *reliqua* novem connata, fuperne fiffa, laciniis fubulatis, curvis. *Antherae* fubrotundae, parvae, incumbentes.

PIST. *Germen* lineare, lateribus fulco impreffis. *Stylus* filiformis, furfum craffior, mox in *Stigma* planum, oblongum, obtufum, glabrum definens.

PER. *Legumen*, ut in altera fpecie, lineari- fubu-

fubulatum, digitale et ultra, lateribus fulco profundo notatum.

Differt ab alia fpecie caule tenuiore, foliis lanceol .tis, bractearum copia et figura, floribus axillaribus nec. fpicatis, flore minore, intinfius caeruleo, nec nigro; hinc inde carinae bafi forte etc.

118. MELOCHIA flore albo. (*Melochia pyramidata?*)

Caules erecti, tri-vel quadripedales, ramofi, frutefcentes; ramis aliquot erecto-patentibus, pubefcentibus.

Folia parva, duar. vel trium linear. longitudine; ovalia, venofo-plicata, fufco-viridia, ferrata pro plicaturis. concava. *Petiolus* teres, brevis hirfutus, lineae circ. longitudine. *Stipulae* duae, fubulatae erectae.

Flores in umbella, 3-7, erecto-patuli: umbella oppofita foliis, non axillaris, pedunculo communi brevi 1-2 linear. elevata; pedicellis linearibus vel bilinearibus, erecto-patulis, e puncto f. centro emergentibus. *Bracteae* fetaceae, fingulis floribus binae, patulae.

CAL. *Perianthium* monophyllum, campanulatum, ultra medium quinquepartitum.: laciniis lanceolato-acutis, apice fubulatis, erectis, leviter laxum,

COR. monopetala, erecta: petalis bafi connatis cum ftaminibus.

STAM. *Filamenta* quinque, baſi connata cum corolla, longitudine circ. calycis, ſubulata. *Antherae* oblongae, incumbentes.

PIST. *Germen* oblongum, acutum. *Stylus* ſubulatus, ſuperne quinquepartitus : laciniis capillaribus, patentibus. *Stigmata* oblonga.

PER. *Capſula* pentagona, angulis compreſſis ; apice acuminata, quinquelocularis.

SEM. oblonga, inde acuta.

Haec corolla alba. Differt ab altera foliis minoribus, ovalibus, viridibus, nec tomentoſis ; Umbella foliis oppoſita, nec axillari, bracteola ſubpedicellata ; Corolla minore, Capſula minore angulis ſurſum vergentibus nec inferiora verſus, nec lateraliter etc.

256 119. TRIPLARIS *americana* arbor inſignis. *Calyce* magno, trifido.

Cor. nulla. Triandra, Trigyna. Fructum non vidi.

120. MELOCHIA tomentoſa.

121. MALVA flore luteo minimo aggregato.

122. CONVOLVULOIDES procumbens, foliis oblongis ſubtus ſericeis; floribus axillaribus ſeſſilibus majoribus. Styli quatuor.

123. CONVOLVULOIDES erectus.

XII. 124.. RUELLIA? Planta caule erecto ſpithamali, floribus oppoſitis ſolitariis albis, foliis oppoſitis linearibus.

Radix

Radix annua,

Caulis erectus, 2-3. ramis erectis, fimplex vel brachiatus, tenuis.

Folia linearia, angustissima, oppofita, femiun-   246
cialia, pilofa.

Flores fpicati, feffiles. *Bracteae* laterales duae, fubulatae, excepta antica foliacea.

CAL. tubulatus, quatuor linearum longitudine, ftriatus, quinquedentatus.

COR. tubulata: *Tubo* aequali, calycis longitudine: *Limbus* quinquepartitus: laciniis fubaequalibus, fuperioribus leviter minoribus. *Faux* claufa villis.

STAM. quatuor intra tubum, duo longiora. *Antherae* oblongo-lineares.

PIST. *Germen* oblongum. *Stylus* filiformis, ftaminibus brevior. *Stigma* obtufum, fimplex

PER. *Capfula* oblonga, teretiufcula, calyce paulo major, acuta, fub quadrangularis, utrinque linea angufta ; bilocularis.

SEM. plura, parva, oblonga.

125. SIDA foliis tomentofo-mollibus orbiculato-cordatis obtufis crenatis.

Flores pallide lutei.

CAL. tomentofus, quinquepartitus: laciniis ovatis bifulcatis.

STAM. plura.

PER. *Capfulae* decem, connatae in formam fubrotundam ; paulo depreffae, tomento-

A a 4   fac,

fae, fingulae uniloculares, monofpermae.

257   126. BIGNONIA foliolis lanceolatis, quae
Paricha planta fcandens, filiformis, foliis
oppofitis cum cirrho in medio.

127. AYENIA *fidaeformis* caule fimplice, foliis ovato-oblongis duplicato-ferratis fubtus
tomentofis. *Caulis* fuffrutefcens, teres, to-
mentofo-pubefc as.

128. *Fruticulus* erectus bipedalis dichotomus
lignofus.

Folia oppofita, oblonga, utrinque acuta, bafi
fere magis contracta, fubfeffilia, biuncialia,
integerrima, glabra, fubtus pallida.

Flores: pedunculo ex fummis alis erecto, bi-
vel triunciali; cymofi, parvi, fere abfque
bracteis.

CAL. *Perianthium* monophyllum, breviffimum, quinquedentatum: dentibus breviffimis acutis.

COR. monopetala, infundibuliformis: *Tubo*
cylindrico, calyce paulo longiore. *Limbus*
plano-erectus, quinquepartitus: laciniis
fubrotundis. *Faux* pilofa.

STAM. brevia, quinque. *Antherae* elongae.

PIST. *Germen* globofum.   filiformis,
corolla longior. *Stigma* foliaceum, ovatum.

    Flores albi.

    129. CLI-

129. CLITORIA ....re albo, foliis fcabris oblongis.

130. POLYGONUM frutefcens, foliis fca-bris ampliffimis.

XII. 131. JUSTICIA frutefcens viminea, floribus fpicatis rubris linearibus minimis.

Frutex humanae altitudinis, vimineus : ramis longis, erectis, debilibus ; filiformis, teres, glaberrimus.

Folia oppofita, oblongo-lanceolata, longe mucronata, integerrima, utrinque glabra, aequalia, fubfeffilia vel petiolo 2-4 linearum longitudine.

Flores terminales, in ramulis parvis, oppofitis ; alterni, feffiles. *Bracteolae* tres, exteriore inferiore, lineari, reliquis longiore ; laterales duae.

CAL. *Perianthium* monophyllum, tubulatum femi quinquefidum : laciniis fubulatis, erectis, longitudine duarum linearum.

COR. ringens, longiffima, calyce fepties longior, uncialis, curva, falcata, compreffa : *Tubus* infra anguftus, mox ampliatus, compreffus. curvus, quadripartitus, bilabiatus : *Lab. fuperius* lineare, apice quadridentatum ; dentibus duobus lateralibus prope apicem compreffis ; *Inferius* octifidum : laciniis linearibus, intermedia compreffa.

STAM.

258

STAM. *Filamenta* duo, labio superiori parallela. *Antherae* oblongae.

PIST. *Germen* oblongum. *Stylus* filiformis, ftaminibus longior. *Stigma* fimplex.

PER. *Capfula* comprella, turbinata.

132. EPIDENDRON, MATAREQUE, CEBOLLETA, Planta parafitica.

Radices repentes fupra corticem arboreum, filiformes, craffiufculae, tortuofae, horfum vorfum flexae, fubgeniculatae, alae inftar undique emittentes radiculas filiformes, fubtortuofas, copiofas.

Caules e radice hinc inde furgunt, fpithamales, bafi teretiufculi, recti, geniculati ex rudimentis foliorum deciduorum fuperne dilatatis; oblongi, compreffi, ancipites, tribus lineis f. fulcis utrinque excavati, fuperne foliiferi.

Folia duo, lanceolata, fere biuncialia, lata, longa, ultra fpithamam; fuperne patula, planiufcula, dorfo toto carinata, inferne fubvaginantia, compreffa.

Scapus erectus, fimplex, longiffimus, 4-6 pedalis, teres, veftitus vaginis alternis, teretibus, furfum acutis, carinatis.

Flores alterni, copiofi in acemo terminali; pedunculati: pedunculis fimplicibus, triuncialibus etc. teretibus, glabris, rofeo colore

lore colofatis. *Bracteolae* partiales fub fingulo pedunculo.

CAL. nullus.

COR. pentapet.la, patentiffima · foliolis omnibus lineari·us, acutis, uncialibus, undulatis; omnibus fubaequalibus; fed duobus lateralib. s fuperioribus paulo anguftioribus.

Nectarium ·ecta protenfum, petalis paulo   259
brevius femiunciale, trilobum : lobis
bafi longitudinaliter oblongis inferius
lateraliter ftylum utrinque femiobvol-
ventibus, enatis margine patulo, terminali, fubrotundo, late emarginato, un-
dulato ; *fupra* membranulis longitudinalibus, erectis, inaequalibu. undulatis notatis, *infra* nectario concavo in
medio, longitudinali.

STAM. innata apici ftyli in fovea propria,
corpufculo fubrotundo, fubtus quadriloculari, latere fuperiore utrinque emittente
Filamentum quadripartitum, *Antherulas* duas
in fingulo filamento gerens (quatuor ex fingulo latere.)

PIST. *Germen* teres, filiforme, ipfo pedunculo continuato nec craffius, fub flore. *Stylus* convexus, inclinatus verfus nectarium,
infra fovea concava pro ftaminibus notatus,
✝   longitud.

longitud. $\frac{1}{4}$ parte nectarii. *Stigma* fovea eft cordata, nitida, depressa.

133. EDECHI (155.) *Frutex* arborefcens, altus, *ramulis* oppositis, patentiffimis. *Foliis* oppositis, oblongis, uncialibus, venis fubfimplicibu-, planis, fubfeffilibus ; *pedicellis* brevibus, *pedunculis* oppofitis ex axillis antiquis, uncialibus, ramulis dichotomis, breviffimis ; *fructibus* globofis, fub receptaculo ; *feminibus* fubrotundis, quinque.

XIV. 134. Arbor ramis patulis, floribus luteis ; copjofe florens, bumilis, vel frutex altus, ramis alternis, patentibus, pauli inaequalibus.

Folia alterna, oblonga, decidua.

Flores plures, terminales, alterni in racemo fimplici et compofito mixtim ; pedunculi alterni, uniflori.

CAL. *Perianthium* pentaphyllum, patens : *foliolis* oblongis, concavis, antea imbricatis, coloratis, deciduis, duar. lin. longitudine.

COR. pentapetala : petalis patentibus, obova‑ tis, obtufis, leviffimis, fed late emargina‑ tis, calyce fefquilongioribus.

STAM. *Filamenta* nulla. *Antherae* oblongo‑ lineares furfum anguftiores, erectae longi‑ tudine corollae dimidiae, apice duobus fo‑ raminibus,

raminibus, obtufae, alternae e regione fere
calycis, omnes apice paulo inflexae.

Pist. *Germen* fubrotundum, pentagonum vel 260
quinque tuberibus conftans. *Stylus* filiformis, erectus, ftaminibus longior. *Stigma*
fimplex, acutum.

Color Corollae et Calycis luteus.

135. CURATELLA *americana* (Polygonum
arborefcens ?) Curata *vulgo*.

Frutex altus mediocris, hinc inde flexus, ramis paucis; cortice Pini inftar fquamofo
vel tunicato, rimofo. Facie fere Polygoni
arborefc.

Folia ad ramulos exteriores, alterna, fpithamalia, oblonga, fubfeffilia, varie flexa et
fubundulata, venofa, fcabro-dura, margine longe leviter-crenata, tota palmaria.
Petioli breves, fupra plani.

Flores racemofi, laterales, ex ramulis vel axillis antiquis; digitales, fimplices, ramulo
uno alterove ad bafin aucti; alterni, pedicellati. *Pedunculus communis* digitalis, fub-
angularis; *partialis* pedicellis trium vel
quatuor linear. longitudine, filiformibus.
Bracteolae fub pedicellis oblongis, 1-3 lineares, obtufae.

Cal. *Perian hium* convexum, pentaphyllum :
foliolis fubrotundis, concavis, quatuor exterioribus

terioribus colore rudiore, quinto interiore
petalis fimillimo.

Cor. *Pelata* tria vel quatuor, fubrotunda,
concava, figura Calycis et colore albo.

Stam. plurima, filiformia, corollae mediae
altitud. *Antherae* fubrotundae.

Pist. *Germen* duplex, bilobum, fubrotundo-
ovatum, tomentofum, majufcui. n. *Styli*
duo, filiformes, erecti, ftaminum altitudine, breves. *Stigmata* capitata fubrotunda.

Per. *Capfula* biloba f. duplex, infimo bafi
coalita, fingula fubrotunda, hirfuta, unilocularis.

Sem. duo in fingula capfula oblonga, nitida.
Color Coroliae albus.

136. SAMYDA parviflora. Frutex albus,
ramis alternis inaequalibus longis. *Vatcara*
f. *Macapirilu*.

Folia oblonga.

261 *Flores* conferti in glomerulis fubrotundis, laterales, copiofiffimi, pedunculati : pedunculis confertis, undique patentibus, duarum vel trium linearum longitudine, coloratis, verfus bafin biarticulatis, fupra arti-
culum deciduis. *Bracteae* nullae.

Cal. *Perianthium* monophyllum, campanula-
to-erectum. fere ad bafin quinquepartitum:
laciniis linearibus, erecto-patentibus. duar.
linear. longitudine, coloratis, deciduis.

Cor.

Cor. nulla, nifi calycem coloratum corollam
dicas.

Nectarii fquamae hirfutae, quinque ad
bafin infertae et e regione lacin. calycis, bipartitae, valde tomentofo-hirfu-
tae, altitud. fere mediae laciniarum,
obtufae laciniis linearibus.

Stam. *Filamenta* decem, erecta, fubulata, calyce paulo breviora; horum quinque alterne inferta finui nectarii, paulo longiora reliquis quinque alternis ex incifuris calycis.
Antherae fubrotundae, parvae.

Pist. *Germen* fubulatum, oblongum, erectum,
hirfutum. *Stylus* fubulatus, longitudine
ftaminum, pubefcens. *Stigma* capitatum,
globofum, pubefcens.

Per. fructus tomentofus, globofus, parvus,
apice acuminato, tribus lineis elevatioribus.
Bacca.

Sem. parva, in medio ovata.

Color Corollae albus.

137. BIGNONIA *Leucoxylon,* foliis digitatis
integerrimis, floribus corymbofis fafciculatis.

Arbor mediocris, ramis hinc inde fparfis.

Folia oppofita, digitata: foliolis infimis fubrotundis vel oblongis, omnibus integerrimis.

Flores nondum explicati, fed quantum ex rudimentis,

dimentis colligi poteſt, ſunt corymboſo-fa-
ſciculati, terminales ramulis oppoſitis, erectis, ſubdiviſis, dichotomis.

CAL. brevis.

COR. monopetala.

STAM. quatuor cum quinto ſterili, longiore.

PIST. - - -

PER. *Capſula* longitudine duar. ſpithamar.
pendula, curva tota inſtar cornu bovis, digiti craſſitie, ſubulata, ſtriato-ſulcata, bivalvis, bilocularis, diſſepiment' utrinque
convexo, carnoſo.

262   SEM. longitudinaliter imbricata more Bigno-
niae, ſubquadrato-oblonga, utrinque acuta membrana parallelogramma.

138. FRUTEX foliis alternis oblongis glabris ; altus varie ramoſus : ramis longis aequalibus glabris.

Folia copioſa, pendula, acuta, integerrima,
nitidiuſcula, ſubcomplicata, ſubtus pallidiora, biuncialia. *Petioli* breves, longitudine duar. vel trium linea. ſupra ſulco convexo exarata.

Flores in racemis compoſitis terminalibus, copioſi, alterni pedicellis propriis lineae circ.
longitudine, ramis communibus, angulatis.

CAL. - - -

COR. decidua.

PER. *Capſula* linearis, oblonga, compreſſa,
truncata,

truncata, bafi anguftata, apice truncato,
fubmarginata, bilocularis diffepimento tranfverfali.

SEM. folitaria, oblonga, fubulata deorfum,
fericeo-pubefcentia, cincta pappo fericeo,
femine longiore, antea dorfum reflexo, poftea patulo.

MALPIGHIOIDES.

Fruċtus. Bacca ficca, ovalis duar. linear.
longitudine, leviffime compreffa, verfus a-
picem obfoletiffime angulata, apparenter
ftriata, monofperma.

SEM. unicum, calyce duro, fuboffeo, interiore cortice carnofo. (uti Cotyled. Amygda-
li) craffo, includente feminis corculum teretiufculum, furfum verfum et cotyledo-
nes lineares dorfum fpectantes a virides.

139. TEPUGUIPE.

Frutex altus, diadelphus, floribus longiffime
racemofis, purpureis, Foliis pinnatis: pinnis oblongis, acuminatis, glabris, Ramis
longis varie flexis adfcendentibus et naturalibus, tuberculis oblongis fparfis, obtufis, convexis. *Folia* po..t flores, hoc tempore vix ulla vel in ramis folum fterilibus
verfus fummitates earundem pinnata, alterna; foliolis quatuor parium cum impari,
pedicellatis: inferioribus ovatis vel ovato
oblongis; fuperioribus oblongis: omni-

VOL. II. B b bus

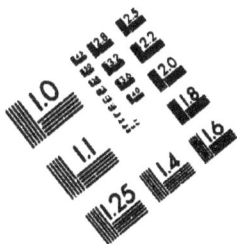

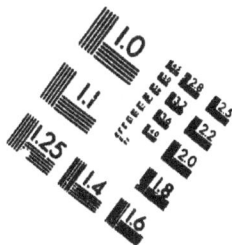

IMAGE EVALUATION
TEST TARGET (MT-3)

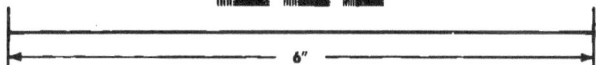

6"

Photographic
Sciences
Corporation

23 WEST MAIN STREET
WEBSTER, N.Y. 14580
(716) 872-4503

bus integerrimis, infra pallidioribus, venofis, 1½ uncialibus. *Petiolus* communis fpithamalis, compreffus, fupra fulco obtufo
excavatus, partialis tereriufculis. *Flores*
in ramis racemofi ex tuberculis elevatis, e-
rectis floriferis, pedicellis propriis unum linear. longitudine, erectis.

CAL. *Perianthium* fubrotundum, laxum, breve, quadridentatum: dente fuperiore obtufo, lato, inferioribus tribus acuminatis,
breviffimis, fundus obtufiffimis, fufcum.

COR. papilionacea. *Vexillum* patentiffimum
(ex fitu erectum) ungue lineari craffo calycis longitudine, fubrotundo-cordatum, planum, dorfo ipfo leviter carinato ad bafin
oblongo ovatum, apice furfum flexo, appendice bafeos nulla. *Carina* unguibus
duobus.

STAM. Diadelpha. *Filamentum fuperius* filiforme, fimplex, arcuatum, adfcendens; *reliqua* novem coalita, fimiliter adfcendentia,
akerna paulo breviora. *Antherae* oblongo-
lineares, parvae.

PIST. *Germen* lineare, compreffum. *Stylus*
fubulatus, fitu et longitudine ftaminum.
Stigma capitatum, fubrotundum, undique
pubefcens.

PER. *Legumen* oblongum, lineare, compreffum,
planum,

263

planum, tenue, acuminatum, uniloculare,
bivalve.

Sem. pauca, subrotunda.

Color Florum eleganter purpureo caeru-
lescens.

140. PSIDIUM filveftre. *Guajava de monte.*

Frutex humilis, 3-6 pedalis; ramis inordina-
tis, teretibus, etiam novelli, qui tomentofi
fuerat et molles, nec nifi obfolete quadran-
gulares.

Folia oblonga, venis paucis; fubtus tomen-
tofo-mollia.

Flores calyce molli, reliquis confimiles.

Fructus parvi.

Praecipue ramis et foliis nervis paucis, differta
fativa.

141. CROTALARIA Efpadilla.

Radix fibrofa.

Caulis inferne lignofus, frutefcens, fpithamalis.

Folia alterna, oblonga et ovata, craffiufcula,
pubefcentia, feffilia et fubfeffilia, decum-
bentia, alata.

Stipulae duae decurrentes, ovato-oblon-
gae et acutae, totum caulem a folio ad
folium veftientes, planae.

Flores folitarii, pedunculati, laterales; pedunculis foliis oppofitis, e caule ipfo egredien-
tibus juxta ftipulas, e regione folii vel pau-

264

planum, tenue, acuminatum, uniloculare, bivalve.

Sem. pauca, fubrotunda.

Color Florum eleganter purpureo caeru-lefcens.

140. PSIDIUM fylveftre. *Guajava de monte.*

Frutex humilis, 3-6 pedalis; ramis inordina-tis, teretibus, etiam noxelli, qui tomentofi funt et molles, nec nifi obfolete quadran-gulares.

Folia oblonga, venis paucis; fubtus tomen-tofo-mollia.

Flores calyce molli, reliquis confimiles.

Fructus parvi.

Praecipue ramis et foliis nervis paucis, differta fativa.

141. CROTALARIA Efpadilla.

Radix fibrofa.

Caulis inferne ligrofus, frutefcens, fpithama-lis.

Folia alterna, oblonga et ovata, craffiufcula, pubefcentia, feffilia et fubfeffilia, decum-bentia; alata.

Stipulae duae, decurrentes, ovato-oblon-gae et acutae, forum caulem a folio ad folium veftientes, planae.

Flores folitarii, pedunculati, laterales; pedun-culis foliis oppofitis, e caule ipfo egredien-

264

lo infra, erecto-patentibus, femiuncialibus
ufque biuncialibus, teretibus, apice geni-
culatis, ad geniculum fupra emittentibus
rudimentum ramuli, infra vero pedicellum teretem. *Bracteola*, fub pedicello
fubulato, ꞇenuis, pubefcens. *Bracteolae*
aliae duae utrinque ad calycem, lineares,
anguſtae, calyce dimidio breviores.

CAL. *Perianthium* monophyllum, tubulatum,
quadridentatum, bilabiatum : *lab. fup.* longius, laciniis anguſtioribus reflexo-patenti-
bus.

COR. papilionacea. *Carina* apice connata videtur ex toto et acuta.

PER. *Legumen* oblongum, obtufum, teretiufculum, unciale, undique tumidum, dorfo obtufiffimo, biventricofum, uniloculare,
bivalve.

SEM. plurima (26) reniformia, parva.

142. PARAMINI. Arbor magna, ramis
varie divifis, inaequalibus.

Folia fpithamalia, magna, oblonga, 4-5 uncialia ufque fpithamalia, glabra, venofa:
venis alternis, apice obtufis vel acutis. Petioli breves, teretes femiunciales.

Flores non vidi.

Fructus fubrotundo-ovatus, acuminatus, 1¼
unc. longitudine, externe rudis, cortice
carnofo. *nuce* intus oblongo-fubrotunda, leviter

viter compreſſa, ſuboſſea, externe glabra, tranſverſaliter ſeſſili : *nucleo* intus ſubrotundo, oblongo, bipartito, carnoſo. *Drupa* comeditur, dulcedine ingrata.

143. BAUHINIA Bacaptal *vulgo.*

Frutex mediocris, qui nonnunquam in arborem mediocrem excreſcit, *ramis* varie ſparſis ſed remotis, rectis, leviſſime flexuoſis, fuſis.

Folia alterna, biloba, erecta, ovata, triunciαlia, 9-nervia, venoſa nervis et venis infra prominulis, ſubſcabris : laciniis ovato-acutis, erectis, ſinu valde acuto. *Petiolus* teretiuſculus, ſuperne leviter ſulcatus, ſemiuncialis.

Flores terminales in racemo longo, ſpicato, *pedunculis* geminis, patentiſſimis, reflexis, ſemiuncialibus, teretibus.

Cal. *Perianthium* monophyllum, longiſſi- 265 mum, ſeſquiunciale, ante explicationem cylindricum, ſurſum curvum, ſtriatum, poſtea ultra medium trifidum, laciniis connatis, apice bidentato, infima lineari reflexa, ſimplici, apice acuto,

Cor. *Petala* quinque, omnia ad latus ſuperius adſcendentia, linearia, utrinque acuta, ſubulata, patula, aequaliter diſtantia ad latus ſuperius diſpoſita, calyce breviora, eique ad dimidiam partem ſupra baſin inſerta.

B b 3   Stam.

STAM. *Filamenta* decem, fubulata, calyce longiora, apice, adfcendentia. *Antherae* lineares, compreffae, antice trifulcatae.

PIST. *Germen* pedunculatum, pedunculo dimidii circ. calycis longitudine, gerente Germen vix craffus; leviffime compreffum. *Stylus* adfcendens, filiformis, ftaminibus ¼ longior. *Stigma* obtufum, craffum, oblique incumbens, bifidum.

PER. *Legumen* longiffimum, fpithamale, pedale, pendulum, planum.

SEM. decem, parva, reniformia, altero latere affixa, glabra.

Color Calycis fufcus, Corollae et Staminum albus.

144. PLANTA (fyngenefifta ut videtur) *caule fimplici erecto longo, florum capitulis lateralibus foliofis compofitis.*

Radix annua.

Caulis erectus, fimplex quadri-vel quinquepedalis tomento laxo tenui pubefcens; ramulis breviffimis, erectis, axillaribus.

Folia oblongo-lanceolata, acuminata, fpinula terminata, fuperne rugofa, venofa-tomento tenuiffimo laxo incano. *Petioli* breves, fuperne-concavi.

Flores aggregati, terminales in capitulo acuto, compofiti, faftigiati, lati, juncti foliolis erectis apice patulis. *Flore fingulo ita com-*
posito

pófito ex foliolis minoribus, fingulo includente flofculum, qui hoc tempore erat ex-
ficcatus; foliolis foras tomentofis, apice
fpinula terminati.

SEM. unicum, ovato-oblongum, compreffum,
parvum, fupra anguftius, coronatum *pappo* erecto, pilofo, brevi: pilis lateralibus
breviffimis, erectis.

145. EPIDENDRUM *floribus feffilibus ter-*   266
minalibus paucis.

Radix repens fupra ramos arborum, hinc inde
flexa, *radiculas* filiformes, fat copiofas hinc
emittens, compreffas, flexuofas, genicula-
tas.

Caules erecti, femifpithamales, compreffi, foliofi, fimplices.

Folia alterna, vaginantia, oblonga-vel oblongo-lanceolata, dorfo carinata *(vagina* anci-
piti, compreffa, dorfo acute carinata) uncialia, pallide viridia.

Flores terminales, caulis alterni, pauci (2 et
3 folum vidi) feffiles, *pedunculo* communi
brevi, elevati. *Bracteae* funt folia compreffa, ancipitia, brevia, fpathacea, obtegentia dimidium Germen.

COR. pentapetala: *petalis* tribus exterioribus
ovato-acutis, parvis, fefquilineae longitudine, erectis, duobus fuperius, inferius unico.
Nect. petalis unitum cum Piftillo.

PIST. *Germen* magnum, ovatum, leviter compreſſum, longitudinale ex pilis lateralibus
ſquama ſubulata adnata, margine ſolo ſo-
luto notatum. Reliqua in Flore videre
non potui.

146. MIMOSA *quadrivalvis* foliis bipinnatis
paucis, floribus purpureis, filiquis linearibus angulatis ſubulatis aculeatis longitudinaliter dehiſcentibus.

XV. 147. DRACO ARBOR (PTEROCAR-
PUS *Draco* 168.) *Arbor Draconis* India
Mucanana, had no more flowers, which
commonly appear immediately after the
rainy ſeaſon.

Arbor alta, ramoſa, *ramis* hinc inde erectis,
modicis numero.

Folia h. t, pauca non ceciderunt, alterna, pinnata, digitalia, longa vel paulo longiora :
Foliolis oppoſitis, oblongis, uncialibus, obtuſis, leviter pedicellatis cum impari, glabra h. t. pallide viridia. *Petiolus communis*
teres; *partiales* teretes, breviſſimi, lineae
longitudine, pubeſcentes.

CAL. monophyllus, tubulato-campanulatus,
quinquedentatus : dentibus tubulato-acutis.

COR. *Vexillum* ungue oblongo, lamina ſubro-
tundo-cordata, patens, convexa. *Alae* lanceolatae, vexillo paulo breviores. *Carina*
brevis quoque videtur.

STAM.

STAM. connata.   267

PER. *Legumen* pedicellatum, membranaceum,
fubrotundo-oblongum, planum, medio u-
trinque prominulum, inaequaliter convexum, obtufum, bipartitum, non dehifcens,
continens

SEM. oblongum, appendicibus duobus vel
tribus adnatis, irregulare, margine interiore
ciliatum; alis fibrofis, lignofis ipfaque fub-
ftantia lignofa, pro appendicibus 2. 3. 4.
loculis linearibus, tranfverfis, feminibus to-
tidem oblongis, altera extremitate inferiore
craffiore, antrorfum appendiculo notato,
hili in finu appendiculo affixo, finguli loculi verfus hanc extremitatem. Ergo diftinctum genus crederem.

148. SAPINDUS magna arbor eft, *nucem*
duriffimam, glaberrimam, exacte globofam
continet,

149. RAJANIAE affinis Planta fcandens h.
f. abfque fuliis: *Fructibus* fpicatis, erectis,
trigonis, oblongis, coronulatis *calyce* quinquefido, brevi; fructu triloculari. *Caulis*
filiformis, fcandens, tenuis, *ramulis* alternis pendulis, florjferis. *Flores* h. f. ceci-
dere. *Stylus* unicus. *Capfula* oblonga, re-
flexo-erecta, trigona: angulis compreffis;
trilocularis: loculis angularibus: *Semina*
duo f. folitaria in fingulo loculo, oblonga,
deor-

deorfum acuta. Alae membranula oblonga tenuiffima.

150. CISSAMPELOS *Pareira* caule erecto
fuffruticofo fimpliciffimo, foliis alternis
fubpeltatis fubtus tomentofis. EQUERE-
PANAR h. e. Auricula tigridis vulgo.

Radix lignofa, procumbens, apice plures caules emittens, perennis.

Caules erecti, fimplices, rectiffimi, quadri-vel
quinquepedales, teretes, tomentofi: tomento craffo.

Folia alterna fubrotundo-ovata; *mafculis* petiolo margini folii adnato, *feminis* peltata ;
utrinque tomentofa, fubtus magis, tomento
craffo, quinque venis majoribus. *Petioli* in
mafculis breviffimi, teretes, craffiores, tomentofi ; in *fem.* femiunciales, paulo tenuiores,
fimiliter tomentofi.

Flores mafc. et femin. in diftinctis plantis (in
Dioecia.)

268

MAsc. axillares, in cymis faftigiatis difpofiti.
Pedunculi communes axillares, erecti, 2-3, filiformes, unciales, pubefcentes : *partiales* dichotomi, racemofi, erecti, faftigiati, cymofi,
pilofi, lineae longitudine. *Bracteolae* lineares. *Flores* minimi.

CAL. *Perianthium* tetra, yllum, patens, planum : foliolis fubrotundis, obtufis.

COR. monopetala, membranacea, plano-concava,

va, orbiculata, integerrima, calyce minor, indivisa.

STAM. Filamentum unicum, e centro floris progrediens ¼ lin. circ. longitudine, filiforme, erectum, obtufum, truncatum. Antherae quatuor, oblongae, tranfverfae, margini apicis Filamenti impofitae, feffiles.

* Fl. FEMIN. in racemis fpicatis, fimplicibus, folitariis, binis et ternis ex fingula axilla.

Pedunculus communis fpicae filiformis, erectus, fimplex, Bracteolis ovalibus fefilibus, alternis, fparfis veftitus. Floribus 3, 6, 8, ex ala fingulae bracteolae, pedunculo brevi lineari, elevatis, erectis.

CAL. Perianthium monophyllum, ad unum latus (exterius in ramulo florum) oblongofubrotundum, uni----le perfiftens.

COR. Petalum unic   otundum, calyce dimidio brevius,   us cum calyce flexum.

STAM. nulla.

PIST. Germen fubrotundum-oblongum. Styli erecti, capillares, parvi; Stigmata fimplicia, craffiufcula.

Fructus fubrotundo-ovalis, leviter compreffus, fubtomentofus.

SEM. unicum.

Flores lutefcenti virides.

151. MELAMPODIUM *c:ftrale* fyngenefiae Polygamiae neceffariae, *feminibus quinque oblongis hifpidis; calyce pentaphyllo, caule decumbente.*

Radix perennis, fibrofa.

Caules fpithamales, procumbentes, undique diffufi, teretes, fubpubefcentes; *ramis* oppofitis, decumbentibus, apice adfcendentibus.

269 *Folia* oppofita, ovalia vel ovato-obtufa, fuperne leviter varieque ferrata: ferraturis obfoletis.

Petioli teretiufculi, fuperne plani, longitudine dimidii folii.

Flores terminales vel ad fummos ramulos et ramos, ex ala vel dichotomia, fubfeffiles, folitarii: *pedunculo* brevi, fefquilineae longitudine.

CAL, *communis* pentaphyllus, vel ad bafin quinquepartitus, erectus, laxus: foliolis oblongis, poftea patulis, laxis, corollae longitudine.

COR. compofita. Flofculi *feminini* 5-8 in radio; in difco *mafculini* 4-8.

 Fem. Corolla filiformis, brevis. *Mafc.* ore erecto, bidentato, demum bifido, latere rima dehifcens,

STAM. Mafcul. *Filamenta* quinque, capillaria. *Antherae* carinato-cylindricae, corollula leviffime breviores,

 Femin, nulla,

          PIST,

Pist. *Masc.* vix ullum. *Germen* obfoletun·, ...
neare, m:nimum, fub corollula. *Stylu.* filiformis. *Stigma* nullum.

Femin. *Germen* fub receptaculo, oblongum, magnum calyce paulo minus,
ftriatum, hifpidum. *Stylus* filiformis,
erectus, corolla paulo brevior, poftea
bifidus. *Stigmata* fimplicia.

Per. nullum. *Calyx* patens femina nuda inferne cingit.

Sem. oblonga, duarum vel trium linearum
longitudine, paulo compreffa, utrinque fulcata cum pilis hamatis ex fingulo angulo
fulcofo patulis; hamo furfum in texo.

Rec. paleis oblongis, concavis.

Corollulae color luteus.

152. ARISTIDA floribus paniculatis tenuiffimis, ariftis tri·us, panicula laxa erecta.

Gramen tenuiffimum, digitale, fpithamale.

153. HEDYSARUM caule erecto fimplice,
foliis rernis, feffilibus, floribus fpicatis axillaribus.

Radix perennis.

Caules erecti, fimplices, bi-vel tripedales, recti, inferne teretiufculi, fuperne fubangulati
hirfuti.

Folia alterna, feffilia, ternata: *Foliolis* oblongis   270
fefquiuncialibus, fupra pubefcentibus, infra
paulo pallidioribus, venofo-reticulatis, pedicellatis.

cellaris. Stipulae lanceolatae, erectae, stria-
tae, sesquilineae longitudine.

Flores axillares, spicati, racemosi : racemis oblongis, erectis, semiuncialibus, simplicibus;
peditellis sesquilineae longitudine. Bracteolae
ovatae, convexae, glabrae.

CAL. Perianthium monophyllum, tubulosum,
quinquefidum : laciniis subulatis, corolla le-
viter brevioribus, infima reliquis longiore. |

COR. Vexillum oblongum, apice patulum, basi
utrinque inflexum. Alae lineares. Carina
linearis, apice latior, rotundata, inferius tota
fere dehiscens, apice adscendente.

STAM. Diadelpha 1 et 9, simplicia. Antherae
subrotundae.

PIST. Germen oblongo-tubulatum, hirsutum.
Stylus capillaris. Stigma crassiusculum, simplex.

PER. Legumen calycis longitudine, hirsutum,
ovato-acutum, leviter compressum.

SEM. duo. oblonga, apice ultimo recurvo acuto. (Flores lutei.)

154. IPOTARAGUAPIN. Frutex erectus,
humanae altitudinis et ultra : ramis longis,
erectis, oppositis, patentissimis, strictis, Cortice fusco glabriusculo. Spinae oppositae, interdum ternae, supra singulos ramos, patentes, subulatae, acutae, rectae.

Folia sub spinulis enascentia vel terminalia,
fasci-

fasciculato-conferta, oppolita, ovata-oblonga, uncialia, venis oppolitis alternifque
fubtus prominulis, fimplicibus, petiolo brevi
lineari. Stipulae oppolitae, interfoliaceae,
ovato-acutae, planae.
Flores in pedunculis oppolitis vel folitariis, axillaribus, 1-2 uncialibus, rectis, apice bifidis,
floriferis: flores conferti ut videtur, licet hoc
tempore illis deftituta.
Fructum fert fub receptaculo ut videtur.
Drupa parva, oblonga, trium vel quatuor linearum longitudine.
Nux oblonga, obfoleto triangularis: angulo
uno promineatiore, teretiufculo, utrinque
fulco notato; bilocularis, loculis teretibus,
uno in media nuce, altero in angulo teretiufculo, putamine ibidem tenuiore. Nuclei
duo, teretes, albi.

155. EDECHI, 133. LAUGIERIA odorata.
Caulis frutefcens, erectus, bis humanae altitudinis, priori fimilis, fed abfque fpinis.
Folia terminalia, conferta, copiofa, oppolita,
oblonga, acuta; Petioli breves. Stipulae
interfoliaceae, ovatae, acutae, planae.
Flores dichotomi, conferti, ex apice peduncu-
lorum. Bracteae fub fingulo flore, lanceo-
lato-acutae, patulae.
Cal. Perianthium monophyllum, tubulatum,
teres, ore integro vel vix manifefte denticu-
lato.

271

cellato, vix lineae dimidiae longitudine, perfistens supra fructum.

Cor. monopetala, tubulata: *Tubo* longo, calyce fexies longiore, fuperne leviffime latiore, ½pollicis unguis longitudine. *Limbus* patens, quinquepartitus : laciniis oblongis, marginibus lateralibus reflexis.

Stam. *Filamenta* quinque, breviffima, fupra medium tubi adnata, capillaria. *Antherae* lineares, tubi circ. altitudine.

Pist. *Germen* fubrotundum, receptaculo cinctum. *Stylus* filiformis, ftaminibus altior. *Stigma* capitatum, fubrotundum.

Per. *Drupa* parva, fubglobofa. *Nux* quadrivel quinque-locularis.

Color Corollae albo-purpureus, Tubo externe rudi. Congener videtur praecedenti.

156 HIBISCUS foliis oblongis; flore folitario.

XVII. Near the river *Aragua*.

157. PALO de COCHINELLE; a fhrub, which had oppofite lanceolated leaves, whofe ftem was hollow, fo that it might be employed for a tube to a tobaccopipe.

158. CROTON hifpidum, caule trifido; Folia incifa, tota planta hifpida, annua.

159. CUCUMIS *ruftica* fmelled nearly as Caraway-feeds.

160. SMILAX fcandens, foliis oblongis, caule teretiufculo fpinofo; *Folia* pallide viridia.

161.

161. WALTHERIA *Melochioides* flore luteo aggregato pentandro monogyno.

162. DIOSCOREA ſcandens, foliis cordatis alternis, caule levi, calyce cyathiformi ſexdentato.
Folia cordata acuminata, integerrima.
PER. *Capſula* oblonga, trigona: angulis compreſſis.
SEM. aiata, in ſingulo loculo dua

163. MASTRANZO floribus verticillato-capitatis ſeſſilibus parvis albis.
Folia rugoſa.
CAL. patentiores, ſtrigoſiores, tubulati.

164. PHASEOLUS parvus, erectus herbaceus. *Caulis* tener, filiformis.
Folia ternata, linearia. *Folres* ſpicati, terminales, eleganter coccineo-roſeŕ. *Alae* maximae, rectae. *Carina* inflexa.

XXV. 165. BIGNONIA arborea ſcandens, foliis pinnatis glabris, filiquis longiſſimis planis linearibus.
Semina ſurſum imbricata ſunt ſimplici ſerie.

166. SIDA flore albo erecto longo. *Folia* cordata. *Rami* erecti.

167. CECROPIA. *Peltata*. Coilotapalus. *Brown.* jam III. Yagramo vulgo the leaves of this plant are the common food of the floth.(Bradypus. L'nn.)

Folia pauca, alterna ad fummitates ramor m.
Stipulae interfoliaceae ut in Ficu, latere
folio adverfo f. oppofito dehifcentes, marginibus obvolutis f. imbricatis, mox caducae.
Floris Mafc. et Femin. in diftinctis arboribus.

* Masc. pedunculis geminis ex axillis foliorum, fed intra ipfam ftipulam h. e. *Stipula* interpofita inter axillam fol. *Pedunculis* teretibus, fpithamalibus, fubpendulis,
fingulis fpatham apice gerentibus.

273   Cal. *Spatha* ovato-acuta, integra, rumpens,
caduca, includens *Amenta* plurima, fafciculata, teretia, pendula parallela, pedicellata,
altiffime imbricata, fquamis vel *Receptaculis*
ftaminum copiofiffimis, turbinatis, compref-
fo-tetragonis, obtufis, fupra linea elevatiore
notatis, tandem duplice foramine dehifcentibus.

Cor. nulla, nifi Calycis fquamas dicas effe,
vel Nectarii fquamas.

Stam. *Filamenta* duo, capillaria, breviffima,
fingula ex fingulis foraminibus fquamarum
calycinarum. *Antherae* oblongae, tetragonae,
parvae.

* Femin. penduli, forte folitarii ex axillis ut
Mafculi; fed fi folitarii, an geminis pedunculis pendeant, nefcio. *Pedunculi* digitales
et ultra.

Cal. *Spatha* forte ut in Mafc. nam h. t. ceci-
dit,

. dit, includens *Amenta* quatuor, patula, nū-
tantia, teretia, mafculis crafliora, digiti minimi manuum inftar, arctiffime imbricata
germinibus nudis.

Cor. nulla.

Pist. *Germina* plurima, imbricata, comprefło-
quadrata, obtufa, tomento tenuiffi mo obvo-
luta. *Styli* folitarii, breviffimi. *Stigmata* obtufa, lacera, fubcapitata.

Per. *Capfula* Germinis forma et figura unilocularis, vix dehifcens, feparato cortice a femine tamen diftincta.

Sem. folitaria, oblonga, compreffa, parva.

Lynceis oculis alii luftrent ulterius partes fructificationis, certae minimae funt
et tenuiffimae.

Color Femin. incanus a tomento *Mafc.* lu}
teus; ficci evadunt atri; novi proprii
et fingularis funt generis.

XXVII. 168. SANGUIS DRACONIS 147.

I find that our *Sanguis Draconis occidentalis*
is the fame with the *orientalis*, but of a fpe-
¦ cies different from this plant; whofe character is the following,

Cal. *Perianthium* monophyllum, tubulatum,
bafi obtufum, quinquedentatum.

Cor. papilionacea, calyce duplo longior. *Ve-*
xillum ungui oblongo ; lamina fubrotunda.
Alae lanceolatae, vexillo breviores.

Cc 2   Stam.

274   STAM. *Filamenta* decem, connata, adfcendentia.
Antherae. - - -

PIST. *Germen* oblongum, compreſſum, pedicellatum. *Stylus* ſubulatus.

PER. *Legumen* ſubrotundo-oblongum, planum,
membranaceum, uniloculare, intus ligno-
ſum.

XXVIII. From the river *Aragua,* the people
ſent a kind of *Sarſaparilla* or *Smilax,* which
I had not ſeen before uſed in Phyſic : it
differed from that ſpecies, which is officinal
in both the Indies.

169. SMILAX.

Radices plurimaé, filiformes, longae, duriuſ-
culae, foras teretes, glaberrimae abſque fibrillis ſparſis, verum eorum loco *Spinulis*
parvis, brevibus, glabris, ſubpungentibus,
cortice tenui. Ab altera *ſpecie Officinali* differt
figura radicis filiformi, angulata, cortice
craſſiore, duro, angulato, rugoſo, fibrillis lateralibus plurimis.

Caulis ſcandens, fuſiformis, teres, glaberrimuſ,
aculeatus : *aculeis* ſubulatis, pungentibus,
validis, trium quatuorve linearum longitudine, inaequaliter ſparſis, ad genicula foliorum pluribus: *ramis* ſuperioribus ſubſtriatis.
Caulis inferne ſubgeniculatus.

Folia alterna, lanceolata, vel oblongo-lanceolata, trinervia, vel cum ultimis minoribus
quin-

quinquenervia, dura, firmia, erectiufcula, 3, 4, 5-uncialia, verfus apicem contorta, petio- lata, nervo medio fubaculeato: aculeis 1, 2, 3, parvis; interdum inermia. *Petiolus* patens, brevis, femiuncialis, bafi craffiffimus, h. e. e tuberculo fenfim prodiens, latus, margine membranaceo, femiamplexicauli, membrana firma tamen; fubtus convexus, angulo carinatus parvo, fubinermi vel fer- ratulo, vel glabro vel fpinula una alteraque notatus apice furfum curvus.

I. MARTII.

170. MUSA had fruit, but fome bloffoms were ftill on it. I found 5 ftamina with a rudiment of a 6th in the nectarium of the male flowers, and the fame in the hermaphrodite flowers. I could obferve no difference, except that thofe in the male flowers were narrower.

II. To-day I caught in a hollow tree a *Robi- pelado* or *Mapeha* as the Indians call it. It is Dr. *Linnæus's* DIDELPHIS, fo remarkable on account of the pouch wherein it keeps its young ones; many think this pouch to be the Uterus *Amoen Acad.* and *Muf. Reg.* That which we caught, was a male. Its *penis* was big between the hind legs, round and naked, but cloven like the foot of a

Cc 3   cow

cow and of the fame fhape. The *tefticles*
were fituated under the belly before the
penis, which was turned backwards. •

IV. 171. PISCIPULA (PISCIDIA) Erythrina. Sp. Pl. 707. n. 3. 2. 993. 1. *Barbafca*
vulgo.

The figure of the flower fhews that it is not
a fpecies of the Erythrina, but rather a
diftinct genus.

En defcriptionem!

Arbor magna f. mediocris.

Caulis arborefcens, 9, 10, 15 orgyarum altitudine, trunco inaequali, fuperne in ramos
adfcendentes, rariufculos divifo: *ramis* erectis, alternis, teretibus, glabris.

Folia alterna, ad fummitates ramorum pinnata.

Flores in racemis alternis, erectis, copiofis,
digitalibus et ultra, fparfis. *Racemi* compofiti *racemulis* fparfis, alternis, lateralibus,
patentibus. Singulis 1, 2 *flores* fuboppofitos
fparfoque pedunculatos proferentibus. *Pe-*
dunculis 4, 5 linearum longitudine, fimplicibus, patenti-erectis, fingulis unifloris.

CAL. *Perianthium* monophyllum, tubulatum,
leviter compreffum, bafi glabriufculum,
duarum vel trium linearum longitudine et
fere fimile diametro furfum ad inferiora,
quinquedentatum : dentibus fuperioribus
binis, magis approximatis, obtufioribus ;
minoribus

minoribus lateralibus, majoribus obtufe rotundatis, infimo leviter majori, fubacumi-
nato; glabrum, perfiftens.
Cor. papilionacea, mediocris, rotundata. *Vexillum* adfcendens, patens; Ungue brevi,
tereti, convexo; Lamina fubrotunda, obtufa, apice emarginata, dorfo fubcarinula-
ta, lateribus modice retrorfum convexis.
Alae vexillo fere paulo longiores, Unguibus linearibus, tenuiffimis, calyce paulo
longioribus, rectis, Laminis oblongis, furfum curvis, convexis, tumidis, angulo po-
ftico acuto, finu interjecto obtufiffimo rotundato, adnato carinae. *Carina* bafi ultra
medium bifida, unguibus linearibus, longitudine unguium alarum, furfum curva,
inferius carinata, lateribus verfus bafin tumida, furfum compreffa, acuta, bifida, a-
pice, angulis bafeos acutis, finu rotun-
diore.
Stam. *Filamenta* decem, connata in vaginam;
vagina compreffa, ftriata, apice adfcendens,
fiffa, fetacea; alterna breviora. *Antherae*
oblongae, incumbentes.
Pist. *Germen* breve, pedicellatum, lineare,
compreffum, longitudine vaginae *Stylus*
adfcendens, filiformis. *Stigma* acutum,
fimplex, ante florefcentiam fubcapitatum.
Per. *Legumen* pendulum, lineare, quatuor a-
C c 4 lis

lis longitudinalibus, membranaceis, exftan-
tibus notatum, uniloculare, articulatum,
membranis tranfverfim ftriatulis, fubplica-
tis.

Sem. tereti-linearia, 2. 3. 4. longitudinaliter
pofita.

A fmall fnake, which was caught in the houfe.

172. COLUBER fcutis abdominalibus 190,
fquamis caudalibus 70-80; longitudo duarum fpithamarum, tenuis, colore cinera-
fcente, glaber. *Dorfum* totum maculis inaequalibus fufcis, marginibus nigris. *Caput*
ovatum, in fpecimine valde contufum, fcutis duobus magnis inter oculos. *Cauda*
quoque valde erat contufa. (Forte *Coluber*
annulatus.)

173. RANA *arborea* pedibus fiffis, palmis te-
tradactylis rotundis, plantis pentadactylis :
geniculis tuberofis. *Amoenit. Ac. p.* 285. 9.
Magnitudo et facies Ranarum fontalium aquae
frigidae in Europa.

Caput fubtriangulare, obtufiufculum, planiuf-
culo convexum, *orbitis* oculorum elevatioribus tumque protuberantibus.

Oculi rotundi nec parvi, inferius membrana
nictitante, pro lubitu animalis, co-operiun-
tur iride aurea nitente; *pupilla* majufcula
nigra.

Aures : foramina rotunda, magna, pone oculos

e pau-

e paulo infra, obtecta membrana tenuiſſima.
Narium foramina parva, punctorum inſtar, 277
verſus apicem roſtri.
Truncus oblongus, ſubtumens. *Dorſum* pla-
niuſculo-convexum, in medio tumidiuſcu-
lum ut et latere utroque ad dorſum, verſus
latera linea laterali eʾevatiore notatum u-
trinque, et ad latera linea alia magis inter-
rupta, cum verrucis mollibus, linearibus
aliquot juxta ventrem parvis, minimis.
Palmi tetradactyli, fiſſi, circumferentia rotundi, digitis introrſum vergentibus, omnibus
obtuſis, 1 et 3 paulo longioribus, 2 et 4
minoribus, ſubaequalibus, ſubtus tuberculis ad carpos et genicula notatis.
Plantae longae, fiſſae, pentadactylae, obtuſae: digito 1 minore reliquis, uſque 4 ſenſim longioribus: 4 longitudine tertii, geniculis ſubtus tuberculis laevibus notatis.
Color dorſi viridis, lateribus cinereo-ſordidis
maculis fuſcis ſparſis, paucis, pone in cluni-
bus variegatis colore viridi-cinereo, maculis
variegatis fuſcis. Genicula pedum ſubtus
albidiuſcula. *Abdomen* albidum.
XVI. 174. EPIDENDRUM acaule, radice
bulboſo-ovata, floribus fuſcis, nectario al-
bo-caeruleſcente cordato.
XIX. 175. BIDENS procumbens, foliis inferioribus alternis oblongis undulatis incanis,
ſupe-

fuperioribus oppofitis, floribus oppofitis
feffilibus pallide purpureis 200.

176. STAEHELINOIDES foliis cvatis ferratis incanis, floribus feffilibus. Petala
Marrubii facie 201. 103.

177. SPONDIAS *lutea* optime floret. HOBO
vulgo.

CAL. quinquedentatus, minimus.

COR. petala reflexa.

Nectaria decem intra ftamina.

STAM. decem.

PIST. 4-5, erecta, longiufcula, approximata.

178. CHRYSOPHYLLO fructu adfinis, foliis pungentibus; vulgo *Barbafco.*

PER. *Bacca* fubrotunda, uvae minoris magnitudine foras ftriatula, acuminata; acumine
rigido, cortice ipfo fecedente a pulpa f. femine globofo, in fuperficie notato rudimentis 3-4 hoc tempore vacuis, mollibus. Sub-
ftantia pulpae h. t. mollis, butyracea.

278

179. CHRYSOPHYLLUM alterum foliis
obtufis, fere congener priori.

Fructus globofus, acuminatus, Ribefiorum ru-
brorum magnitudine, ruber. *Semen* magnum, globofum, firmum; an ideo diftincta Genera?

180. BOMBAX caule fubfpinofo, parum ven
tricofo trunco, 1 alta arbor, h. t. priva-
ta foliis et flore, fructus vero habuit copio-
fos.

fos. *Capfula* oblonga, pentagona, turbinata obtufa, quinquelocularis, quinquevalvis, ad angulos dehifcens, diffepimentis
ad Columnam cohaerentibus quinque. *Se-*
mina plura, fubrotunda, lana tenuiffima
fat copiofa, fubfufca, pallida. *Valvulae*
apertae, patentiffimae, ftelliformes et planae. *Calyx* in fructum bafi excipit capfulam integerrimam, lincae longitudine.

XX. 181. EPIDENDRUM acaule, radice bul-
bofo-ovata ; floribus cinereo fufcis etc.

Radix fubbulbofa vel caulis ovatus, leviter
rugofus, emittens radiculas repentes fuper
ramos, more congenerum.

Caulis brevis vel fere nullus, bafi ovatus.

Folia duo, oblonga, dorfo carinata.

Scapus erectus, dodrantalis, pedalis, teres.

Flores 3-4, terminales, alterni.

XXVI. 182. HERMESIAS a me dictum,
vulgo Rofa de monte. (BROWNAEA coccinea.)

Flores feffiies, capitati : capitula ante explicationem ob bracteas conum pini fed mollem
referunt, juxta bafin ipfius folii adnata,
fubrotunda, poft explicationem fafciculata,
alterna, feffilia. *Bracteae* alternae, colora-
tae, convexae, oblongae, exteriores inferius fubrotundae, concavae, membranaceae,
obtufae, laxiufculae, fingulae includunt
fin-

singulos flores, ultimis exceptis subrotundis, quae includunt reliquas bracteas interiores, angustas, lineares. Omnes caducae funt.

CAL. *Perianthium* duplex. *Inferius* monophyllum, tubulato-turbinatum, superne latius, laxum, ad ¼ part. bifidum: laciniis ovatis, erectis, concavis. *Superius* interiufque tubo, spatio ¼ calycis exterioris, surfum latiore, paulo compreffo, postea quinquephyllo: foliolis oblongis, tertiam partem Calycis exterioris longitudine excedentibus, obtusis, coloratis: Foliolo superiore paulo latiore reliquis et obtusiore.

279 COR. *Petala* quinque, erecta, calyce interiore duplo longiora, oblonga, basi media sua parte inferne unguiculata: unguibus teretibus. *Lamina* oblonga, erecta, obsolete subundulata, supremum intra fissuram vaginae staminum.

STAM. *Filamenta* undecim (quod constans et curiosum) connata in vaginam ad latus superius, usque ad basin corollae (et calycis interioris) dehiscentem et divisam; altitudine calycis interioris, connata, demum soluta, subulata, alterna leviter longiora, subcurva. *Antherae* oblongae, incumbentes.

PIST. *Germen* teretiusculum, oblongum, inferne

ferne pedicellatum ; pedicello adnato lateri
inferiori tubi calycis interioris, vel fi mavis
tubo ftaminum, infra calycem interiorem,
pubefcens. *Stylus* filiformis, ftaminum longitudine. *Stigma* obtufum, fimplex, nigrum.

Color Corollae coccineus et rofeo-cocci-
neus. Fruftum non vidi.

183. ERYTHRINA foliis ternatis, caule a-
culeato. *Sp. Plant.* 706. 2. ni fallor ; AN-
AUCO *vulgo.*

Flores racemofi, fubfecundi, conferti, 2, 3,
4, ex uno punfto : *racemis* digitalibus,
fpithamalibus. *Pedunculi* horizontales, trium vel quatuor linearum longitudine, teretes, unilaterales. *Flores* nutantes. Bra-
fteas non vidi, nefcio itaque an adfint.

CAL. *Perianthium* monophyllum, breviffimum,
turbinatum : ore integerrimo, obtufo, truncato, infe.ius produfto in appendicem deorfum verfum, obtufum, teretiufculum.

COR. papilionacea, irregularis. *Vexillum* ob-
longo-acuminatum, adfcendens, dorfo acute carinatum, marginibus leviter reflexis.
Alae duae, breviffimae, fubrotundae, vix
calycis duplae longitudinis, adpreffae. *Carina* falcata, aperta, apice bifida laciniis
ovatis, obtufis, compreffa, marginibus fuperioribus,

perioribus conniventibus, vexillo quinquies brevior.

288 STAM. *Filamenta* decem, diadelpha, fuperius folutum et novem connata in vaginam ufque ad apicem Carinae, qua includuntur, poftea foluta, carina longiora, fubulata alterna leviter longiora, paulo curva. *Antherae* lineares, incumbentes.

PIST. *Germen* lineare, teres, Carinae longitudine, bafi ad ⅟ pedicellatum, compreffum. *Stylus* brevis, leviter adfcendens, teres. *Stigma* obtufum, fimplex, oblongum.

PER. *Legumen* ni fallor, lineare, teretiufculum, ad femina oblongum.

Color Floris aurantius vel luteo-rufus. Reliqua non vidi.

XXVII. Maundy Thurfday. Two Indians with bows and arrows accompanied me, as a fafeguard all the day, where-ever I went, without lofing fight of me.

V. April. I this day left St. *Bernhardino*. It was rather hard for me to leave a place where I had fpent two months in agreeable company.

On the road from St. *Bernhardino* to *Pilar* I met with:

184. ARBOR floribus albis copiofis, germine hirfuto: novi generis ni fallor; but I loft its defcription.

185. AMA-

185. AMAΓ ΓLLIS fpatha uniflora flore albo.
I loft both the flower and its defcription.

186. BIGNONIA *Leucoxylon* arborea, floribus luteis h. t. fine foliis ; *Floribus* copiofe
tecta. *Folia* digitata, petiolata.

VI. Towards St. *Miguel* and St. *Francifco.*

187. ARBOR foliis pinnatis oppofitis, floribus fpicatis luteis diadelphis.

188. BROMELIA parafitica *Maroguaray*, in
ex fuccis arboribus, *Floribus* fpinofis, *racemo* copiofo longo, *fruĉtibus* parvis, duris.

VII. I viewed the plants about the village, and
found :

189. BAUHINIA aculeata, *florens.*

190. MIMOSA aculeata, braĉteis magnis,
florens.

191. BIHAI onoto, copiof., fylveftris, ad
viam verfus Flumen.

In the marfh itfelf I found :

281

192. AESCHYNOMENE frutefcens, foliis
pinnatis.

193. PLANTA Beccabungae fimilis, in a-
qua paludofa natans, caulis ex axillis radiculas emittens, cum tuberibus oblongis,
fpongiofis, albis, copiofis, feffilibus, axillaribus. Flores non vidi.

194. HYDROCOTYLE foliis reniformibus,
margine lobato. *Umbellulae* 3, 4, 5, floribus.

195. SAL-

195. SALVINIA *Michelli* (MARSILEA *natans*) copiofe,

    Folia punctis obtufis, erectis, quadratis,
    · lôngioribus undique leguntur. They
    are like velvet.

196. PISTIA planta natans, facie Plantaginis, foliis fubrotundis, omnibus radicalibus hirfutis, rofae in modum patentibus, abfque flore.

197. UTRICULARIA radicibus nutantibus abfque utriculis, nectario conico. Adeo exacte refert Utriculariam Europae nectario conico, ut dubitarem an diftincta effet, Radices tamen f. folia natantia, late in ramulos fparfa, omnino carent utriculis.

Radices repentes, natantes, fibris copiofis, confertis, omnino abfque veficulis. **An** folia potius dicendae.

Scapi erecti hinc inde, pauci ex axillis. *Radicis* ramificationes digitales et fpithamales, fimplices.

Flores alterni, fparfi, 6 - 12. erecti, pedunculati : *pedunculi* teretes, fub florefcentia erecti, poftea nutantes, 3-4 linearum longitudine. *Bracteae* obtufae, parvae, glabrae, convexae, bafi involventes pedunculum.

CAL. *Perianthium* diphyllum : *foliolis* oblongis aequalibus, convexis, bafi perfiftens.

                     COR.

Cor. irregularis, ringens, monopetala. *Tubus*
nullus. *Lab. superius erectum*, fubrotundum, inferiore dimidio brevius, bafi perforatum pro germine. *Lab. inferius* patens,
fubrotundum, fuperiore duplo majus, bafi
faucis palato prominente, biventricofo, apice leviter emarginato, fubtus terminatum in
nectario, fub labio flexo.
Nectarium fubulatum, longitudine labii inferioris, conicum, paulo depreffum, adpref-
fum labio inferiori.
Stam. *Filamenta* duo, introrfum incurva,   282
brevia.
Per. *Capfula* fubrotunda.
Color floris luteus, magnitudo et facies
Utriculariae majoris Europeae.
Videtur procul dubio effe *Linaria paluftris foeniculi folio Plumieri* f. Utricularia caule foliofo Spec. Pl. 18. 7.
Near the river *Guere* I met with:
198. ARUNDO arborefcens.
199. AMBROSIA copiofa.
200. BIDENS procumbens, foliis inferioribus alternis oblongis undulatis tomentofo-
incanis; fuperioribus oppofitis, floribus
oppofitis purpureis 175.
Variat etiam flore albo.
201. STAEHELINOIDES (JUSSIÆA)
Vol. II.   D d   *tubefcens*

pubefcens foliis ovatis ferratis, floribus feffilibus oppofitis 176.

202. PLANTA Didynamiae Angiofperma
parva, foliolis oblongis glabris, caule ramofo, flore purpureo.

203. SCIRPUS *minimus*.

204. GRAMEN Eragroftis parvum.

VIII. 205. JUSSIÆA* foliis oblongis; caule
pubefcente; floribus decandris, pentapeta-
lis.

206. BROMELIA Ananas.

207. MELOCHIA frutefcens, foliis albis.

208. CANNA - - - filiquae pedales.

X. Round the marfh I met with;

209. VIOLA *Hybanthus* arborefcens f. frutefcens americana, foliis oblongis, obtufis,
glabris.

Radix frutefcens.

Caulis frutefcens, per arbores fcandens, inferius contortus retortufque, craffitie brachii
infantis, cortice rugulofo, fibrofo, contor-
te flexo, fuperius retorto, varieque inter
ramos alterius arboris inflexo, fummis *ramulis* fubpendulis, filiformibus, lignofis,
cortice tectis rudiore, cinerafcenti-fufco,
nudis ramulis hinc inde fparfis, brevibus,
foliofis, varie flexis.

Folia alterna, ad extremitates ramulorum late-
ralium

talium conferta, oblonga vel oblongo-lanceolata, fuperius communiter latiora, ob- 283
tufa, integerrima, glabra utrinque 2, 3, 4,
uncialia *Petioli* breves, fubtus teretes, fupra planiufculi:

Flores axillares, ex alis folioque folitarii, penduli, *pedunculis* 2-3 punctatis, filiformibus,
fimplicibus, uniflorisi

CAL. *Perianthium* pentaphyllum; erectum:
foliolis ovato-acutis, corollae adpreffis, fubaequalibus, ad Nectarium duobus patenti-
oribus, foliolo oppofito Nectario ab altero
latere reliquis paulo minore.

COR. pentapetala, irregularis. α) *Petala duo*
a latere Nectario oppofito, calyce duplo
longiora, fubrotunda, obtufa. β) *Petala*
duo lateralia fubrotunda, praecedentibus
triplo majora, patula, obtufa. γ) *Petalum*
pofterius fubrotundo-oblongum, pone elon-
gatum in nectarium altitudine petalorum β.

Nectarium ex petalo ultimo, pone prominens,
corolla duplo longius, fubulatum, femiunciale, compreffum, rectum, oblique con-
tortum, obtufum.

STAM. *Filamenta* quinque, breviffima. *An-*
therae fubrotundae, connatae, apice membranula connivente terminatae, intus bilo-
culares, bifariam dehifcentes: duabus ver-

D d 2   fus

fus nectarium emittentibus caudam, in cavitate nectarii, pubefcenti-pilofam.

PIST. *Germen* fubovatum, trigonum, fexftriatum. *Stylus* filiformis, ftaminibus longior, fuperne planus, obtufus, convolutus. *Stigma* obtufum, fimplex.

PER. *Capfula* globofa fexfulcata, obfolete trigona, unilocularis, trivalvis.

SEM. duodecim circiter, oblonga, compreffa, obtufa.

> *Color* Corollae pallide-luteus. Folia viridi-lutea.

ABSOLUTO OPERE MISSA.

TRIANDRIA.

CORAZON.

CAL. *Perianthium* monophyllum, tubulatum, obsolete 4-angulare, quadridentatum, dentibus subrotunde obtusis, perfistens.

COR. nulla.

STAM. *Filam.* 3, setacea, calyce duplo longiora, receptaculo inserta, apice patula. *Antherae* subrotundae.

PIST. *Germen* ovatum, altero latere magis planiusculum. *Stylus* setaceus, longitudine staminum, ad unum latus flexus. *Stigma* simplex, acutum.

PER. nullum. *Calyx* dentibus conniventibus, in sinu fert semen.

SEM. unicum, subrotundum, compressum, convexum.

CALLISIA *repens.*

CAL. *Perianth.* triphyllum, erectum: foliolis lineari-subulatis, dorso carinatis, perfistentibus, marcescentibus.

COR. *Petala* tria, linearia, acuta, membranacea, calycis longitudine, erecta, apice patula.

D d 3 STAM.

STAM. *Filamenta* tria, capillaria, corolla duplo longiora, erecta. *Antherae* fubrotundae. /\

PIST, *Germen* oblongum, compreffum. *Stylus* capillaris, ftaminibus brevior. *Stigma* trifidum, patens.

PER *Capfula* oblonga, compreffa, acuminata, utrinque fulco impreffo, bilocularis, bivalvis; valvulis diffepimento oppofitis.

SEM nonnulla, fubrotunda.

Licet ftigma trifidum fit, nunquam tamen capfulam 3-locularem vidi.

Planta debilis, fubprocumbens, annua, digitali-fpithamalis, glabra, fimplex, interdum e bafi ramofa. *Folia* ovata vel ovato-lanceolata, bafi cordata, feffilia, in fuperiore caule fterili imbricata in rofulam patentem, alias in fructificantibus alterna, remota, bafi vaginantia, integra, ftriata. *Flores* pauci 2-6, feffiles, ex axillis foliorum conferti, bracteolis feu fpathulis lineari-acutis diftincti, hinc, habitus fere Commelinae, cui adfine genus eft, fed nectario omnino caret. Corollae color aqueus, membranaceus.

Habitat in udis depreffis, fub fruticibus ubique circa Barcellonam novam.

PENTANDRIA.

MENAIS *topiaria.*

CAL. *Perianth.* triphyllum, laxum: foliolis lineari-
acutis,

acutis, ſtriatis, concavis, erecto-patulis, per-
ſiſtentibus.

COR. monopetala, hypocrateriformis. *Tubus* cylindricus, calyce longior. *Limbus* patens, 5-
partitus, laciniis oblongis.

STAM. *Filamenta* nulla. *Antherae* 5, lineares acutae, ſeſſiles, adnatae ſummae tubi fauci e regione inciſurarum limbi.

PIST. *Germen* ſubrotundum, depreſſum. *Stylus*
filiformis, erectus, tubi altitudine. *Stigmata*
duo, ſubconniventia, oblonga, acuta.

PER. *Bacca.*

EDECHIA ad Curataquiche. *Laugeria odorata.*
CAL. *Perianth.* monophyllum, tubulatum, teres,
ore integro perſiſtens.

COR. monopetala, hypocrateriformis. *Tubus* calyce multo longior, cylindricus. *Limbus* 5-
partitus : laciniis oblongis, patentiſſimis.

STAM. *Filamenta* 5, breviſſima, ſupra medium
tubi adnata, capillaria. *Antherae* lineares,
tubi altitudine.

PIST. *Germen* ſubrotundum, receptaculis cinctum.
Stylus filiformis, ſtaminibus altior. *Stigma*
capitatum, ſubrotundum.

PER. *Drupa* ſubrotunda, parva.

SEM. *Nux* ſubrotunda, oſſea, 4-5 locularis (in altera ſpecie 2-loc. irregularis) nucleis teretibus.

1. ſp. inermis *p.* 271.

2. ſp.

2. ſp. ſpinoſa *p.* 259.

CELOSIOIDES.

CAL. *Perianth.* pentaphyllum, patens: foliolis lanceolatis, concavis, ſiccis, perſiſtens.

307 COR. nulla.

Neċarium germen cingens, membranaceum, margine ſtamina gerens, integrum, nec plicatum, nec inter ſtamina altius.

STAM. *Filamenta* quinque, inferta membranae nectarii, patula, calyce breviora. *Antherae* ſubrotundae.

PIST. *Germen* ſubrotundum, obtuſum, compreſſum. *Stylus* filiformis, apice bifidus, ſtaminum longitudine. *Stigmata* ſimplicia, craſſiuſcula.

PER. *Capſula* oblonga, compreſſa, calyce duplo triplove longior, unilocularis, verſus baſin horizontaliter dehiſcens.

SEM. unicum, oblongum, compreſſum, glabrum, nitidum, involutum arillo ſpongioſo, albo, verſus ſolem micis argenteis ſplendido.

Ideoque a Celoſia ſemine unico, capſulaque magna, et ad Achyranthe ſeminis arillo differt.

1. Celoſioides fruteſcens ſcandens.

HEXANDRIA.

HERMUPOA fl. coccineo. Mattique cique.

CAL. *Perianthium* duplex: *Exterius* monophyllum,

lum, tubulatum, longum, integrum, apice diruptum 3 dentibus; inferius longius, dehifcens, coloratum, deciduum; *Interius* minimum, tetraphyllum : foliolis fubquadrangularibus, truncatis, ad interftitia petalorum deciduum.

Cor. *Petala* quatuor, erecta linearia, convexa, calyce exteriore leviter longiora, obtufe acuminata.

Stam. *Filamenta* fex, longiffima, fubulata, *Antherae* oblongae, planae, curvae.

Pist. *Germen* fubulatum, parvum. *Stylus* filiformis, ftaminibus paulo brevior. *Stigma* parvum, globofum, capitatum.

Per. *Bacca* maxima, teres, oblongo-cylindracea, fuperficie hinc inde craffiore.

Sem. plurima fubrotunda, nidulantia.

Affinitate naturali jungitur *Breyniae*, reliquifque, hinc dixi calycem interiorem, quod alii dicerent nectarium.

HEPTANDRIA 308

PISONIA *mitis*.

Cal. *Perianth.* m. phyllum, fubulatum, fuperne latius, 5-angulare, obfoletiffime 5-dentatum, minimum.

Cor. nulla.

Stam. *Filamenta* feptem, fubulata, erecta, bafi fere connata, receptaculo inferta. *Antherae* fubro-

subrotundae, didymae, calycis dimidii altitudine.

Pist. *Germen* oblongum, utrinque contractum,
in fundo calycis. *Stylus* filiformis, calyce
altior, ad latus inferius inclinatus, apice
surfum curvo f. adscendente. *Stigma* multifidum, lacerum, penicilliforme.

Per. - - -

Sem. - - -

A Pisonia differt staminibus brevibus; stigmate
et sexu hermaphrodito.

OCTANDRIA.

COMBRETUM. *laxum.*

Frutex fol. oppositis, fr. 4-gono, membranaceo, monospermo. *Ado.* vulgo.

Cal. *Perianth.* monophyllum, germini insidens,
campanulatum, quadridentatum, denticulis
brevibus, lato acutis, deciduum.

Cor. *Petala* quatuor, parva, ovato-acuta, ex in-
cisuris calycis, vix dentibus longiora.

Stam. *Filamenta* octo, longissima, setacea, erecta.
Antherae suboblongae, parvae.

Pist. *Germen* sub receptaculo, lineare, quadran-
gulare, angulis compressis, superne acuminatum. *Stylus* setaceus, longitudine staminum, ad basin hirsutus. *Stigma* simplex,
acutum.

Per. nullum nisi crustam seminis tetragonam velis.

Sem.

Sem. unicum, oblongum, nudum, tetragonum ; angulis longitudinalibus membranaceis magis, apice acuminatum ; medio oblongo 4-gono, angulis compreffis, Cotyledonibus corrugatis, corculo ex apice.
Hinc flos fere *Grifleae*, fed germen fub receptaculo, Stamina erecta, et fructus abunde diftinguunt.

DECANDRIA.

CASSIAE *adfinis*.
CAL. *Perianth.* 5-phyllum : foliolis lineari-oblongis, acutis, patentibus, deciduis.
COR. *Petala* quinque, patentia, erecta, fubrotunda, fubaequalia, calyce majora.
STAM. *Filamenta* 10, breviffima. *Antherae* lineares, curvae, fubaequales, omnes fertiles.
PIST. *Germen* lineare, unicum. *Stylus* adfcendens fubulatus.

Vix, exceptis ftaminibus omnibus fertilibus, a Caffia differt.

11. April. I travelled to *Piritu*, and found upon the road ;

MAHOMA arbor diadelpha, floribus fpicatis racemofis copiofis, pallide purpurafcentibus.

JATROPHA frutefcens, altior lignofa, caule glabro, folia digitato-palmata, lobis extrorfum latioribus, in medio finu lato contractis.

Flores

Flores in racemo lato fufci. *Stamina* 10, filamentis omnibus diftinctis ; quorum 5 interiora, breviora, recta, leviter patula, 5 vero exteriora, bafi retrorfum inflexa, longiora.

Corolla campanulata, bafi laxa, pallide fufca, colore interiore faturatiore.

MIMOSA cortice glaberrimo.

HIBISCUS flore albo, calyce patente.

BREYNIA *olivacea latifolia*, copiofe florens.

COFER Indis Pirituenfibus vocata, frutex altior, fol. oblongis. SYMPLOCOS *martinicenfis*.

CAL: *Perianth.* tubulatum, latere altero ad bafin dehifcens, hinc paulo obliquum, apice compreffum, 2-dentatum.

COR. *Petala* 4, erecta, oblonga, obtufa, bafi anguftiora, concava, convexa, bafi convexe patula, furfum erecta.

STAM. *Filamenta* 20, in 4 fafciculos f. phalanges divifa, inde 5 et 5 parallela, oppofita, corolla paulo breviora.

PIST. *Germen* oblong. . . . *Stylus* unicus.

310 *Color* floris candidus et pulchre albus.

GOSSYPIUM verfus mare.

12. April. I went from *Piritu* to *S. Miguel* and *S. Francifco.* They bring about this time great quantities of falt towards *Barcellona* and *Caracas.*

14. April. We travelled towards the river *Orinoco.* We waded through the river *Guere* on our way,

way, and went a good way along its fandy
fhores, till we reached a marfh and foon after
S. Pablo, after two miles journey.
HELENII facie fl. luteo, foliis 2-pinnatis.
We continued our journey towards S. *Lorenzo*
which lies north of the river *Guere*, fo that
we paffed twice that river.
The journey went on towards *Margarita*,
thirteen miles, which lies fouth of the river
Guere, which we oaffed a third time.
15 April from *Margarita* to *Aragua* feven miles.
Planta fyngenefiae fl. albo, fpicato, rigida.
16. April. The journey continued from *Aragua*.
to *Hato Nuovo* eight miles.
17. April Planta lacuftris f. paluftris fpinofa.
Radix perennis, fibrofa, tenax.
Caules folitarii f. pauci, erecti, pedales, fubfimplices, pubefcentes, fubfeffiles, ramulis alternis,
patulis, brevibus fimplicibus.
Folia alterna, lanceolata, femiuncialia, feffilia, pu-
befcenti-vifcofa, margine fubundulata. *Spinae* axillares, fubulatae, rectae, patentes,
2-3 lin. longitudine.
Flores pauci, terminales ramis alternis, conferti,
fubfeffiles.
CAL. *Perianth.* 5-phyllum; foliolis linearibus,
acutis, erectis, pubefcenti-vifcofis, non imbricatis.

CoR.

Cor. monopetala, rotato-campanulata. *Tubus* laxior, calycis dimidii longitúdine, obfolete quinquangularis. *Limbus* erecto-patens, 5-partitus : laciniis ovatis, imbricatis.

311 Stam. *Filamenta* 5, fubulata, corolla paulo altiora, patentia, apice inflexa, bafi cräffiora, cordata. *Antherae* parvae, óblongae, curvae, incumbentes.

Pist. *Germen* ovatum, vix manifefte compreffum, lineis oppofitis obfolete nótatum. *Styli* 2,, filiformes, long. ftaminum patentes, introrfum leviter curvi. *Stigmata* obtufa, truncata.

Per. *Capfula* ovata, utrinque linea notata, 2-lóc. 2-valv. ? *Receptaculo* femin. ovato, magno.

Sem. minutiffima, plurima, juxta valvulas, imbricata, fuper receptac.

Color floris eft faturate caeruleus.

ARBOR ad Morichal.

Cal. *Perianth.* monophyllum ; tubo oblongo, furfum leviter contracto, 5-partito : lacini.. oblongis, patentibus.

Cor. *Petala* 5, raro 4, patentia, oblonga, concava, calycis laciniis duplo longiora, majora.

Stam. *Filamenta* 6, raro 5, declinata ex inferiore latere, margine breviffimo, circulari, calycis collo adnata, decumbentia, leviter furfum arcuata, f. fubadfcendentia. corolla triplo
longiora,

longiora, fubaequalia. *Antherae* parvae, fubrotundae.

PIST. *Germen* oblongum, leviter compreffum, hirfutum. *Stylus* fetaceus, fitu ftaminum leviter illis longior. *Stigma* fimplex.

PER. *Capfula* oblonga, fubovata, oblique acuta,, latere exteriore gibbo, fuperiore recto, fu-perius ad bafin fulco uno oblongo notata.

SEM. unicum, oblongum.

Frutex 2-4 orgyarum longitudine.

Folia ovalia, obtufa, integerrima, fubacuminata.

18. April.

SLOANEA *dentata*.

Arbor mediocris, vel frutex altus, juxta rivulos nafcens; ramis laxis, erectis, varie et rare difperfis, longis.

Folia alterna, ad pices ramorum, fubfeffilia, ob-longa, fpithamalia. bafi obtufa, cordata, fu-perne rugulofa, fed concinne venulofa, fub-tus tomentofa, pilofa, ferrulata.

Flores in racemo oppofito infimo folio, compofito   **312** ramulis alternis, ex quorum fummitate 3 l. 4 flores prodeunt, pedicellati.

Bracteae fingulo ramulo laterali binae oppofitae.

Bracteae ad pedicellos 4 v. 3 majores, patentes, ovatae.

Pedicelli ½ unciales.

CAL. *Perianth.* 5-phyllum, erectum, patens, ri-gidum, ftrictum; foliolis lineari-acutis mar-ginibus

ginibus craffis, ante florem apertum conti-
guis, ⅟ uncial. foris pubefcenti pilofis, deciduis.

Cor. *Petala* 5, erecta, oblonge fubrotunda, calycis medio leviter altiora, breviter unguiculata, ungue oblongo, furfum mox latiore,
obtufiufculo.

Stam. *Filamenta* plurima 100-200, filiformia corolla ⅟ breviora, compacta, fuperius planiufcula. extima fterilia, fuperne foliacea,
lanceolata, fubhirfuta. *Antherae* oblongo-
lineares, latere interiore filamento adnatae,
apice fubfoliaceo, fubhirfutae.

Pist. *Germen* fubrotundum, depreffum. *Stylus*
filiformis, ftaminibus duplo longior, corolla
paulo longior, apice leviter curvus. *Stigma*
obtufum, perforatum, cylindri inftar.

Per. *Bacca* fubrotundo-orbiculata, depreffa, pal-
mae latitudine, undique echinata: echinis
mollibus, nec adeo afperis, acutis, pilofis,
interius carnofa, forte capfula.

Sem. plurima, fubrotunda, paulo compreffa, me-
diocria.

Color Corollae luteus.

EPILOBII vel RHEXIAE adfinis. MELA-
STOMA.

Radix tuberofa, coagmentata, radiculis fibrofis.

Caulis erectus, herbaceus, fimplex, 3-5 pedalis,
hirfutus, teres.

Folia

APPENDIX ULTIMA. 417

Folia oppofita, ovato-oblonga, 3 vel 7-nervia, hirfuta; feffilia.

Flores axillares 1. 2. 3. brevi ramulo elevati.

CAL. *Perianth.* 1-phyll. tubulato-campanulatum,
5-fidum: laciniis lanceolatis, erecto-patulis,
foris hirfutis.

COR. *Petala* 5, fubrotunda, inferta Calyci, laciniis ejus triplo majora, obtufa.

STAM. *Filamenta* 10, inferta calyci infra petala,
filiformia, leviter dentata ad latus inferius,
leviter longiora. *Antherae* lineares, compreffae, fubulatae bafi curvae dorfo gibbo,
filamento margine bafeos bifido, corollae
altitudine.

PIST. *Germen* ovatum, medii calycis altitudine,
fub-hirfutum. *Stylus* filiformis, longitudine
ftaminum, declinatus. *Stigma* obtufum,
fimplex.

PER. *Capfula* 5-locularis, 5-valvis?

SEM. plurima, minima.

Receptaculum femin. magnum.

Flores purpurei.

BYTTNERIA *fcabra*.

Radix perennis, fibrofa.

Caulis fruticofus, erectus; 4-5 ped. altitudinet
Ramis alternis, longis angulatis: *aculeis*
brevibus, reflexis, cartilagineis.

Folla lineari-lanceolata, fubintegerrima, 4-8 unc.
longit. inferiora petiolata; fuperiora feffilia,

VOL. II.   E e   glabra.

glabra, venofa, rigidiufcula, fubconduplicata.

Petioli angulati, margine et dorfo aculeati.

Flores axillares, pedicellati, et terminales in racemis oblongis, anguftis. *Pedunculi* plures 2. 3. 6. 8. ex axilla foliorum vel bractearum fuperiorum, fubdivifi in pedicellos umbe- latos 1-2-4.

CAL. nullus, nifi corollam vis.

COR. *Petala* 5, lanceolata, patentia, concava, fubacuta.

Nectaria 5 (fquamae 5) fubrotunda, concava, introrfum conniventia obtufa, margine conniventi filamentis adnexa terminante in fita r 5, corolla fere longiora, erecto-patula.

STAM. *Filamenta* 5, fubrotunda, fubmembranacea, obtufa, brevia, apice connata cum Nectariis. *Antherae* fubrotundae dorfo fiamentorum infertae.

PIST. *Germen* fubrotundum. *Stylus* filiformis.

PER. *Capfula* fubrotunda, depreffa, 5-loba, 5-loc. 5-valvis echinata; echinis parvis; obtufiufculis brevibus.

314 SEM. 5, folitaria fingulis loculis, oblonga.

Color Floris albus: Nectaria apicibus fufcis.

JUSSIAEAE adfinis herbacea octandra, capfulis apice fe aperientibus. Juxta rivulorum praecipitii.

Folia

APPENDIX ULTIMA. 419

Folia alterna, oblonga, leviffime ferrulata, glabra, venofa, obtufa, feffilia, uncialia.

Flores axillares, folitarii, peduncufati, pedunculo unciali prius nutante, dein erecto.
Bracteolae breviffimae, acutae, oppofitae, binae ad bafin calycis.

Cal. *Perianthium* 4-phyllum, infidens germini
illudque coronans : foliis ovato-lanceolatis,
acutis, perfiftentibus, demum fere deciduis.

Cor. *Petala* 4, patentia, obverfe reniformia, 2-
plo latiora quam longiora, apice emarginata,
obtufa, calyce fefqui longiora.

Stam. *Filamenta* 8, filiformia, calyce breviora,
finiftrorfum leviter torta, craffiufcula, erecta. *Antherae* oblongae fubulatae, tortae,
furfum tenuiores.

Pist. *Germen* fub receptaculo, turbinatum, oblongum, obfolete 4-gonum, intra calycem,
apice fubovato, obrufo, lineis furfum deor-
fumque repente *Stylus* breviffimus, teretiufculus. *Stigma* capitatum, fubrotundum,
majufculum, glutinofum.

Per. *Capfula* 4-locularis, apice integro, 4-valvis:
columellis perfiftentibus.

Sem. plurima, minutiffima.

Flos luteus.

BEJUCO pendulus, floribus paniculatis! HIP-
POCRATEA *volubilis*.

E e 2   CAL.

CAL. *Perianthium* 5-phyllum; breve : foliolis fub-rotundis, minimis.

COR. *Petala* 5, oblongo-linearia, patentia, calyce 4-plo longiora, verfus apicem leviffime hir-futa.

Nectarium monophyllum, craffiufculum, cylindri-cum; erectum; ore integro, germini ipfi ad-natum, vel illud circumdans.

STAM. *Filamenta* 3, inferta margini interiori ne-ctarii; patentia, filiformia, brevia. *Antherae* fubrotundae.

315 PIST. *Germen* oblongum, apice 3-lobum : lobis ovatis, brevibus, patentibus. *Stylus* filifor-mis, brevis, ex finu laciniarum. *Stigma* fub-capitatum.

PER. *Sem.* nuda, apice 3-foliaceo, forte?

Flores viridi-lutei.

Frutex fcandens ; ramis oppofitis, patentiffimis.

Folia oblonga, glabra, leviter et obtufe ferrata.

BIGNONIA foliis digitatis, floribus ringentibus.

CAL. *Perianthium* monophyllum, breve, tubulato-campanulatum, ore 5-dentato: dentibus bre-vibus, obtufis, acuminatis.

.. monopetala, ringens. *Tubus* cylindricus, calycis longitudine, mox dilatatus in faucem ventricofam, magis prominulam inferius. *Limbus* bilabiatus : *Lab.* fuperius 2-parti-tum ; laciniis fubrotundo-oblongis, erectis, reflexis ;

reflexis, *Inferius* 3-partitum: lateralibus oblongis, obtufis, labio fuperiore paulo longioribus: intermedia fubrotunda, lateralibus duplo majore, utrinque ad faucem· linea pubefcenti notata. *Faux* ipfa compreffa.

STAM. *Filamenta* 5 tubo corollae adnata, fubulata, curva, labii fuperioris longitudine, parallela. *Antherae* parvae, fubrotundae.

PIST. *Germen* fubrotundum. *Stylus* filiformis, long. ftaminum. *Stigma* 2-fidum, breve.

Color floris purpureus. Magnitudo mediocris.

Rami oppofiti.

Folia digitata, oppofita, petiolata: foliolis 5, feffilibus, oblongis, glabris.

21. April.

CONVOLVULO *adfinis*, pentandra digyna, *fpec. nov* EVOLVULUS.

Radix filiformis, defcendens, fibrillas hinc inde emittens.

Caules erecti, plures vel pauciores, fpithamales vel pedales fimplices, tomentofi, incani.

Folia ad medium caulis confertiora, fparfa, alterna, lanceolata, pilofo-tomentofa, incana, feffilia, decurrentia: fupra medium minus alterna, remotiora, leviter decurrentia. fenfim minora.

Flores in *fpica* oblonga, tomentofa, compofita ex bracteis copiofis, confertis, lineari-acutis f.

E e 3   fubulatis,

316

fubulatis, pilofis. Floribus feffilibus ex axillis bracteolarum.

CAL. *Perianthium* 5-phyllum, erectiufculum, foliolis lineari-fubulatis, hirfutis.

COR. monopetala, fubrotata ; *tubo* filiformi, angui , limbi medii longitudine ; *limbus* patens, concavus, 5-plicatus, 5-lobus : lobis obverfe cordatis, hinc 10 fariam emarginatis.

STAM. *Filamenta* 5, capillaria, erecta. *Antherae* lineares, fubincumbentes.

PIST. *Germen* fubrotundum. *Styli* 2, ftaminibus longiores, limbi fere longitudine, ad $\frac{1}{4}$ fui partem fimplices, mox bifidi, capillares.

PER. *Capfula* ovato-fubrotunda, obtufa, 4-valv. 2-locularis.

SEM. 4, ovata, inde convexiora, glabra.

Color Corollae purpureus. Forma 5-gona.

INDEX.

INDEX.

A

† See the preface, p. viii.

Pakanas

I N D E X.

S

Tala-

F I N I S.

www.ingramcontent.com/pod-product-compliance
Lightning Source LLC
Chambersburg PA
CBHW031827270326
41932CB00008B/578